일체유심조

세상 모든 일은 마음먹기에 달렸다

"일찍이 아세아의 황금시기에 빛나던 등촉의 하나인 코리아 그 등불 다시 한번 켜지는 날에 너는 동방의 밝은 빛이 되리라." 인도의 시성(詩聖)으로 불리는 라빈드라나트 타고르(Rabindranath Tagore)가 1929년 당시 일제 식민지배 하에서 신음하던 조선 민족에게 보낸 시 구절이다.

나는 수십 년 전 이 시를 처음 접한 이후 언젠가 우리나라가 그 옛날 고구려 때처럼 아시아에서 큰소리치며 사는 강대국이 될 것이라는 꿈을 한시도 잊은 적이 없다. 그런데 이 꿈이 정말로 실현되기 위해서는 지금쯤 국내에서 뭔가 상서(祥瑞)로운 움직임이 있어야 할 텐데, 전혀 그런 움직임은 보이지 않고 온통 상서롭지 못한 기운으로 가득 차 있는 것이 영 마뜩잖다. 지금까지 한 나라가 부흥하는 과정에서는 반드시 걸출한 지도자를 중심으로 개혁의 불길이 활활 타오르는 등 상서로운 기운이 차올랐기 때문이다.

설령 우리나라가 아시아의 강자로 도약하고자 하는 의도가 아닐지라도 북한 핵위협, 동북아 정세 불안, 저출산·고령화, 저성장·고물가 등

일체유심조(一切唯心造)

심각한 안보·경제 위기 상황에서, 지금 이렇게 아웅다웅 집안싸움이나 하고 있을 만큼 여유를 부릴 때가 아니지 않은가.

그래서 답답한 마음에 "정말 이래서는 안 된다. 우리 모두 현재 우리가 처한 위기 상황을 똑바로 인식하고 정치권과 정부 그리고 전 국민이 함께 나서서 위기 극복을 위한 국가 개혁 추진에 매진해야 한다"라는 취지의 졸저(拙著)를 2016년 이후 네 차례나 펴낸 바 있다. 그런데 최근 들어 2019년에 출간한 네 번째 졸저를 다시 한번 꼼꼼히 살펴봤더니 그동안에 세상이 많이도 변해서 책 내용이 지금 상황에 부합하지도 않을 뿐 아니라 나의 천학비재(淺學非才)함이 고스란히 드러나는 것 같아 부끄러움을 감출 길이 없었다. 그래서 이번에는 3년 동안 관련 서적들을 열심히 정독함으로써 기초적인 소양을 어느 정도 보충하고 난 연후에 다섯 번째 졸저를 또다시 내놓게 되었다.

'에필로그'는 내가 70평생 살아온 내용을 짤막하게 소개하는 내용인데, 이 또한 사회 명사도 아닌 지극히 평범한 시민의 한 사람으로서 주

제념은 일인 줄 알지만, 그래도 한두 번 실패했다고 금방 포기해버리는 경향이 있는 사람들에게 혹 참고가 될 수 있을까 하여 실어보았다. 또한, 이 책의 제목이기도 한 '일체유심조(一切唯心造)'라는 원효 대사의 명언이 한 개인의 행불행과 한 나라의 흥망을 좌우하는 위력을 아울러 지니고 있다는 점을 독자 여러분과 함께 공감하고 싶은 마음이기도 하다.

"안 된다는 생각을 극복하는 순간 모든 일이 실타래처럼 풀리기 시작한다." 이 책 표지에 실린 이 한마디는 내 70평생을 이끈 좌우명이다. 이 한마디가 위기에 처한 대한민국의 흥망을 좌우하는 좌우명이 될 수 있음이다.

2023년 9월

이용우

CONTENTS

어린 시절 / 청소년 시절 / 일체유심조(一切唯心造) / 아쉬운 공직생활
감사원의 역할과 기능 변화 / 책 만들기 / 다시 일체유심조

제1부

—

일체유심조

(一切唯心造)

월드컵과 반도체

월드컵 4강 신화, 다시 쓸 수 있을까?

2002년 6월 22일 광주월드컵경기장에서 열린 2002 월드컵 8강전에서 우리의 자랑스러운 태극전사들은 유럽의 강호 스페인을 꺾고 아시아 최초의 월드컵 4강 진출이라는 쾌거를 이뤄냈다.

이날 우리 대한민국은 월드컵 공식 응원단인 '붉은악마'를 중심으로 끝없이 이어지는 붉은 물결이 광주월드컵경기장은 물론 서울시청 앞 광장을 비롯한 전국 방방곡곡을 찬란하게 수놓았으며, "대~한민국"을 외치는 거대한 함성과 박수 소리에 온 나라가 들썩이고 세계를 놀라게 했다.

이날 우리 국민들은 만사를 제쳐놓고 경기장과 거리에서 응원을 보내고 지금까지 꿈도 꿔보지 못한 4강 신화를 염원하며 온몸을 불태웠다. 직접 경기장이나 거리 응원에 참여하지 않은 사람들도 대부분 가족, 친지, 친구, 동료들과 어울려 함께 TV 중계를 보며 외부 응원팀과 보조를 맞추는 등, 그야말로 온 국민이 한마음 한뜻으로 똘똘 뭉친 뜻깊은 하루였다.

지금 이렇게 21년 전의 일을 떠올리며 "아! 언제 또 그렇게 온 국민이 한마음 한뜻으로 똘똘 뭉쳐 대~한민국을 목청껏 외치면서 서로 손을 맞잡고 즐거워할 날이 있을까?"라고 되뇌어 본다. 월드컵이든 또 다른 일이든 "온 국민이 흥분의 도가니에 빠져 환호작약(歡呼雀躍)하면서 즐거워할 날이 또 언젠가 돌아올까? 아닐까?" 이렇게 생각이 오락가락하는 것은 지금 우리의 처지가 낙관적인지 비관적인지 갈피를 잡을 수 없기 때문이 아닐까?

• 대한민국의 명(明)과 암(暗)

지금까지 이 땅의 젊은이들 사이에 회자(膾炙)되는 단어가 뭐냐고 묻는다면 가장 먼저 떠오르는 단어가 있다. 바로 '헬조선'이다. 우리는 1960년대 초까지만 해도 필리핀은 물론 북한보다 못사는 나라였다. 그러다가 1960년대 중반 이후 급속한 경제성장으로 지금은 세계 10~13위의 경제대국이 되었으나, 그동안의 경제성장 과정에서 심화된 부의 양극화 현상으로 인해 상대적으로 가지지 못한 계층에 속한 사람들의 삶

일체유심조(一切唯心造)

은 팍팍하고, 계층 이동의 기회마저 사라져가는 것으로 인식하게 된 것이다. 더욱이 최근 들어 코로나19 팬데믹에다 극심한 경제침체, 집값·전세값 급등, 고금리, 고물가 등으로 한국인의 삶은 갈수록 더 팍팍해지고 있는 실정이다. 이것은 우리나라가 유엔이 발표한 2022년 세계 행복지수에서 59위에 머물렀다는 사실에서도 잘 나타난다.

그러나 지금 우리에게는 꼭 이렇게 비관적인 면만 있는 것도 아니다. 생각하기에 따라서는 매우 자랑스럽고 희망적인 발전상들이 우리 눈앞에 펼쳐져 있다. 필자 또한 여러 자료를 섭렵하면서 헬조선이라는 소리까지 듣는 우리나라가 이렇게까지 밝고 희망적인 요소가 많이 부존해 있는 것을 보고 놀라움을 금할 수 없었다. 마치 혼탁한 진흙탕 속에 피어 있는 연꽃을 보는 것 같았다.

지난 문재인 정부의 경제 역주행 등으로 이대로 가다가는 정말 나라가 망할 것만 같았는데, 뜻밖에도 우리나라가 2020년부터 2년 연속 세계 GDP 순위 10위에 오른데 이어[1], 2021년 유엔무역개발회의(UNCTAD)에 의해 '개발도상국 그룹'에서 '선진국 그룹'으로 국가 위상이 높아지게 되었다. 더욱이 4차 산업혁명 시대 필수재로서 세계 강대국 간 최고의 경쟁 품목으로 부상한 메모리 반도체 분야에서 세계 1위를 차지하게 되었고 스마트폰, 5G, 배터리 등 첨단산업 분야에서도 최강자의 반열에 올라 있다.

또 2022년 6월 21일 순수 우리 기술만으로 '누리호'를 지구 궤도에 올려놓음으로써, 실용 위성을 실어 우주로 쏘아 올린 세계 일곱 번째 나

---

[1] 2022년에는 반도체 실적 부진으로 GDP 순위가 13위로 밀려났다. 그렇지만 반도체 경기 회복 등으로 다시 10위권을 회복하게 될 가능성이 커 이 책에서는 우리나라 GDP 순위를 10~13위로 간주한다.

라가 됐다. 드라마와 가요를 중심으로 출발한 '한류 1.0'은 디지털 신기술과 결합한 '한류 4.0'으로 도약해 전 세계를 휩쓸고 있다. 전 세계적으로 인기를 끈 넷플릭스 시리즈 '오징어 게임'은 유튜브 콘텐트 조회 수가 170억 뷰를 돌파하며 넷플릭스 서비스 제공 83개국 가운데 80개국에서 1위를 차지했다. 이제 우리 대한민국은 경제력·군사력 중심의 '하드파워'와 문화력과 같은 '소프트파워' 부문 모두에서 강대국들과 당당히 겨룰 수 있는 힘을 보유하게 된 것이다.

이렇게 우리가 생각하기에 따라서 지금 우리 대한민국은 주변 강대국들의 눈치만 보며 힘겹게 살아가는 '헬조선'이 될 수도 있고, 일본을 넘어서서 미국과 중국 같은 패권 국가들과 어깨를 나란히 하는 강대국 후보군으로서 힘차게 도약하는 나라가 될 수도 있는 것이다. 우리가 단시일 내에 주변 강대국 수준의 경제력과 군사력을 따라잡을 수는 없을지라도 해마다 그 격차를 조금씩이라도 줄여나가고자 혼신의 노력을 기울인다면 충분히 가능한 일이 될 것이다.

얼마 전까지만 해도 우리가 일본을 따라잡는 것은 언감생심(焉敢生心) 꿈도 못 꿀 것처럼 보였지만, 이제 우리가 일본을 따라잡는 것은 더 이상 꿈같은 얘기가 아니다. 4차 산업혁명 시대의 총아로 떠오르게 된 반도체 분야에서 이미 우리는 일본을 멀찌감치 따돌린 상태이며, 과거 일본에 한참 뒤처져 있던 가전산업 분야는 말할 것도 없고 스마트폰, 5G, 배터리 같은 첨단산업 분야에서도 이미 일본을 앞서가고 있다.

특히 반도체는 대한민국의 밝은 미래를 일러주는 꿈의 자산이다. 지금 세계에서 내로라하는 몇몇 반도체 강국들끼리 치열한 경쟁을 벌이고 있으며 나머지 나라들은 반도체를 보물처럼 여기고 애지중지할 뿐 감히

일체유심조(一切唯心造)

개발할 엄두도 못 내는 실정이지만, 삼성전자는 메모리 반도체 분야에서 세계 1등 기업으로 자리매김하고 있으며 비메모리 반도체 분야에서도 미국과 대만 기업들을 따라잡기 위해 혼신의 노력을 기울이고 있다. 반도체는 오늘날 우리나라 경제가 이만큼 성장하도록 하는 데 가장 중요한 역할을 해왔으며, 앞으로도 우리나라 경제를 더 키워서 세계 주요 강대국으로 만드는 데 없어서는 안 될 핵심 자산이다. 월드컵 4강전에 진출한 태극전사보다 더 값진 자산인 것이다.

• 일체유심조(一切唯心造): 세상 모든 일은 마음먹기에 달렸다

삼국시대 신라의 고승 원효 대사는 '일체유심조'라는 명언을 남겼다. 세상 모든 일이 '마음먹기'에 달려 있다는 말이다. 얼핏 생각하면 그리 대단하지 않은 평범한 이야기처럼 여겨지기도 한다. 그러나 생각하면 생각할수록 의미심장하고 한 사람의 인생뿐 아니라 한 나라의 운명을 바꿀 수도 있는 심오한 철학이 담긴 말이라고 할 수 있다. 동서양의 난해한 여러 고전과 철학을 다 섭렵하는 것은 무척 어려운 일이지만, '일체유심조'라는 다섯 글자를 깊이 이해하고 실천하기만 해도 불행을 행복으로, 실패를 성공으로 이끌어 줌으로써 더없이 행복한 삶을 영위할 수 있다고 생각한다.

지금 밖으로 눈을 돌려 지구촌 여러 곳의 모습을 한번 둘러보자. 안심하고 먹을 물조차 구하지 못해 흙탕물과 더러운 물을 마시며 힘겹게 살아가는 아프리카 빈민과 어린이들. 그런데 그래도 이들은 우크라이나와 시리아 사람들에 비하면 나은 편이다. 우크라이나와 시리아 사람들은 전쟁과 재난이 한꺼번에 밀어닥쳐 그야말로 지옥 같은 하루하루를 살아가고 있다.

　나는 TV를 통해 이런 모습들을 지켜보면서 두 가지 생각이 떠올랐는데 그 하나는 '이렇게 평화스럽고 먹고 사는데 크게 부족함이 없는 나라에 살고 있다는 사실이 얼마나 다행스러운가' 하는 점이다. 또 한 가지는 적어도 우크라이나 사태는 장차 우리에게도 닥쳐올 가능성을 내포하고 있는데, 다행스럽게도 지금 우리에게는 환란을 피해갈 수 있는 시간과 기회가 주어져 있다는 점이다.

　우리는 지금 우리가 처해 있는 경제 침체, 집값·전셋값 급등, 고금리, 고물가 등 안 좋은 측면만 부각시킬 것이 아니라, 이와 같은 민생 불안을 초래하게 된 근본 원인이 무엇인지 한 번쯤 생각해 볼 필요가 있다. 사실 따지고 보면 우리나라에서 민생 불안을 초래하는 가장 큰 주범은 핵을 보유한 북한의 도발 위협이다. 북한 도발 위협만 없다면 우리 국민들의 행복지수는 지금보다 훨씬 높아질 것이다. 그렇지만 한순간 마음을 돌려 생각하면 북한의 도발이 우크라이나처럼 실제 상황으로 이어지지 않고, 우리가 대비할 수 있는 시간과 기회가 주어져 있는 것이 얼마나 다행스러운가.

　우리는 오늘날 경제 침체로 우리의 삶이 팍팍해진 것을 비관만 할 것이 아니라, 우크라이나 같은 나라와 달리 우리가 노력해서 안보를 강화하고 경제를 살려낼 수 있는 기회가 주어져 있는 것을 다행으로 생각해야 한다. 우리는 지금 국가 안보와 경제를 우리 스스로 지키고 살려낼 기회가 주어져 있을 뿐 아니라, 부국강병을 위한 기초 체력과 실력도 충분히 보유하고 있다. 일체유심조다. 앞으로 우리에게 다가올 미래가 어떤 모습일지는 오로지 우리 마음먹기에 달렸다.

거대한 분기점

• 나락(奈落)이냐 도약(跳躍)이냐?

지금 우리는 세계 GDP 순위 10~13위라는 경제적 지위만큼 동아시아에서 대접받고 사는 나라도 아니고, 젊은이들이 입버릇처럼 되뇌는 헬조선도 아니다. 지금 우리나라는 우리 마음먹기에 따라서 언젠가 주변 국들에게 대접받고 사는 지역 강국이 될 수도 있고, 중국, 일본, 러시아 등 주변 강국들에 둘러싸인 약소국으로 전락할 수도 있는 과도기적 상태에 놓여 있다고 볼 수 있다.

지금 우리는 격동하는 동아시아 정세 속에서 어떤 정책들을 어느 방향으로 얼마나 주도면밀하게 작성해서 어느 정도로 빈틈없이 추진하느냐에 따라 미래 국가 운명이 크게 갈릴 수 있는 거대한 분기점에 서 있는 것이다. 한 치의 어긋남과 한순간의 방심으로 국가와 국민의 운명이 천 길 나락으로 떨어질 수도 있고, 위기를 대역전의 기회로 삼아 주변 강대국들 못지않은 지역 강국으로 부상할 수도 있다.

1900년대 초반에만 해도 세계 5대 부국(富國)이었던 아르헨티나는 1950년대 이후 세계 경제가 농업 중심의 1차 산업에서 제조업 중심의 2차 산업으로 대전환이 이뤄지던 시기에 산업구조전환에 실패함과 동시에 복지 포퓰리즘에 빠져 쇠퇴의 길을 걷기 시작하였으며, 오늘날 국가부도 위기에 내몰리는 상태로까지 전락했다. 반면에 우리나라는 세계 최빈국의 상태에서 1960년대부터 역동적인 경제개발 정책 추진으로 2·3차 산업혁명 대열에 올라타 고속성장을 이뤄냄으로써 세계 10위권의 경제력을 보유하게 되었다. 이렇게 대전환 시기 정책 추진의 방향성에 따라 두 나라의 운명이 극과 극을 달리게 된 것이다.

그런데 지금은 우리나라가 1950년대 이후 아르헨티나가 겪었던 것과 같은 대전환의 분기점에 서 있는 형국이 된 것 같다. 지금 우리는 4차 산업혁명 도래와 함께 국제 정치, 안보, 산업, 과학기술 등 모든 분야에서 엄청난 변혁이 이뤄지는 가운데 과거 우리나라가 걸었던 도약과 번영의 길이냐 아르헨티나가 걸었던 쇠락의 길이냐, 둘 중 하나를 선택하지 않으면 안 된다. 우리나라는 그 당시 아르헨티나보다 도약과 번영의 길에 들어설 수 있는 여건을 더 많이 갖추고 있는 반면, 그보다 나락의 길로 들어설 여건 또한 더 많이 갖추고 있다. 우리나라의 지정학적 위치가 아르헨티나와는 비교할 수 없을 만큼 미묘하고 복잡하기 때문이다.

• 도약(跳躍)의 길

지금 우리가 처해 있는 중대한 갈림길에서 국가와 국민이 나아가야 할 방향을 제시함과 동시에 그 길을 따라 대역전 드라마가 펼쳐질 수 있도록 국정을 창조적이고 혁신적인 방향으로 이끌어가야 할 사명이 이 나라 정치지도자들에게 주어져 있다. 그런데 우리나라 GDP 순위가 올라가고 국내 글로벌 대기업들이 스마트폰, 반도체, 배터리, 조선, 자동차 등 산업 분야에서 세계시장을 주름잡는 동안, 이 나라 정치지도자들은 한결같이 여·야간 이념전쟁과 자리보전에만 급급하고 국정 쇄신과 개혁 의지는 찾아보기 어려웠다.

깊이 따지고 볼 것도 없이 우리가 매일 접하고 있는 TV 뉴스와 시사 프로그램만 봐도 알 수 있지 않은가. 우리나라 정치지도자들 입에서 흘

일체유심조(一切唯心造)

러나오는 발언 가운데 지금 우리나라가 처한 위기 상황, 그리고 이를 타개할 창조적·혁신적 대안에 관한 발언은 과연 몇 퍼센트나 될까?

중국 춘추시대 말기 월(越)나라 왕 구천은 오(吳)나라와의 전쟁에서 크게 패하여 오왕 부차의 포로가 되었다. 그는 오왕 부차의 신하가 되어 3년 동안 갖은 굴욕과 고초를 당하다가 겨우 풀려났다. 그날 이후 구천은 매일 섶 위에서 자고(臥薪), 쓸개를 핥으면서(嘗膽), 지난날의 치욕을 한시도 잊지 않고 복수의 칼을 갈았다. 이렇게 20년 동안 자신을 경계하고 채찍질하면서 군비 확충과 군사 훈련에 총력을 기울인 결과, 드디어 오나라를 쳐 승리를 거두고 천하 패권을 차지하게 되었다.
오나라와의 전쟁에서 패망할 당시 구천으로서는 회한(悔恨)과 비분(悲憤)이 겹쳐 스스로 목숨을 끊을 수도 있고, 끝까지 오나라의 신하국으로서 편안한 삶을 누릴 수도 있었다. 그러나 그는 마음을 180도 돌려서 심기일전, 와신상담한 결과 누구나 감히 상상도 할 수 없었던 역전(逆轉)과 패권을 쟁취할 수 있었다. 이렇게 '일체유심조'라는 철학의 참뜻을 이해하고 실천함으로써 나락에 떨어진 자신의 인생을 돌이켜 세우고 한 나라의 운명까지 바꾸어 놓을 수 있었다.

우리도 삼국시대 이후 1,500여 년 동안 중국이나 일본 등 주변 강대국들에게 짓밟히고 수탈당하는 등 갖은 고초와 수난의 역사를 지내왔으며, 최근까지도 중국으로부터 마치 속국을 대하는 듯한 굴욕적인 대우를 받는 일이 많았다. 지금부터 이 나라 정치지도자들은 심기일전해서 우리가 오랜 역사동안 억눌려 지냈던 주변 강대국들을 경쟁 상대로 인식하고 이들과의 숙명적 대결에서 최후 승자가 될 수 있도록 와신상담(臥薪嘗膽), 발분도강(發憤圖强)[2] 해야 한다. 우리가 '나락이냐 도약이냐'의 갈림길에서 나락이 아닌 도약의 길에 들어서 다시 한 번 제2의 고속성장 신화를 창출하고 부국강병을 이루어야 한다.

• 국가 담론(談論)의 장(場)

중국은 1978년 개혁·개방 이전만 해도 덩치만 컸지 우리보다 못사는 나라였다. 중국은 한국보다 더 후발적으로 선진국 추격형 경제개발을 시작하면서 한국의 경제개발 모형을 벤치마킹하는 입장에 있었지만, 이제 대부분의 첨단기술 분야에서 우리를 따라잡고 우리보다 한발 앞서 4차 산업혁명 대열에 뛰어들어 괄목할 성과를 이뤄내는 중이다. 그리하여 이제는 거꾸로 우리가 중국의 경제개발 방식을 벤치마킹해야 하는 입장이 되었다.

중국이 이렇게 무서운 속도로 한국은 물론 서구 선진국들을 따라잡으면서 세계 패권을 향해 돌진할 수 있는 힘은 도대체 어디서 나오는 것일까? 물론 여러 가지 원인이 있을 수 있지만 그중 가장 근본적인 원인은 공산당 지도부를 중심으로 '중국몽(中國夢)', '샤오캉(小康) 사회건설', '중국 제조 2025' 같은 캐치프레이즈를 내걸고 공산당, 중앙과 지방 정부, 기업체 및 전 국민이 힘을 합해 목표 달성을 위한 각종 개혁 과제들을 역동적으로 추진하는 데 있다.

중국은 공산주의 국가이기 때문에 공산당 지도부에서 국가 정책을 결

---

2 강해지기 위하여 분발한다는 뜻.

일체유심조(一切唯心造)

정하기만 하면 국회 심의와 입법 과정을 거칠 필요도 없고, 각종 선거에서 투표권을 행사하는 유권자 눈치를 볼 필요도 없어 독자적으로 강력한 정책 추진이 가능하다. 반면에 우리는 정부에서 훌륭한 국정 아젠다(agendus)를 가지고 있어도 이를 실천에 옮기기 위해서는 국회 심의와 의결을 거쳐야 하고 차기 대선 또는 총선에 대비해 다양한 계층의 유권자 성향도 따져 보아야 한다. 중국처럼 주요 정책을 입안해서 그대로 밀어붙이는 방식으로의 추진은 할 수 없다는 말이다. 그런데 우리나라는 유감스럽게도 여·야 협치를 통해 각종 개혁 과제를 수행하는 것이 거의 불가능한 실정이다. 지금까지 역대 보수 정부에서 '규제·노동 개혁', '서비스산업발전기본법 제정', '공기업 민영화' 등 침체된 경제를 살리기 위한 개혁 과제의 성공적 수행을 위해 많은 노력을 기울였지만 진보 야당의 반대로 번번이 실패를 거듭하였다.

이제 믿을 곳은 국민밖에 없다. 이 나라의 주인인 국민의 힘을 빌려 현 위기 극복을 위한 개혁 과제들을 수행할 수밖에 없다는 말이다. 그러기 위해서는 국민의 마음을 움직이는 것이 필요한데, 국민의 마음을 움직이기 위해서는 향후 대한민국이 나아가야 할 방향과 방법론이라고 할 수 있는 개혁 로드맵을 큰 틀에서 작성하여 국민의 마음속 깊은 곳까지 전달되도록 해야 한다.

당연히 지금까지와 같은 정책 추진 방식으로는 안 된다. 개혁을 지지하는 정치지도자와 정부 그리고 해당 분야 전문가들이 심혈을 기울여 작성한 개혁 로드맵을 주제로 '국가 담론의 장'을 개설하고, TV, SNS, GPT 등을 통해 공론화시켜야 한다. '국가 담론'은 국가와 국민이 하나가 되어 지향하는 목표 달성을 위해 매진하게 해주는 촉진제 역할을 수행할 수 있게 될 것이다. 중국에서는 '중국몽'과 '중국 제조 2025', 한국에서는 '산업화'와 '민주화' 같은 국가 담론이 그동안 성장과 발전을 이끌어왔다고 볼 수 있다.

국가 담론의 장으로서 알기 쉽게 규제개혁 분야를 예로 들어보자. 지금까지 역대 정부에서 추진했던 규제개혁정책들이 지속적으로 추진되지 못하고 단발적으로 지엽적인 성과를 거두는 것처럼 보이다가 다시 원점으로 돌아가는 일을 되풀이하게 된 것은, 정책이 일방적으로 집행되었기 때문이다.

정치권, 정부, 전문가 집단, 기업체 그리고 국민들이 함께 참여하는 '국가 담론의 장'을 개설하고 인공지능(AI) 기반의 '규제개혁 빅데이터 플랫폼'을 통해 규제개혁 업무가 네트워크화된다면, 개혁의 불길이 사그라지지 않고 계속 타오르게 될 것이다. 단순히 정부 내 담당 부서에서 일방적으로 추진하는 것보다 많은 준비가 필요하고 절차가 복잡하겠지만, 지금보다 몇 배의 정책성과를 거둘 수 있게 될 것이다. 규제개혁뿐 아니라 주요 개혁 과제들을 모두 이런 방식으로 처리한다면 그동안 흐지부지됐던 개혁 과제나 새로운 개혁 과제 모두 꺼지지 않는 개혁 추진 동력을 확보함으로써 성공적으로 수행할 수 있게 될 것이다.

지금까지 역대 보수 정부에서 침체의 늪에 빠져들어 가는 우리 경제를 살리기 위해 발의했던 각종 개혁 법안들에 대하여도 그때그때 산발적으로 추진하다가 중단하는 일을 되풀이할 것이 아니라, 국가 담론의 장을 통해 종합적이고 지속 가능한 방식으로 추진해야 한다. 즉, 이 모든 개혁 법안들이 통과될 경우 국가와 국민에게 돌아갈 발전상과 혜택을 일목요연하게 정리해서 국민에게 알리고, 강력한 국민 지지를 바탕으

일체유심조(一切唯心造)

로 남김없이 국회 통과가 이뤄질 수 있도록 총력을 기울여야 할 것이다.

공자가 말하기를 "물은 배를 띄울 수도 있고 뒤집을 수도 있다(水可載舟, 亦可覆舟)"라고 했다. 물은 백성 즉 국민에 비유된다. 지금까지 정부에서는 무거운 짐을 지고 가듯이 끙끙대며 각종 개혁 과제들을 추진해 왔지만, 그 추진 방법을 완전히 바꾸지 않으면 안 된다. 이제부터는 거대한 '대한민국호'를 물에 띄워 흘러보내는 식으로 각종 개혁 과제들을 추진해야 한다.

우리 국민들은 지금까지 국가 개혁에 관해서는 거의 관심을 보이지 않고 있다. 그렇지만 우리 국민들이 현 위기 상황을 정확하게 인식하고 국가 개혁에 관심을 가지기 시작할 때, 월드컵 8강전 때처럼 천지가 진동하는 우렁찬 함성을 반드시 듣게 될 것이다.

정부 관료들이 개혁의 짐을 지고 가는 모습

'대한민국호'라는 큰 배에 '개혁'의 짐을 가득 싣고 유유히 항해하는 모습

• '하드파워 팀'과 '소프트파워 팀'

국가 담론의 장을 개설하고 이를 주도적으로 이끌어 가는 것은 이 나라 정치지도자들의 몫이므로 정치권도 조금씩 달라지지 않으면 안 된다. 보수든 진보든 국내 각 정당은 당 조직을 '하드파워 팀'과 '소프트파워' 팀으로 나누고 각자 팀별로 주어진 임무에 충실하도록 해야 한다. 여기서 '하드파워 팀'은 일종의 전투조를 '소프트파워 팀'은 주요 정책 연구 및 기획, 그리고 국가 담론의 장을 담당하는 팀을 의미한다. 국가 발전과 국민 복리에 아무 도움이 되지 않고 국민을 한없이 피곤하게 하는 여·야 간 또는 당내 투쟁 업무들은 '하드파워 팀'에서 전담 하고, 일부 '소프트파워 팀'만이라도 정치권 본연의 임무에 충실하자는 것이다.

우리는 반도체 굴기를 비롯해 그동안 피땀 흘려 이룩한 여러 전적(戰績)들을 바탕으로 어둠(暗)을 헤치고 밝은(明) 새날을 열어나가야 한다. 월드컵 8강전 때처럼 전 국민의 우렁찬 함성이 한국은 물론 전 세계를

일체유심조(一切唯心造)

뒤흔들어 놓아야 한다. 그럼 이제부터 '국가 담론의 장'에 포함될 수 있는 몇 가지 주요 개혁 아젠다를 중심으로 그 내용을 한 번 들여다보고 자 한다.

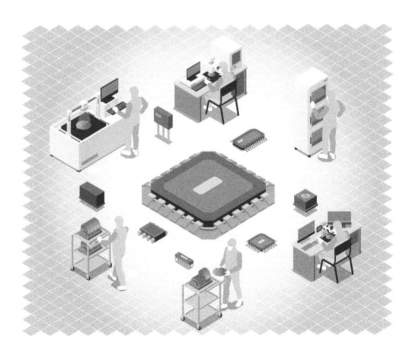

주요 개혁 아젠다

▎민생안정 분야

"물은 배를 띄울 수도 있고 뒤집을 수도 있다." 국민이 나라의 근본이라는 말이다. 정치권과 정부에서 국가 안보를 유지하고 경제 발전을 이루기 위해 노심초사하는 것도 따지고 보면 국민의 생존권을 보장하고 모든 국민이 행복하게 잘 살도록 하기 위함이다. 따라서 정치권과 정부가 민생을 외면한 채 각종 개혁정책을 무리하게 밀어붙이는 것은 하책이라고 생각한다. 북한 김정은 정권이 극심한 식량난으로 주민들이 죽어 나가는 실정을 외면한 채 자신들의 영구집권 유지를 위한 핵·미사일 개발에 전력투구하는 것이 바로 그 사례라고 할 수 있다.

옛날에는 민생을 의·식·주로 표현하는 게 대세였다. 그런데 우리나라에서는 그동안 급속한 경제성장으로 사람들의 생활 수준이 높아지면서 민생 차원에서 의(衣)와 식(食)의 문제는 어느 정도 해결이 된 것으로 보인다. 문제는 주택 문제가 크게 이슈화되고 있고, 그 다음에는 어느 정도의 문화생활을 영위할 수 있는 여유, 자녀 양육 및 교육 문제, 노후 생

일체유심조(一切唯心造)

활 보장 그리고 이 모든 문제를 해결할 재원 마련을 위한 취업 문제, 마지막으로 계층 이동을 위한 사다리 문제가 있다. 물론, 아직까지도 끼니를 걱정해야 하는 극빈곤층이 엄연히 존재하는 현실에서 이들 극빈곤층에 대하여는 별도의 민생안정 대책을 수립해서 철저하게 관리해야 한다.

그런데 지금까지 우리나라 정치권에서는 국민의 기본권 가운데 '행복추구권'에 해당하는 민생문제 또한 진심으로 국민 행복을 추구하는 마음보다 선거 때 표를 의식한 인기 위주의 정치적 이해관계가 우선함으로써 투입되는 예산 대비 정책 효과가 매우 낮거나 때로는 역작용이 나타나는 경우도 많았다. 따라서 '국가 담론의 장'을 통해 민생문제를 포퓰리즘(populism) 성향의 정치적 영향이 완전히 배제된 순수 정책 아젠다로서 추진하는 것이 필요할 것으로 생각된다.

• 주택 지원

최근 몇 년 동안 수도권 집값이 급등했다. 수도권에서도 서울, 서울에서도 강남 집값이 더 오르는 등, 지역에 따라 많은 차이를 보이기도 한다. 그동안 정부에서 집값을 안정시키기 위해 각종 주택정책을 폈지만 지나치게 근시안적인 접근을 통해 정책을 졸속 추진하다 보니 정부 정책이 발표될 때마다 집값이 뛰어오르는 등 부작용만 초래하고 말았다. 더욱이 일반적으로 주택을 비롯한 부동산 가격은 경제성장과도 직결되는 만큼 무조건 집값이 내리는 것이 반드시 좋은 것도 아니다.

따라서 집값은 시장 기능에 맡겨두고 정부에서는 집값이 비정상적으로 오르는 근본 원인을 찾아 중·장기적 개선 방안을 마련해서 추진하는 동시에, 단기적으로는 무주택 서민들이 당장 살 집을 쉽게 마련할 수 있도록 소형 임대주택을 제공하는 등의 방안을 마련하는 것이 최선이다. 물론 소형 임대주택에 살다가 일정 기간이 지나면 그 주택을 분양받아 내 집을 마련할 수 있도록 해주고, 차츰 주택 규모를 키워나갈 수 있도록 지속적인 지원 방안을 마련해야 할 것이다.

수도권에는 각종 규제에 묶여 개발이 불가능하거나 제한된 토지가 엄청나게 많은데, 그중에는 그동안의 여건 변화로 인해 원래 개발제한 취지에 맞지 않는 유휴지가 상당히 많은 부분을 차지하고 있다고 한다. 정부와 해당 지방자치단체(지자체)에서는 그중에서 주택단지로 적합한 지역을 선정한 후, 이곳에 중·소형 아파트를 충분히 지어서 집 없는 청년이나 서민 가구에 공급하는 방안을 시급히 마련할 필요가 있다. 물론 무주택 청년이나 서민 가구에 대한 금융지원도 최우선적으로 이뤄져야 할 것이다.

개발제한구역을 잘만 활용하면 정부나 지자체에서 꼭 필요한 사업을 추진할 때 보물 같은 존재가 될 수 있다. 2021년 6월 기준, 전국 개발제한구역 면적 3,595㎢ 중 국·공유지는 1,121㎢(31.3%), 사유지는 2,456㎢(68.3%)이다. 국·공유지의 경우는 부지 구입 비용 없이 사업을 추진할 수 있고, 사유지의 경우는 개발제한구역 해제 조건으로 수용 절차를 원만히 진행할 수 있게 될 것이다.

· 취업 지원

인간 생활의 기본이라고 할 수 있는 의·식·주 다음으로 중요한 문제는 '일자리'가 될 것이다. 그런데 지금 우리 국민들 특히 젊은이들에게 일자리 문제가 아주 심각한 수준이다. 통계청 자료에 따르면 2023년 2

일체유심조(一切唯心造)

월 기준 청년실업률은 7%, 청년실업자 수는 29만 1천 명이다. 그러나 실제로 통계에 잡히지 않는 경우가 많아 실제 청년실업자는 훨씬 더 많을 것이라는 게 전문가들의 분석이다. 2021년 6월 고용 동향에 따르면 실업자로 집계되지 않는 구직 단념자가 58만 3천 명인데, 이 중에서 20대와 30대 청년이 27만 3천 명이라고 한다. 그러니까 사실상 우리나라 젊은이들 가운데 56만 4천 명이 실업 상태에 있다는 말이다.

일자리가 늘어나면 국민 소득 수준이 높아져 민생이 안정되고, 국민 소득 수준 향상은 경제성장으로 이어져 다시 소득이 올라가는 등 선순환 구조가 작동하게 된다. 따라서 '일자리 정책'은 정부에서 최우선으로 추진해야 할 주요 정책이 아닐 수 없다. 지난 문재인 정부 역시 5년간 총 121조 4,710억 원에 달하는 일자리 예산을 투입하였지만 고용지표는 나아지지 않고, 코로나19 여파로 인해 악화일로에 있는 실정이다.

5년간 121조 원이 넘는 천문학적인 돈을 쏟아부었는데도 일자리가 늘어나기는커녕 오히려 상황이 더 나빠졌다는 것은 정책 그 자체에 문제가 있다고 볼 수밖에 없다. 일자리 예산은 쓰인 예산만큼 실제로 일자리 증가에 기여할 수 있는 데 투입돼야 한다. 지금까지 관성적으로 실업자 소득 유지, 고용장려, 직접 일자리, 직업훈련, 창업지원, 고용서비스 등 명목으로 일정 요건에 해당하는 사람들에게 지원하고 있는데, 그 내용을 하나하나 들여다보면 천차만별일 것으로 생각된다.

어떤 사람에게는 해당 지원금이 기초 생계비 역할을 하는 경우도 있을 것인데, 이런 사람은 기초생활 수급자로 분류해서 지원하는 것이 타당할 것이다. 또 어떤 사람은 해당 지원금을 받지 않아도 될 만큼 여유가 있고 일정한 사회적 지위가 수반되지 않는 일자리에 취업하고자 하는 의지도 없다.

고용장려금의 경우 대부분 중소기업들이 고용장려금을 지원받기 위해 직원을 신규 고용하는 경우는 없을 것으로 보인다. 그냥 중소기업 지원 차원에서 지급하는 것이라면 일반적인 지원 조건에 따라 지원하는 것이 맞다. 직업훈련의 경우에도 개인에게 찔끔 지원하는 것보다는 정부와 산·학 협동을 통해 체계적인 직업훈련을 제공하는 것이 훨씬 효율적일 것이다.

정부에서는 일자리 예산의 각 항목별 집행 내용에 대한 정밀 분석을 통해 집행된 예산이 일자리 증가로 이어지지 않는 원인을 찾아내고, 각 항목별로 적절한 개선 방안을 마련해 그대로 실행함으로써 예산 지출 효과를 획기적으로 높이도록 해야 한다. 일자리 증가에 대한 기여도가 낮은 예산 항목을 폐지 또는 축소하는 대신 일자리 증가에 대한 기여도가 높은 기존 항목의 예산을 늘려주거나 새로운 예산 항목을 신설하는 것도 필요할 것이다.

그런데 사실 일자리를 획기적으로 늘릴 수 있는 가장 최선의 방안은 우리 경제의 구조적 문제점과 열악한 국내 기업 환경을 개선함으로써 침체된 경제를 살리는 것이다. 따라서 국가 담론의 장을 통해서 민생 문제 해결을 위해 우리 경제의 구조적 문제점과 기업 환경 개선 등 경제 개혁을 강도 높게 추진해야 한다는 여론을 불러일으켜 정부의 경제 살리기 정책 추진에 힘을 실어주어야 한다. 우리 국민들로 하여금 경제 개혁이 민생 문제 해결을 위한 최선의 방책임을 인식하도록 함으로써 국민의 강력한 지지를 바탕으로 규제·노동 개혁, 서비스산업발전기본법 제정 등 경제 개혁 추동력을 확보하자는 것이다.

일체유심조(一切唯心造)

• 사회 안전관리 강화

식생활 개선과 의료기술의 획기적 발전 등으로 인간 수명 또한 획기적으로 늘어나 대부분의 사람들이 장수하면서 현대 문명의 혜택을 누리고 있다. 그런데 그동안 우리 사회에는 주기적으로 끔찍한 사건·사고들이 발생함으로써 소중한 인명을 앗아가곤 했다. 2014년 4월 16일 세월호 참사 때는 476명, 2022년 10월 29일 이태원 참사 때는 158명이 목숨을 잃었다. 게다가 두 사고 모두 사망자 대부분이 아직 채 꽃도 피우지 못한 어린 학생들과 앞길이 구만리 같은 젊은이들이었다. 천재지변도 아니고 관련 기관 또는 기업체가 관련 규정을 준수하고 좀 더 책임감 있게 대처했더라면 충분히 막을 수도 있었던 참사라는 데 더욱 더 안타까움을 금할 수 없다.

문제는 이 같은 대형사고가 수년 주기로 끊임없이 발생한다는 것이다. 1970.4.8. 와우아파트 붕괴(33명 사망), 1971.12.25. 대연각호텔 화재(166명 사망), 1993.3.23. 부산 구포항 열차 전복(78명 사망), 1993.10.10. 전북 부안 페리호 침몰(292명 사망), 1994.10.21. 성수대교 붕괴(32명 사망), 1995.4.28. 대구 상인네거리 가스 폭발(101명 사망), 1995.6.29. 삼풍백화점 붕괴(501명 사망), 1999.6.30. 화성 씨랜드 청소년수련원 화재(23명 사망), 1999.10.30. 인천 인현동 노래방 화재(55명 사망), 2003.2.18. 대구 지하철 중앙로 화재(192명 사망), 2014.4.16. 세월호 침몰(476명 사망), 2022.10.29. 이태원 압사 사고(158명 사망) 등 지난 52년 동안 12건의 대형사고가 발생했다. 물론 천재지변이나 항공기 추락 사고를 제외한 순수 인재(人災) 사고다. 대형사고가 아닌 소규모 인재(人災) 사고는 이보다 훨씬 자주 일어난다. 통계청의 '해상 조난 사고 현황'에 따르면, 세월호 참사 이후 해상

조난 사고는 2020년 3,778척(2만1,507명), 2021년 3,882척(2만174명)으로 세월호 참사가 일어난 2014년(1,418척, 1만1,180명)보다 2배 이상 늘었다. 사고 발생 직후에는 언제나 다시는 절대로 그런 일이 발생하지 않을 것처럼 각종 대책을 내놓았지만, 그동안 정부의 안전관리 시스템이 전혀 개선되지 않았다는 것을 보여주는 것이다. 지난 이태원 참사 당일 뉴욕타임스 등 외신들은 '대부분의 대형 압사 사고는 공공 안전 체계가 부족한 개발도상국에서 발생해왔다'면서 한국의 안전관리 시스템을 개발도상국 수준으로 폄하했다.

이제는 각종 대형사고가 발생할 때마다 급조해서 발표하는 졸속 대책이 아닌 인공지능(AI)과 사물인터넷(IoT) 기반 스마트 안전관리 시스템을 구축하고, 세월호와 이태원 참사뿐 아니라 그동안 전 세계에서 발생한 각종 안전사고 유형을 정밀 분석하도록 해야 한다. 그러고 나서 각각의 유형별로 안전사고 예방과 사고 발생 시 대처 매뉴얼을 완벽한 수준으로 만들어 관련 기관들로 하여금 철저하게 준수하도록 해야 한다.

무엇보다 AI과 IoT 기술을 이용한 '재난감시시스템'을 완벽한 수준으로 구축함으로써 각종 재난 발생을 사전에 충분히 예견하고 이를 최대한 방지할 수 있어야 한다. 예를 들어 이태원에서처럼 좁은 길목에 많은 인파가 몰려들 개연성이 있을 경우 이를 사전에 파악 또는 탐지하고 관할 구청이나 경찰서 상황실에서 실시간으로 모니터링하도록 의무화하는 것 등이다. 모든 사고는 항상 예상치 못한 작은 틈새로부터 발생하는 경우도 많이 있다. 따라서 가능성이 희박한 틈새까지도 세밀하게 모니터링해서 사고 발생 개연성을 미리 탐지하는 것이 대형사고를 사전에 방

일체유심조(一切唯心造)

지하는 첨경이라 할 수 있다. 우리나라가 세계 선두를 달리는 정보기술 (IT) 강국으로서 최첨단 안전관리시스템을 통해 각종 안전사고 발생 개연성을 사전에 탐지하여 사고 예방에 만전을 기하고, 사고 발생 시에는 신속하게 대응하여 피해를 최소화하는 등 기존의 '재난 공화국'에서 세계 각국이 부러워하는 '재난대처 강국'으로 거듭나야 한다.

▎경제 분야

우리가 지금 1960년대에 살고 있다고 가정해보자. 우리나라가 연 10% 내외의 고속성장을 거쳐 반세기만에 세계 10~13위 경제대국이 되리라고 생각이나 할 수 있었을까? 지금도 마찬가지다. 우리가 다시 1960~70년대 같은 고속성장을 할 수 있다고 생각하는 사람은 없는 것 같다. 소위 선진국형 성장률 정체 현상이라고 할까. 하지만 경제 발전 양상이 꼭 경제 이론대로만 흘러가는 것도 아니고 예외적인 경우도 얼마든지 발생할 수 있다.

1960~70년대 당시 국내외 경제전문가들은 한국이 비교우위가 있는 노동집약적 산업 위주의 경제개발을 추진해야 함에도 중화학공업과 수출 위주의 경제개발을 추진하는 것은 경제 원리에 맞지 않아 결코 성공할 수 없을 것이라고 권고했다는 것이다. 그러나 한국은 그 당시 전문가들의 권고를 무시하고 중화학공업 및 수출 위주의 경제개발 정책을 소신껏 밀어붙인 결과 수십 년 동안 이어진 고속성장을 통해 한강의 기적을 이뤄내고야 말았다.

우리는 2008년 이후 한국 경제성장률이 2~3%대에서 지속적으로 하락하고 있는 것이 전 세계적인 추세라거나 선진국형 성장률 정체 현상이라고 단정해서는 안 된다. 세계 2위 경제대국인 중국도 성장률이 전보다 못하기는 하지만 여전히 5%를 넘는 수준이다. 그리고 우리나라가 선진국에 진입했다고는 하지만 미국 등 다른 선진국들에 비해 경제 혁신이 한참 덜 된 상태로서 아직은 개발도상국 경제의 범주를 완전히 벗어나지 못한 것으로 보여진다.

우리나라 경제는 다른 선진국들에 비해 잘나가는 분야와 그렇지 못한 분야가 극과 극을 달리는 것처럼 보인다. 삼성전자를 비롯한 글로벌 대기업들이 여러 가지 불리한 대내외적 기업 환경에도 불구하고 반도체, 스마트폰, 배터리, 5G 등 첨단산업 분야에서 선두를 달리는 모습을 보면, 2002년 월드컵 4강에 올랐을 때처럼 가슴이 벅차오른다. 반면에 세계 모든 나라들이 알아주는 열악한 기업 환경, 규제 왕국에다 세금·지가·인건비는 세계 최고 수준, 수그러들 줄 모르는 반대기업 정서 등 부정적인 요소들을 생각하면 가슴이 답답해진다. 우리나라에서 소수 글로벌 대기업과 나머지 기업들의 양극화 현상이 심한 것도 문제다. 한국이 IT 강국이라고 하지만 국내 기업들의 전반적인 디지털화(DX) 수준은 주요 경쟁국들에 비해 매우 부진한 실정으로, 디지털 기술의 활용률이 경제협력개발기구(OECD) 32개국 중 21위라고 한다.

그런데 이와 같이 양 극단적인 요소들 가운데 장점은 살리고 단점은 보완·개선함으로써 이들 모두를 장점으로 승화시킬 수만 있다면 마치 대어(大魚)가 대양(大洋)을 만난 것처럼 엄청난 시너지 효과를 낼 수 있지 않을까?

일체유심조(一切唯心造)

지금 우리나라 경제 여건이 선진국 경제로서 완전무결한 상태라면 어쩌면 더 이상의 욕심을 부리기 힘들 수도 있다. 하지만 우리 경제는 지금 혁신 지수를 한참 더 끌어올려야 될 상태이고, 기업 환경은 다른 선진국들에 비해 매우 열악한 상태인 만큼 우리 경제 수준을 한층 더 끌어올리겠다는 욕심을 크게 내도 된다.

　우리는 1960~70년대에 그랬던 것처럼 다시 한번 기지개를 켜고 고속 성장 신화를 쓰기 위해 출사표를 던져야 한다. 그 당시처럼 10% 내외 성장은 할 수 없지만 중국처럼 5%까지는 충분히 올려놓을 수 있다. 지금 우리 경제 수준으로 향후 연 5% 성장률만 꾸준히 이어간다면 일본을 따라잡는 것은 시간문제가 될 것이다. 그렇게만 되면 앞에서 이야기한 민생문제는 저절로 해결될 수 있다. 그렇다고 성장률 5% 달성이 저절로 이뤄지는 것은 아니다.

　'국가 담론의 장'에서 충분한 논의를 거친 후 정치권, 정부, 기업체 그리고 전 국민이 일치단결해서 총력을 기울여야만 달성할 수 있는 일이다. 우리 국민들이 2002년 월드컵 8강전에서 보여주었던 불같은 열정으로 대한민국 대표 팀인 국내 글로벌 대기업들을 비롯하여 국내 모든 기업들이 불꽃 튀는 세계시장에서 승리를 거머쥘 수 있도록 지원과 응원을 아끼지 말아야 할 것이다.

안보 분야

• 현재의 안보 위기는 19세기 말부터

지구상에서 패권 국가가 사라진 것을 뜻하는 'G제로' 이론의 주창자인 이언 브레머(Ian Bremmer) 유라시아그룹 회장은 2014년에 출간된 『리더가 사라진 세계』에서 G제로 시대의 승자를 '중심축 국가'로, 패자를 '그림자 국가' 등으로 구분한다. 그는 중심축 국가의 정의를 특정한 몇몇 국가에 지나치게 의존하기보다는 여러 다양한 국가와 더불어 서로 이익이 되는 관계를 구축해 나갈 수 있는 능력을 갖춘 나라로 정의하였다[3]. 반면에 그림자 국가는 중심축 국가가 되어 자유를 누리고 싶어 하지만 강대국의 그림자 아래서 꼼짝달싹하지 못하는 나라로 정의를 내렸다.[4]

18~19세기 서구 선진국들을 중심으로 산업혁명의 불길이 번져 나갈 때 우리는 나라의 문을 굳게 닫아건 채 문약(文弱)에 치우치고 당파싸움만 일삼아 나라는 점점 쇠약해져 가고 국제무대에서 설 땅이 없게 되었다. 결국 우리나라는 19세기 말에서 20세기 초에 걸쳐 전형적인 그림자 국가로서 중국, 일본, 러시아 등 주변 강대국의 틈바구니에 끼어 우왕좌왕하다가 종국에는 나라를 잃고 말았다. 힘없는 약소국은 강대국의 먹잇감이 될 수밖에 없었던 19세기 말에서 20세기 초에 걸친 제국주의 시대에 우리나라는 신생 강대국인 일본 제국주의의 먹잇감이 되어 36년간의 식민지배를 받게 된 것이다.

---

3 이언 브레머 지음, 박세연 옮김, 『리더가 사라진 세계』, 다산북스, 2014, 203쪽.
4 위 책, 235쪽.

일체유심조(一切唯心造)

여기서 그 당시 우리나라가 힘이 없어 나라를 뺏긴 것이냐 아니냐에 대하여 논란이 있을 수 있으나, 우리가 힘이 없어서 나라를 뺏긴 사실은 그대로 인정하는 것이 맞을 것 같다. 만약에 그 당시 우리나라가 외세에 맞설만한 힘이 있었다면 최소한 청나라와 러시아처럼 일본과 한판 승부를 겨뤄야 했다. 다만 그때까지 우리가 외세에 맞설만한 힘을 기르지 못한 책임은 수백 년 전 조선 왕조 시대까지 거슬러 올라가야 하는 문제로서, 구한말 이 나라 정치지도자들에게 전적으로 책임을 물을 수도 없는 일이다. 그 당시 동아시아의 강대국이었던 청나라와 러시아도 일본과의 전쟁에서 패하지 않았나. 우리가 역사를 공부하는 목적은 일본처럼 과거사를 미화하는 데 있는 것이 아니라, 과거의 실패를 교훈삼아 같은 실패를 되풀이하지 않기 위해서다.

우리는 그 후 미국을 비롯한 서방 연합군의 힘으로 나라를 되찾게 되었으나, 주변 강대국들의 개입으로 국토가 남북으로 분단된 채 오늘날까지 이르게 되었다. 우리가 외세의 힘을 빌려 나라를 되찾는 과정에서 받아들일 수밖에 없었던 분단의 비극은 오늘날 이 땅에 '북핵'과 '안보 위기'라는 커다란 불행의 씨앗을 잉태하고 말았던 것이다.

우리가 지난 150여 년의 역사를 개관하면서 느낄 수 있는 가장 큰 교훈은 한 국가의 운명을 스스로 통제할 수 없는 나라는 불행할 수밖에 없다는 것이다. 지금 우리나라가 주변 강대국 간 세력 다툼의 틈바구니에 끼어 그 영향권에서 벗어나지 못하고 있는 모습은 19세기 말과 비슷한 상황으로 지금 우리가 직면하고 있는 안보 상황을 우리 스스로의 힘으로 해결해 나갈 수 있는 능력을 보유하지 못하고 있다. 다만, 우리의 현실이 그때와 분명하게 다른 점은 그 당시와 달리 우리가 마음만 먹으면 현 안보 상황을 우리 힘으로 헤쳐나갈 힘을 기를 수 있는 기초 체력과 실력을 충분히 보유하고 있다는 점이다.

그러나 한 가지 분명한 점은 현재 우리가 보유하고 있는 기초 체력과 실력을 가장 효율적인 방식으로 운용해서 현 위기를 대역전의 기회로 삼아 부국강병의 길을 가고자 하는 개혁 추진 의지가 부재하다는 것이다. 따라서 우리가 격변하는 동아시아 정세 속에서 19세기 말에 겪었던 것과 같은 불행한 역사를 온전히 피해갈 수 있을지 지금으로서는 장담할 수 없다.

• 우리는 여전히 외세에 둘러싸인 채 국가 안보가 위태롭다

고대 그리스의 역사가인 투키디데스(Thukydides)는 "강한 나라는 '자기가 할 수 있는 일'을 하지만, 약한 나라는 '자기가 하지 않으면 안 되는 일'을 할 수밖에 없다"라고 말했다. 그런데 우리 대한민국은 지난 반세기에 걸친 국력 증진으로 선진국의 문턱을 넘어서게 되었지만 세계 주요 강대국의 각축장인 동아시아에서는 여전히 약한 나라에 불과하다. 다시 말해 우리나라는 세계 주요 강대국에 둘러싸인 지정학적 여건과 남북 대치상황으로 인해, 세계 10~13위의 경제력을 가졌으면서도 주변 강대국들의 그림자에서 완전히 벗어나지 못하는 이중성(二重性)을 지니고 있는 것이다.

당사자인 우리나라는 배제된 채 미국과 북한 간에 이뤄진 2018년 6월과 2019년 2월의 정상회담에서도 북한 비핵화에 대하여는 전혀 진전이 없는 상태에서 김정은의 기만 살려주는 결과를 초래했다. 북한으로서는 계속해서 핵무장을 강화할 시간을 벌었을 뿐만 아니라 국제사회에서 위상이 상당히 높아졌고, 세상에서 가장 두려운 존재라고 할 수 있는 미국의 전의(戰意) 또한 상당히 누그러뜨릴 수 있었으니 말이다.

문제는 우리의 처지만 딱하게 되었다. 세계 10~13위 경제대국에다 세계 6위의 군사대국인 대한민국이 우리 자신의 문제인 북핵 문제에서 독자적으로 할 수 있는 일이 아무것도 없다는 것이다. 한국은 GDP가 북한의 40배에 달하고, 그동안 굶주린 북한 동포들을 돕는다는 명목으로 2조 원이 넘는 돈을 지원했지만, 북한은 각종 북핵 관련 협의에서 한국을 빼고 미국만 상대하려고 한다. 미국과 중국 또한 중요한 의사결정을 할 때마다 우리 의견은 무시하기 일쑤다. 지금까지는 그저 그러려니 하고 매사 소극적으로 대응해 왔지만 도대체 언제까지 이렇게 부당한 대우를 받으면서 살아가야 한다는 말인가?

길은 두 가지가 있다. 그 하나는 지금부터라도 국가 대전략을 세우고 우리가 북핵 문제 나아가 한반도 문제의 진짜 주인공이라는 점을 내세워 매사에 당당히 나서고 목소리를 낼 수 있어야 한다. 나머지 하나는 그렇다고 지금 당장 우리가 태도를 일변해 갑자기 목소리를 높인다고 해서 북한이나 주변 강대국들이 "아! 그래 맞는 말이야"라고 하면서 바로 수긍해 오리라고 기대할 수는 없으므로, 차츰 힘을 길러가면서 우리의 전략을 업그레이드시켜 나가는 것이다.

우리는 1960년대 세계 최빈국의 상태에서 대역전 드라마를 쓰기 시작해 지금 이만한 위치에 설 수 있게 되었지만, 아직은 반(半)성공에 불과하고 30~40년간 활활 타오르던 성장 동력도 약해진 지 오래다. 게다가 최근 들어 한꺼번에 밀어닥친 대내외적 안보·경제 상황 악화로 인한 총체적 위기 상황이다. 이와 같은 상황에서 위기를 극복할 수 있는 유일한 방법은 외부에서 가해지는 어떠한 충격에도 견딜 수 있는 강한 체력과 단결력 그리고 지혜를 갖추는 것뿐이다.

• 부국강병의 길

지금까지 말한 것처럼 지정학적 요충지에 자리 잡고 있으면서 서로 패권을 다투는 강대국들에 둘러싸여 있는 우리나라에 가장 절실하게 요구되는 국가경영 철학은 부국강병(富國强兵)이 될 수밖에 없다. 그리고 부국(富國)과 강병(强兵)은 동전의 양면과 같이 서로 떨어질 수 없는 관계이다.

2022년 미국의 군사비 지출 금액은 8,770억 달러(약 1,171조 원)로 전 세계 군사비 지출의 약 40%를 차지한다. 이렇게 막대한 군사비 지출로 세계 최강의 군사력을 유지할 수 있는 것은 세계 1위의 경제력이 뒷받침해 주기 때문이다. 중국도 개혁·개방 이후 급속한 경제성장을 이루면서 군사력 또한 미국·러시아에 이어 세계 3위의 군사대국으로 부상했으며, 2049년까지 미국을 추월하는 것을 목표로 군사력 증강에 박차를 가하고 있다. 반면에 우리는 1960년대 이후 한 차례 진행된 부국강병 프로젝트에서 반(半)성공을 거둔 상태로 멈춰 서 있는 중이다. 우리가 한때나마 부국강병의 길을 열심히 달려왔었다는 사실조차 잊어버린 것 같다.

지금 우리의 경제력과 군사력은 우리를 둘러싸고 있는 중국, 러시아, 일본은 물론 북한을 상대하기에도 한참 모자란다. 정확하게 말하자면 중국·일본에 대하여는 경제력과 군사력 모두 한참 모자라고, 러시아에 대하여는 경제력은 엇비슷한데 군사력은 한참 모자라며, 북한에 대하여는 경제력은 우리가 40배 앞서지만 군사력은 핵무기 등 비대칭 전력

일체유심조(一切唯心造)

으로 인해 한참 모자란다. 다시 말해 우리 주변국들 가운데 경제력은 2 강·1중·1약이고 군사력은 주변 4개국 모두 우리보다 훨씬 강하다. 더욱이 주변 4개국 모두 지금보다 국력을 더 키우기 위해 경제력과 군사력 증강에 전력투구하고 있다.

지금 북한 및 주변 강대국들과 우리나라의 국방 대비태세를 비교해 볼 때 『거울 나라의 앨리스』[5] 라는 책에 나오는 이야기가 떠오를 수밖에 없다.

북한과 주변 강대국들은 무서운 속도로 달려가고 있는데 우리만 이렇게 느긋하게 대처하고 있어도 정말 괜찮을까? 물론 우리나라도 군사력 강화를 위해 많은 노력을 기울이고 있다. 한국은 2023년 기준 세계 국방비 지출 순위 10위(연 57조 원) 수준이다. 그러나 현재 우리의 국방비 지출은 중국(293조 원)의 5분의 1에 불과한 수준이다. 중국은 현재 미국·러시아에 이어 세계 3위의 군사대국인데, 이렇게 되면 앞으로 우리와의 군사력 격차가 점점 더 크게 벌어질 수밖에 없는 것이다. 일본은 한국과 비슷한 61조 원 수준인데, 우리나라 국방비는 55만(일본, 25만) 병력 유지비용이 70%(40조 원)를 차지하기 때문에 군사력 증강을 위해 쓸 수 있는 예산은 일본보다 훨씬 적다. 더욱이 일본은 2027년까지 국방비를 단계적으로 증가해서 지금보다 2배 수준으로 늘리겠다는 입장이다. 무엇보다 우리에게는 북한의 핵무장 강화와 주변 강대국들의 군비 확장에도 불구하고 이에 상응하는 위기의식과 긴박감을 전혀 찾아볼 수가 없다. 일본은 우리처럼 직접적인 북한의 핵위협 대상이 아닌데도 북한

---

5   루이스 캐럴이 쓴 『거울 나라의 앨리스』라는 소설에서 주인공 앨리스는 붉은 여왕에게 붙들려 함께 달리게 된다. 붉은 여왕은 앨리스에게 "이 나라에서는 자신이 움직일 때 주변 세계도 따라서 함께 움직이기 때문에 주변보다 훨씬 빠른 속도로 움직이지 않으면 앞으로 나아갈 수 없다"고 말한다.

핵위협과 중국의 군사력 증강에 대하여 우리보다 훨씬 더 민감하게 대응하고 있다.

우리가 매일 접하고 있는 TV 뉴스나 종편 시사프로그램 가운데 최소 10% 정도는 우리나라를 부국강병의 길로 인도할 수 있는 국가 담론의 장이 되어야 한다. 그런데 허구한 날 여·야 또는 계파 간에 서로 헐뜯는 이야기, 도토리 키재기 같은 당권 경쟁 이야기 등이 대부분이다.

지금 우리는 19세기 말과 달리 현 안보 위기 상황을 우리 힘으로 헤쳐나갈 힘을 기를 수 있는 기초 체력과 실력을 충분히 보유하고 있음에도, 이를 바탕으로 현 위기를 대역전의 기회로 삼아 부국강병의 길로 국정을 이끌어야 할 정치권과 정부의 개혁 의지와 추진력이 매우 부족한 실정이다.

따라서 우리 국민들의 생존권이 달린 안보 문제 또한 깨어 있는 일부 정치지도자들을 중심으로 구성되는 '국가 담론의 장'을 통해 국민 여론을 환기시키고, 위대한 국민의 힘을 빌려 힘찬 개혁의 큰 발걸음을 떼야 할 것이다.

• 안보 정책 아젠다

민생문제는 우리 국민들이 항상 직접 피부로 느끼면서 살아가기 때문에 국민적 관심도가 매우 높고 정치권 또한 국민들의 마음을 헤아려 항상 민생문제에 정책 우선순위를 두기 때문에 국가 예산 가운데 복지 분야 예산 비중이 35%나 된다. 하지만 국가 안보는 당장 무슨 일이 벌어지는 것도 아니고 언제쯤 큰일이 날 것이라고 정해져 있는 것도 아니다. 어쩌면 우리 일생 동안 아무 일 없이 지나가 버릴 수도 있다. 그러나 일단

일체유심조(一切唯心造)

큰일이 벌어지는 날에는 그 즉시 우리의 삶은 천 길 나락으로 떨어지고 우리 자신과 가족들의 목숨조차 보장할 길이 없다. 400여 년 전 임진왜란 발발 당시가 그랬고 70여 년 전 6·25 전쟁 당시가 그랬다. 그리고 앞으로 절대 그런 일이 발생하지 않으리라는 보장도 없다. 또 우리가 이와 같은 국가 위기 상황을 의식하면서 사는 것보다 전혀 의식을 하지 않고 살아갈 경우, 그런 위험에 처할 가능성이 훨씬 더 높아진다는 사실 또한 명심하지 않으면 안 된다.

지금은 정치권과 정부 그리고 전 국민이 한마음으로 어떻게 하면 국가 경제를 살려내고, 북핵 위기를 극복하고, 주변 강대국들에게 휘둘리지 않는 나라, 그래서 우리 힘으로 통일을 이루고, 나아가서 국민이 더 행복해질 수 있는 나라를 만들어갈 수 있을지 진지하게 의논하면서 발분도강(發憤圖强) 해야 할 때다.

무엇보다 지금 우리에게 시급한 것은 북핵 위기를 어떻게 극복하느냐 하는 문제이다. 이제 "어차피 우리는 북한처럼 핵무기를 개발할 수도 없는 처지이니 북핵 문제는 미국의 핵우산에 의존하는 것밖에 다른 방법이 없지 않느냐"라면서 수수방관할 때는 지났다. 지금 미국은 서서히 변화하는 중이다.

2차 세계대전 이후 자유민주주의의 기치를 내걸고 세계 경찰의 역할을 자임하던 미국이 이제는 자국 우선주의를 내세우며 세계 질서를 유지하는 일에서 서서히 발을 빼려고 한다. 지금까지 유일한 동맹국인 미국에 국가 안보를 전적으로 의존해왔던 우리에게는 불안하기 짝이 없는 일이다. 물론 우리가 북한으로부터 핵공격을 받을 경우 한·미상호방위조약 제3조의 규정에 따라 미군이 참전할 것이라는 점은 의심할 여지가 없다.

그렇지만 여기에는 그때그때 국제정세의 변화에 따라 여러 가지 변수가 있을 수 있다. 첫째, 한반도 유사시 미군이 참전하기 위해서는 위 조약 제3조의 규정에 따라 미 의회의 승인 절차가 필요하다. 그런데 미 국민의 정서가 갈수록 자국 군대의 해외 파병을 원하지 않는 방향으로 흘러가는 중이다. 북한의 미 본토에 대한 핵공격 능력이 고도화될수록 이와 같은 경향은 더욱 더 심화될 것이다. 만약 한반도 유사시 국민 여론을 의식한 미국 의회가 한국 참전을 반대하거나, 의회 승인을 받는 데 시간이 걸릴 수도 있다. 더욱이 이번 우크라이나 전쟁을 통해서 볼 때 한반도 유사시 '유엔이 6·25전쟁 때처럼 우리에게 든든한 원군이 되어 줄 수 있을까' 하는 점에도 강한 의문이 든다.

둘째, 중국의 대만 침공, 중·일 영토 전쟁, 남중국해 충돌 등으로 미·중 간 전쟁이 발발한 가운데 북한이 침공해 올 경우 미국이 두 개의 전쟁을 동시에 수행하기 어려워질 수도 있다. 셋째, 격동하는 동아시아 정세 속에서 미국의 대외 전략 변화로 우리 의사와는 무관하게 언제든지 주한미군이 철수할 수도 있다. 넷째, 북한 급변사태 발생 시 중국이 밀고 들어가 북한 지역을 아예 차지해 버릴 수도 있다. 위 네 가지 가정은 우리가 결코 원하지 않는 상황이지만 앞으로 이와 같은 일이 일어나지 않는다고 장담할 수는 없다. 그리고 만약 이와 같은 사태가 발생한다면 그 시기가 언제가 될지 전혀 예측할 수도 없다.

지금 우리에게 중요한 것은 현재 우리의 안보 환경이 어떤 상태에 있느냐 하는 것이 아니라, 여러 가지 외생변수(外生變數)에 의해 우리의 안보 환경이 최악의 상태로 변할 경우에도 이에 대처할 수 있는 힘을 보유

일체유심조(一切唯心造)

하고 있느냐 하는 것이다. 예를 들어 지금 당장 북한에 급변사태가 발생한다면, 또는 미·중 간 전쟁이 발발한 가운데 북한이 침공해온다면 어떻게 할 것인가? 그런데 지금 당장은 아니라고 해도 앞으로 10년 이내에 이와 같은 사태는 우리 의지와는 상관없이 그리고 예고도 없이 갑자기 들이닥칠 수 있다.

우리는 지금까지 5천만 국민의 생존이 달린 안보 문제에 너무 무관심했다. 민생문제도 중요하지만 근본적으로는 경제 문제가 더 중요하고 그보다 더욱 더 안보 문제가 훨씬 중요하다. 앞으로 10년 전후해서 북한의 침공을 독자적 혹은 일시적(미국의 참전이 지체되는 시간)으로 막아낼 정도, 그리고 북한 급변사태 발생 시 중국과의 일전을 불사하고 우리가 북한 지역의 소요를 진압해 통일 과업을 성취할 정도의 군사력을 갖춰야 한다.

지금 당장 부국강병을 위한 '국가 담론의 장'을 마련하고 제2의 경제개발을 통해 국부(國富)를 축적해 가면서 북한을 능가하고 주변 강국들에게 휘둘리지 않을 정도의 군사력을 갖출 수 있는 정책 방안들을 마련해 적극 추진해야 한다. 구체적인 정책 방안에 대하여는 제3부에서 논의하기로 한다.

제 **2** 부

—

위기는 개혁을
부른다

왜 위기인가?

위기의식 결여: 위기를 인식하지 못하는 것이 진짜 위기

1957년 10월 4일 소련이 인류 최초의 인공위성인 스푸트니크 1호를 쏘아 올리자 미국 국민들의 충격은 두려움으로, 두려움은 분노로 바뀌었다. 그동안 정부는 뭐 했느냐는 비난이 쏟아지면서 '우리가 어쩌다 2등이 됐느냐'라는 탄식이 터져 나왔다. 의회는 우주개발 예산을 늘려야 한다고 정부를 압박했다. '스푸트니크 충격'은 미국이 본격적으로 우주 경쟁에 뛰어드는 계기가 됐고 군사·과학기술 및 항공·우주 분야에서 대규모 연구 프로젝트와 초대형 투자가 이어졌다. 1958년 10월 1일 미 항공우주국(NASA)이 창설된 것도 이 사건이 계기가 됐다. 이후 외부 충격에 위기의식을 느끼고 분발해야 할 때 '스푸트니크 충격'이라는 말이 회자되곤 했다. 그 결과 미국은 1980년대에 이르러 소련과의 우주 패권 경쟁에 승리하게 되고, 1991년 12월 26일 마침내 소련은 붕괴되었다.

우리는 어떤가? 북한은 2006년 10월 제1차 핵실험을 시작으로 2017

년 9월 제6차 핵실험까지 여섯 차례나 핵실험을 강행했으며, 2017년 11월에는 미국 본토에 도달할 수 있는 대륙간탄도미사일(ICBM) 시험 발사에 성공했다. 이것은 소련이 미국보다 먼저 인공위성을 쏘아 올린 것보다 10배, 100배나 더 충격적인 사건이었다. 스푸트니크 쇼크는 소련이 우주 경쟁에서 미국보다 한발 앞서간 정도였지만 우리는 핵개발을 하고 싶어도 할 수 없는 상태에서 북한이 먼저 핵개발에 착수해 결국 10여 년 만에 성공한 것을 의미한다. 미국은 소련이 우주 경쟁에서 한발 앞서 간다고 해서 자국 안보에 큰 영향이 미치는 것도 아니지만, 우리에게는 북한 핵개발이 국가 안보에 심각한 위협이 되는 일이다.

그런데 우리 국민들은 어쩌면 위기 불감증에 걸린 것은 아닌지 모르겠다. 북한이 여섯 차례에 걸쳐 핵실험을 하건, ICBM을 쏘아 올리건, 북한 무인기가 우리 상공을 휘젓고 다녀도 그다지 놀라거나 개의치 않는다. 우리 경제의 버팀목인 반도체 수출이 반 토막 나는 등 경제가 심상치 않게 돌아가도 정치권이나 국민들에게서 위기의식을 전혀 찾아볼 수 없다. 이것이야말로 진짜 위기가 아닐까?

2013년 4월 미국 경영 컨설팅회사인 '맥킨지글로벌연구소'는 보고서를 통해 "지금 한국 경제는 뜨거워지는 냄비 속의 개구리와 같다"라고 지적했다. 개구리를 물속에 넣고 서서히 데우면 자신이 죽어가는지도 모른다는 것이다. 그리고 2018년 8월 "한국 경제는 여전히 물이 끓는 냄비 속 개구리 상태다. 5년 전보다 물 온도는 더 올라갔다"라고 경고했다. 문제는 그로부터 또다시 5년이 지난 지금도 전혀 달라진 것이 없다는 사실이다.

북한의 경제 규모는 우리의 40분의 1 수준에 불과하지만, 저들은 국

일체유심조(一切唯心造)

력의 엄청난 열세에도 불구하고 한반도를 통째로 집어삼키기 위해 주민들을 절망과 기아 속으로 몰아넣으면서까지 핵무기 등 비대칭 전력 개발에 안간힘을 쏟아 부어왔다. 미국과 중·일 등 주변 강대국 또한 그들 상호 간의 각축장이 될 동북아에서 패권국이 되거나 살아남기 위해 치열한 군비 확충 경쟁을 벌이고 있으며, 우리보다 3~13배의 경제 규모에 불구하고 지금보다 더 부강한 나라가 되기 위해 열심히 뛰고 있다.

그런데 우리는 지금껏 북한이 주민들을 절망과 기아선상에 내몰면서까지 핵무기 등 각종 비대칭 전력 개발에 광분해 왔으며, 국제사회 제재망을 뚫고 핵전력을 계속 키우기 위해 통 큰 강대국 외교를 펼쳐 나가는 것이 앞으로 우리 안보에 어떤 결과를 가져다줄지 제대로 인식하지 못하고 있는 것 같다. 또한, 주변 강대국들이 더더욱 부강한 나라가 되기 위해 모든 역량을 총동원하고 군사력 증강 및 첨단화에 박차를 가하는 것이 우리에게 얼마나 큰 위협이 되는지 제대로 인식하지 못하고 있다. 이것이야말로 진짜 위기가 아닐까?

가치관 갈등

• 정면 돌파하지 않고 작은 일에 지나치게 집착한다

세종 시대 명재상인 황희에게 하루는 집에서 부리는 하인들이 찾아와 그중 두 사람 사이에 벌어진 분쟁의 옳고 그름을 판결해 달라고 요청했다. 황희는 먼저 한 사람이 주장하는 자초지종을 다 듣고 나서 "이야기를 들어보니 네 말이 옳은 것 같다"라고 말했다. 이어서 분쟁의 당사자인 또 한 사람의 말을 듣고 나서는 "네 말을 듣고 보니 네 말도 옳은 것 같구나"라고 말했다. 그러자 옆에서 보고 있던 황희의 부인이 답답한 마음에 "아니 누구의 말이 옳은지 분명하게 가려서 시원하게 판결을 내려야지 이쪽 말도 옳고 저쪽 말도 옳다고 하시면 어떻게 합니까"라고 했다. 그러자 황희는 또 이렇게 말했다. "듣고 보니 부인 말씀 또한 지당하오." 어찌 보면 줏대 없이 보이기도 하는 황희의 이 엉뚱한 판결은 국가대의를 위해서는 뚜렷한 소신과 주장을 굽히지 않는 명재상이지만, 작은 일에는 조금도 얽매이지 않는 대인으로서의 풍모를 보여주는 일화라고 할 수 있겠다.

지금 우리는 정치권, 정부, 기업 그리고 각계 이해관계 집단마다 지나치게 사소한 일에 집착하는 병폐로 인해 국가 발전을 저해하고, 위기 극복을 위한 각종 개혁 과제 수행에 커다란 걸림돌로 작용하기도 한다.

정치권은 국가 안보를 강화하고 침체된 경제를 살리기 위한 각종 개혁 법안 처리와 국정 감시자 임무를 수행하는 데 촌음을 아껴 써야 할 상황임에도 여·야 간 이념전쟁 또는 계파 간 갈등으로 인해 허구한 날 자기네들끼리 갈라져 싸우는 데 여념이 없다. 특히 169석의 거대 야당은 그 거대한 힘을 나라 경제를 살리기 위한 개혁정책의 발목을 잡고 포퓰리즘 예산을 늘리는 데 사용한다. 그리고 대형 비리 혐의로 기소된 당대표를 옹호하기 위해 전력투구한다.

매년 새해 예산을 심의할 때에도 어떻게 하면 빠듯한 예산으로 국가 위기 극복에 가장 큰 효과를 나타낼 수 있는 분야에 예산을 더 배정할지 고민하기보다는 각기 자당의 당리당략을 먼저 생각하고, 심지어는

　　　　　　　　　일체유심조(一切唯心造)

국회의원 각자의 지역구에 한 푼이라도 예산을 더 가져가기 위해 전력투구하기도 한다. 그들 입장에서는 이 모두가 모든 것을 다 걸어야 할 만큼 중요한 일이라고 생각할지 모르겠지만 국가와 국민의 입장에서 볼 때는 매우 하찮고 시시한 문제에 불과하다.

우리나라 공직자들은 국가 위기 극복을 위해 부처 간 칸막이를 없애고 분야별 국정 목표 달성을 위해 모두 한 방향으로 매진해야 함에도, 각자 자기 부처 또는 자기 부서의 입장에 서서 매우 소극적으로 다양하게 움직인다. 심지어 자신이 국가의 공복이라는 사실을 망각하고 일신의 무사안일만을 추구하면서 매사에 복지부동하는 풍조가 만연하기도 한다.

기업체는 이익 추구를 목적으로 하는 사적 조직체이지만 한편으로는 기업 경쟁력과 기술력 향상은 물론 기업 간 상생·협력을 통해 국가 경제성장의 견인차 역할을 해야 하는 책무를 지니고 있다. 이것은 국가와 기업이 함께 윈-윈할 수 있는 길이기에 기업으로서도 불만 없이 받아들일 수 있는 일종의 묵계라고 할 수 있다. 그런데 일부 대기업 가운데는 지나치게 중소 협력업체들을 쥐어짜고 신기술을 가로채는 등 불공정 행위를 일삼아 결과적으로 국내 전체 기업체의 99%가 넘는 중소기업들이 더 이상 성장하지 못하고 고만고만한 상태를 유지하게 되는 일부 원인을 제공하고 있다. 더욱이 일부 재벌기업의 경우 조직 내부의 경직성과 갈등, 오만함, 도덕적 해이 현상 등으로 스스로 기업 경쟁력을 떨어뜨리고 국내에서 반대기업 정서가 만연하게 되는 빌미를 제공하기도 한다.

노동조합(노조)은 기업체 구성원들이 회사로부터 부당한 대우 또는 불이익을 받지 않으려고 결성한 자구적 조직체이다. 그렇다고 기업체와 노조가 정반대의 길을 가야 하는 것은 아니다. 크게는 국가 경제가 잘 돌아가야 기업체가 흥하고, 기업체가 잘 돼야 노조의 구성원인 직원들도 가족이나 주변 사람들로부터 좋은 회사에 다닌다며 대우를 받고, 오랫동안 안정적인 직장생활을 영위할 수 있다. 그런데도 국내 대기업 노조들은 회사가 이익을 많이 내어 성장하는 데는 별로 관심이 없고, 심지어 회사가 손실을 내고 경영이 어려울 때도 노동쟁의를 일삼아 회사를 궁지에 몰아넣기 일쑤다. 이는 우리나라 기업의 글로벌 경쟁력을 떨어뜨림으로써 국내 기업 전체의 영업이익 감소를 가져오고, 국가 경제 침체로 이어졌다가 다시 국내 기업들의 실적 부진으로 이어지는 등 악순환이 되풀이되는 일부 원인으로 작용한다.

그 밖에 각계 이해관계 집단 또한 국가 위기 극복을 위한 각종 개혁 과제 수행에 힘을 보태주기는커녕 개혁이라는 말만 나와도 무조건 거부 반응을 보이는 등, 국가 이익보다는 사익(私益)을 지나치게 추구함으로써 결국에는 우리 모두가 공멸할 수도 있는 길을 가고 있다.

• 가치관과 역사관이 올바르게 정립돼 있지 않다

나는 20대 초반 시절에 재야 정치인이셨던 한 선배로부터 편지 한 통을 받은 적이 있는데 그중에서 다음 구절을 지금까지 잊지 않고 있다. "철학이 있어 방황하지 말아야 하고, 인생관이 있어 비겁하지 말아야 하며, 세계관이 있어 흔들리지 말아야 하네." 정말 멋있고 감동적인 문구였다. 개인이나 국가를 막론하고 그 정신세계가 풍요롭고 깨어 있으면 개인과 국가도 따라서 흥하게 되며, 그 정신세계가 빈약하고 황폐하면 개인과 국가도 따라서 쇠약해진다.

일체유심조(一切唯心造)

그런데 우리는 지난 반세기 동안 급속한 경제 발전과 정치 민주화를 이루는 과정에서 정신적으로는 지나치게 이기적, 분파적, 자유방임적으로 흘러가, 국가적 위기 상황에 걸맞은 가치관이 뚜렷하게 정립되지 않은 채 각자도생(各自圖生)을 추구하는 풍조가 만연하게 된 것 같다. 무엇보다 현 국가 위기 극복을 위해 국민 대통합이 이뤄져야 할 시점에서 전 국민이 공감하고 공유해야 할 역사관과 국가관이 올바르게 정립되지 못한 것은 매우 안타까운 일이 아닐 수 없다.

박근혜 정부 때 현행 검·인정 역사 교과서에 담긴 역사관 및 국가관이 심하게 왜곡되어 있다는 문제가 제기되면서 2015년 10월 중·고교 역사 교과서에 대한 정부의 국정화 발표 이후 정치권과 학계 그리고 학생들까지 나서서 반대 여론이 들끓었다. 결국 지난 문재인 정부에서 박근혜 정부 때 만든 국정 역사 교과서를 폐기함으로써 이 문제는 일단락된 것처럼 보이지만, 우리나라 중·고교 역사 교과서에 내포된 역사 왜곡 문제는 확실하게 결론이 난 상태가 아니다. 다시 말해서 아직까지도 우리나라는 전 국민이 공감하고 밝은 미래를 펼쳐 나가는데 등불이 되어줄 역사관이 뚜렷하게 정립되지 않은 상태에 있다는 말이다. 지금처럼 대내외적으로 어렵고 힘든 시기에 전 국민이 국난 극복을 위해 일치단결하도록 구심점 역할을 해야 할 역사관과 국가관이 하나로 정립돼 있지 않다는 것은 매우 심각한 문제가 아닐 수 없다.

• 위기를 제대로 인식하여 개혁의 첫발을

지금 우리나라는 북한 핵위협과 동아시아 정세 불안 등 안보 위기와 저출산 고령화, 저성장 고물가, 우리 경제의 구조적 문제점 심화 등 경제 위기가 중첩된 상황으로서 정치권과 정부 그리고 온 국민이 위기를 실감하고 위기 극복을 위해 국력을 총결집해야 함에도 위기 자체를 제대로 인식하지 못하는 실정이다.

지금부터 정치권과 정부 그리고 전 국민은 현재 우리가 처해 있는 안보와 경제 위기 상황을 똑바로 인식하고, 한마음 한뜻으로 결집하여 위기 극복 대열에 동참해야 한다. 또한, 정치권과 정부 그리고 전 국민이 지나치게 사소한 일에 집착하는 관성에서 벗어나야 하고 온 국민이 올바른 가치관과 국가관으로 무장해야 한다.

북유럽 낙농 강국인 덴마크는 1864년 당시 프로이센과의 전쟁에 패하여 국토의 대부분을 빼앗기고 남아있는 땅도 대부분 황무지로서 국민들은 실의에 빠져 나라가 망하기 직전이었다. 그때 퇴역 장교인 엔리코 달가스(Enriko Mylius Dalgas)가 나서서 국민들에게 위기의식을 심어주고 "밖에서 잃은 것을 안에서 찾자"라고 외치며 위기를 대역전의 기회로 만들기 위한 국가부흥 운동을 일으켰다. 이에 덴마크 국민들은 다 함께 황무지 개간에 나서 거친 땅을 옥토로 만들어가며 세계적인 낙농업 국가를 건설하는 토대를 구축하였다.

일체유심조(一切唯心造)

국가 개혁론

개혁의 필요성

• 왜 '개혁'을 하지 않으면 안 되는가

제1부에서 말한 것처럼 우리 대한민국은 세계 주요 강대국에 둘러싸인 지정학적 여건과 남북 대치상황으로 인해 세계 10~13위의 경제력을 가졌으면서도 19세기 말처럼 주변 강대국의 그림자에서 완전히 벗어나지 못한 상태에 있다. 만약에 우리나라가 현재의 국력으로 한적한 남아메리카 대륙에 있다면 전 국민이 위기의식을 전혀 느끼지 않고 풍족한 삶을 누릴 수 있게 될 것이다. 그런데 현실은 그렇지 못하다.

우리는 숙명적으로 초목이 우거진 초원에서 한가로이 풀을 뜯는 것이 아니라 사자와 호랑이 같은 맹수들이 득실거리는 정글에서 치열한 생존경쟁을 벌여야 하는 처지에 놓여 있는 것이다. 우리가 사는 세상이 따사롭고 평온한 초원이 아니라 냉혹하고 살기등등한 정글 속이라면 우리가 사는 방식도 이에 따라야 할 것이다. 우리가 다른 맹수들의 지배를 받거나 잡아먹히지 않으려면 우리 스스로 지혜를 갖추고, 힘을 기르고, 단결하지 않으면 안 된다.

다시 말해서 한적한 남아메리카 대륙 어딘가에서 이름 없는 나라들과 어울려 살아가는 방식과 격동하는 동아시아에서 주요 강대국들과 함께 살아가는 방식은 엄연히 다를 수밖에 없는 것이다. 우리는 싫든 좋든 중국, 일본, 러시아 등 주변 강대국들 못지않게 담대하고 비범한 국가 경영 스타일을 유지하지 않으면 안 된다.

우리가 비대칭 전력에서 우리보다 월등한 북한과 대치 상태에 있으면서, 동시에 우리보다 영토, 인구, 경제력, 군사력 면에서 월등한 주변 강대국들과 함께 동아시아의 일원으로서 안전하게 살아갈 수 있으려면, 고강도 국가 개혁을 통해 하루속히 부국강병을 이룰 수 있도록 속도를 내는 수밖에 없다.

세계 최대 투자은행인 모건스탠리(Morgan Stanley)의 신흥시장 부문 총괄 사장인 루치르 샤르마 (Ruchir Sharma)는 2017년에 출간한 『After the Crisis(위기 후 10년)』에서 이렇게 말했다. "국가는 위기로부터 벗어나기 위해 안간힘을 쓸 때 더 나은 변화를 할 가능성이 가장 높다. 그리고 국가가 곤란한 입장에 처해 있을 때 일반 대중과 정치 엘리트들은 가혹한 경제 개혁을 수용할 가능성이 가장 크다. 반면에 경제가 호황일 때에는 부단한 개혁이 필요하다는 사실을 인식하지 못한 채 안주함으로써 국가가 최악의 상태로 변할 가능성이 높다".[6]

우리는 안보와 경제 위기가 심각한 상황에 처해 있는 지금이 개혁의

---

6   루치르 샤르마 지음, 이진원 옮김, 『After the Crisis(위기 후 10년, 다음 승자와 패자는 누구인가)』, 더 퀘스트, 2017, 110~111쪽.

일체유심조(一切唯心造)

적기라고 생각해서 정치권, 정부, 기업 그리고 전 국민이 합심하여 현 위기를 기회로 만들기 위한 국가 개혁 추진에 총력을 기울이지 않으면 안 된다.

• 나약한 토끼에서 포효하는 호랑이로

남북한을 합한 한반도 지도를 동물로 형상화한다면 어떤 모습일까? 생각하기에 따라서 토끼 모습으로 나타낼 수도 있고 호랑이 모습으로 나타낼 수도 있을 것이다. 16세기 조선 시대 풍수지리학자였던 남사고(南師古)는 조선 명종 때 저서인 『산수비경(山水秘境)』에서 "한반도는 백두산 호랑이가 앞발로 만주 땅을 할퀴는 형상이고, 백두산은 호랑이의 코, 호미곶(虎尾串)[7]은 호랑이의 꼬리에 해당한다"라고 말했다. 반면에 20세기 초 한일합방 직전에 일본은 조선통감부를 중심으로 조선인을 나약한 민족으로 깎아내리기 위해 한반도를 토끼 모습으로 비유해서 널리 퍼뜨렸다고 한다.

앞에서 우리 사회에 역사관과 국가관이 뚜렷하게 정립되지 못한 것이 국가 위기 극복에 장애 요인이 된다고 말했었다. 이는 '오랜 역사 동안 우리 민족이 어떤 생각을 하면서 어떻게 살아왔는지, 또 앞으로는 어떤 생각을 하면서 어떻게 살아갈 것인지'와 강하게 결부되는 문제라고 할 수 있겠다. 예를 들어 고구려 시대에는 우리나라가 주변 강대국에 비해 조금도 꿀리지 않는다고 생각해서 제법 큰소리를 치며 살았고, 그들이 침략해 올 때 국력을 총동원해서 이를 잘 막아내었다. 반면에 조선 시대

7　경상북도 포항시 남구 호미곶면에 있는 장기반도의 돌출된 부분이다.

에는 주변 강대국인 중국을 상국(上國)으로 받들면서 꼼짝달싹을 못 했으며, 문약(文弱)에 치우쳐 부국강병을 소홀히 함으로써 가끔 주변 강대국들에게 침략을 받아 국토가 초토화되고, 결국에는 나라를 빼앗겼다.

'일체유심조(一切唯心造)'다. 단 하나뿐인 한반도 땅덩어리를 토끼 모습으로도 볼 수 있고 호랑이 모습으로도 볼 수 있는 것처럼, 우리가 사는 그리고 자손만대에 걸쳐 살아가야 할 대한민국을 특별한 비전이 없는 보통(普通) 국가로 생각할 수도 있고, 웅대한 비전을 지닌 잠룡(潛龍) 국가로 생각할 수도 있을 것이다.

그림 2 근역강산 맹호기상도(槿域江山 猛虎氣像圖) (고려대학교 박물관 소장)

지금 우리 대한민국은 크게 두 갈래로 나뉜 갈림길에서 어느 한 쪽을 선택해야만 한다. 그중 하나는 그 옛날 1960년대를 생각해서 이 만큼의 풍요로움을 누리고 사는 데 만족하고, 적당히 국민 복지를 늘리면서 보통국가로 살아가는 것이다. 나머지 하나는 우리나라가 고속성장을 멈추고 경제가 침체된 여러 원인을 다각적으로 분석·검토하여 지난날의 성장 패턴을 회복할 수 있는 방안을 마련한 후 정치권, 정부, 기업 그리고 전 국민이 합심하여 국가 개혁

일체유심조(一切唯心造)

추진에 매진하는 것이다.

호랑이를 잡으려고 나선 포수는 토끼나 사슴이 나타나도 함부로 총을 쏘지 않는 법이다. 총소리에 놀라 호랑이가 달아날 것이기 때문이다. 우리는 서로 토끼나 사슴을 더 많이 잡겠다고 아웅다웅할 것이 아니라 다 함께 힘을 합쳐 호랑이 사냥에 나서야 한다.

개혁의 허와 실

• 대중요법으로는 해결이 안 된다

MBC 드라마 '구암 허준'을 보면 혜민서 의관인 허준이 선조임금의 후궁인 공빈(恭嬪) 오라버니의 진료를 맡는다. 환자는 입이 삐뚤어진 모습을 하고 있어 그동안 담당 의관이 안면 마비 증세인 '구안와사(口眼喎斜)'로 판정을 내리고 대중요법(對症療法)에 의한 치료를 해왔다. 그러나 허준은 환자의 병이 초기 반위(反胃, 위암)이고 구안와사는 반위에서 비롯된 합병증에 불과하다며 전임 의관과 전혀 다른 처방으로 환자를 치료하였다.

허준은 어의(御醫)를 비롯한 일부 의관들의 질시와 환자로부터 심한 구박을 받으면서도 뜻을 굽히지 않고 정성을 다해 결국 반위와 구안와사 치료에 성공했다. 만약 당시 허준이 어의를 비롯한 다른 의관들처럼, 아니면 도중에 뜻을 굽혀 환자의 병을 단순한 구안와사로 보고 치료했다면 환자는 반위 초기 단계를 벗어나 결국 죽고 말았을 것이다.

지금 우리나라는 1970년대 말 영국이 '영국병'을 앓았던 것처럼 일종의 '한국병'을 앓고 있다. 따라서 우리나라가 앓고 있는 여러 병증의 원인이 무엇인지 정확하게 그리고 빠짐없이 찾아내어 개혁의 대상으로 삼고, 이를 치유·개선하는 데 심혈을 기울여야 한다. 그런데 이 과정에서 정말 유념해야 할 것은 반위를 단순 구안와사로, 대증요법에 빠져들어 가는 우(愚)를 범해서는 안 된다는 점이다.

커다란 가마솥에서 펄펄 끓는 물을 식히고자 할 때 위에다 찬물을 계속 들이부어서는 물을 식힐 수 없다. 물을 식히고자 하면 물이 끓는 원인이 되는 아궁이의 땔나무를 빼어내야 한다(부저추신, 釜底抽薪).

마오쩌둥(毛澤東)의 '대약진 운동'은 대표적인 개혁 실패 사례이다. 20세기 중반 중국 최고 권력자였던 마오쩌둥은 1958년부터 "10년 이내에 미국과 영국을 따라잡겠다"는 목표를 세우고 국가 경제성장을 위한 '대약진 운동'을 시작했다. 그런데 당시 중국으로서는 서구 선진국보다 형편없이 낙후된 경제 구조와 경제적 폐쇄주의, 열악한 투자 환경 등 경제 발전을 가로막는 장애 요인들을 개선하는 방향으로 본격적인 개혁·개방 정책을 추진하여야 했다. 그런데도 자국 경제의 근본적인 문제점을 개선할 생각은 하지 않고 겉으로 드러나는 생산 실적에만 집착하여 인민에게 과도한 할당량을 부과하는 등 무모한 농공업 증산 정책을 추진함으로써, 농업 경제의 파탄과 대규모 아사자(餓死者) 발생[8] 등 엄청난 부작용만 가져왔다. 중국에서는 그로부터 20년이 지난 1978년부터 불세출의 개혁 지도자인 덩샤오핑(鄧小平)에 의해 제대로 된 개혁·개방이 시작되었다.

---

8 당시 취약한 산업구조 하에서 무리하게 공업 생산량을 늘리기 위해 농촌 인력까지 강제 동원하는 등으로 농업 생산량이 급격하게 저하된데다, 과도한 식량 징발, 자연재해로 인한 흉년까지 겹쳐 2,000만 명이 넘는 아사자가 발생하게 된 것이다.

• 대처의 개혁: 영국병 치유

1980년대 영국은 지금 우리와 비슷한 경제 위기 상황에서 위기 극복을 위해 총체적이고 근본적인 개혁을 추진함으로써 국가 경제를 살리는 데 성공했다. 특히, 지금 우리가 앓고 있는 여러 병증도 당시 영국병 증세와 비슷하므로, 우리가 국가 개혁을 본격적으로 추진하면서 대처의 개혁 사례를 참조하는 것이 여러모로 많은 도움이 될 것으로 보인다.

1979년 5월 총리에 취임한 마거릿 대처(Margaret Thatcher)는 고질적인 영국병으로 위기에 처한 영국 경제를 살리기 위해 취임 전부터 치밀한 사전 준비를 거쳐 '대처리즘(Thatcherism)'이라는 개혁 이념과 프로그램을 분명하게 설정해둠으로써 취임과 동시에 본격적인 개혁에 착수할 수 있었다.

그렇지만 개혁의 성과가 금방 나타나지 않는 데다가 인플레와 불황이 동시에 발생하는 스태그플레이션 상황을 극복하기 위해 국민들에게 인기가 없는 재정 안정화 정책을 추진하는 과정에서 지지율이 떨어져, 1983년 총선에서 재집권이 어려운 상황이었다. 그런데 때마침 1982년 4월 아르헨티나가 영국령 포클랜드 제도[9]를 침공한 사건이 발생했고, 대처는 과감한 전략으로 아르헨티나군을 물리쳐 승리를 거두었다. 당연히 대처의 인기는 치솟아 올랐고 이후 두 차례 총선에서 재집권에 성공한 대처는 용의주도한 전략과 역동적인 추진력으로 집권 11년 동안 수많은 개혁 과제들을 성공적으로 수행할 수 있었다.

대처는 재정 안정화 정책과 함께 세율을 대폭 낮추고 각종 규제를 완화

---

9 남아메리카 마젤란 해협의 동쪽 760km, 남대서양에 있는 영국령의 제도.

일체유심조(一切唯心造)

또는 철폐하는 등 친(親)기업 정책을 펼쳐 국가 경제성장동력을 되살려 놓았다. 대처는 또 영국병의 가장 큰 원인 가운데 하나로 꼽히는 강성노조의 세력을 약화시키기 위해 강력한 노동개혁을 추진하였다. 1980년부터 1988년까지 수차례에 걸친 고용법과 노동조합법의 개정을 통해 강성노조의 힘을 누그러뜨리고 노동시장이 공정한 게임의 법칙으로 움직이도록 만들었다. 아울러 강성노조의 불법적인 파업행위에 대하여는 단호하게 경찰력을 동원하여 이를 진압하고, 엄정한 법 적용을 통해 불법 파업행위를 용납하지 않을 것이라는 정부의 확고한 의지를 보여주었다.

그 밖에도 대처는 집권 초부터 국영기업 민영화에 대한 명확한 목표와 전략을 수립하고 장기간에 걸쳐 단계별로 적절한 민영화 기법을 적용함으로써 재임 중 48개의 국영기업을 민영화하였고, 임기 막바지에는 빅뱅식 금융개혁을 추진하기도 했다.

대처의 개혁은 고질병인 영국병을 치유하고 영국 경제를 부흥시킨 성공 사례로 많은 사람들의 입에 오르내렸으며, 대처리즘은 그 후 세계 경제의 흐름을 주도한 신자유주의의 효시가 되었다. 신자유주의는 그로부터 2000년대 중반까지 약 20여 년에 걸쳐 선진국의 경제적 부흥을 이끌어내는데 주효했다.

• 슈뢰더, 메르켈의 릴레이식 개혁이 독일 경제를 살렸다

독일은 1990년 10월 통일 이후 구동독 주민들에 대한 복지 지출을 크게 늘리고 각종 통일 비용을 충당하느라 재정 상황이 극도로 악화되어 국가 경제가 위기에 처했다. 1998년 10월 총리에 취임한 좌파의 슈뢰더는 집권 5년 차인 2003년 3월 위기에 처한 경제를 살리겠다는 일념으로 소속 정당의 정치 이념을 초월한 중·장기 개혁 프로젝트인 '아젠다 2010'을 선언하였다.

그는 2010년까지 독일 경제·사회 분야의 고비용 구조와 비능률을 개혁함으로써 국가 경쟁력을 회복시킨다는 목표 아래 소득세율 인하, 근로자 해고 요건 완화 등 노동시장 유연화, 복지예산을 비롯한 정부재정지출 축소 등의 우파적 개혁정책을 강하게 밀어붙였다. 특히 '아젠다 2010'에 포함된 '하르츠 개혁'은 성공한 노동 개혁으로 유명하다. 즉 2002년부터 민간 전문가들만으로 구성된 '하르츠위원회'를 통해 작성된 노동 개혁안을 그대로 시행함으로써 위기에 처한 경제를 살리는 데 큰 기여를 한 것이다. 우리나라의 열악한 기업 환경 개선을 위해 노동 개혁이 절실한 마당에 노동 개혁의 아이콘이라고 할 수 있는 슈뢰더의 개혁 사례를 벤치마킹하는 것도 매우 유용할 것이다.

그런데 첫 개혁을 주도한 슈뢰더 전 총리는 지지도 허락으로 2005년 총선에서 우파인 기민당에 정권을 내주게 되었다. 이때 집권한 우파의 메르켈 전 총리는 여론의 거센 반대를 무릅쓰고 슈뢰더 전 총리의 개혁 정책을 계승하여 그대로 밀고 나갔다. 메르켈 전 총리는 집권 후 내각의 절반을 좌파인 사민당 출신으로 채우고, 특히 사회·노동 부처 장관들을 사민당 출신으로 임명했다. 결국, 정치적 이념과 대중적 인기를 초월한 두 사람의 개혁정책은 유럽의 병자로 불리던 독일 경제를 부흥시켜 유럽 경제를 지탱하는 버팀목으로 우뚝 서게 하였다.

우리는 위 두 개혁 사례를 보면서 한 가지 공통된 시사점을 발견할 수 있다. 개혁은 성과가 금방 나타나지 않고 숱한 저항에 부딪히는 과정에서 지지율 저하로 재집권에 실패할 가능성이 높다는 것이다. 우리나라처

일체유심조(一切唯心造)

럼 여·야 간에 개혁에 대한 정의가 상반되는 나라에서, 재집권이 안 될 경우 주요 개혁 과제를 성공적으로 추진하는 것은 연목구어(緣木求魚)나 다름없다. 집권 정당이 바뀌면 전 정부에서 추진하던 주요 개혁 과제는 물거품이 되고 말 것이기 때문이다.

위 두 나라의 경우와 같이 도중에 전쟁에서 승리한다거나 정치적 이념을 초월한 정책 수행과 계승이 이뤄지는 등 돌발 변수가 발생하지 않는 한, 주요 개혁 과제들의 성공적 추진을 위해서는 뭔가 특별한 대책이 필요할 것으로 보인다. 첫째, 집권 기간 중에 월드컵 4강 진출 못지않은 신화를 창출할 수 있는 목표를 별도로 설정해서 성공시키는 것이다. 예를들어 숨어 있는 유망 벤처를 발굴해서 글로벌 기업으로 성장시킨다든지, 숨은 세원을 발굴해서 수백조 원의 추가 세입을 확보한다든지, 포스트 반도체 분야에서 세계 최초의 획기적인 신기술을 개발한다든지, 한류 분야에서 대박을 터트리는 등.

둘째, 각종 개혁 과제 맨 앞에 민생 분야를 놓고 추진한다. 국민적 관심이 높은 민생 분야에서 눈에 띄는 성과를 나타내 보임으로써 개혁 추진 동력을 확보하는 것이다. 셋째, 국가 대개혁에 착수하면서 대형 비리 혐의가 있는 정치인과 고위 공직자들을 선별해 강도 높은 사정(司正)을 단행함으로써 공직사회의 기강을 확립함과 동시에 국민 지지율을 높은 수준으로 끌어올릴 수 있게 될 것이다. 공직 사정에 관하여는 제3부 '공직 비리 척결'에서 자세히 논의하기로 한다.

넷째, 개혁 추진이 좀 더디게 진행되더라도 국민들에게 과도한 부담을 지우는 개혁 과제는 재집권 시기로 미루고, 국민 부담이 적으면서 집권 기간 중에 어느 정도 가시적인 성과가 나타날 수 있는 과제들을 우선적으로 추진한다. 단, 국민 부담이 큰 개혁 과제들에 대하여도 본격적인 정책 추진에 필요한 사전 준비와 개혁 추진 기반 조성 등에 소홀함이 없어야 한다.

다섯째, 우리가 음식을 만들 때 맛을 돋우기 위해 여러 가지 조미료를 넣는 것처럼 정부에서 개혁 과제를 기획할 때 각종 옵션을 곁들임으로써 국민들의 관심과 참여 의식을 높이는 것이다. 예를 들어 특정 개혁 과제를 추진하면서 국민 창안 제도를 통해 창의적이고 생산적인 아이디어를 내놓은 사람에게 포상금을 지급하는 것 등이다.

개혁 추진 기반 조성

• 위험이 코앞에 닥치기 전에 잠재적 위기에 충실해야

임진왜란이 발발하기 2년 전인 1590년 3월에 조선 조정에서는 도요토미 히데요시(豊臣秀吉)가 군웅할거의 전국시대(戰國時代)를 통일한 이후 일본 정세를 알아보기 위해 통신사를 파견했다. 그런데 이들이 귀국한 이듬해 3월에 서인(西人)인 정사(正使) 황윤길은 "도요토미의 눈빛이 형형하고 담략과 지략이 있어 보였으며, 저들은 머지않아 반드시 조선에 쳐들어올 것"이라고 보고했다. 반면에 동인(東人)인 부사(副使) 김성일은 "도요토미의 눈은 쥐와 같고 얼굴은 원숭이 같이 생겼으며, 조선을 침공할 만한 위인이 못 된다"라고 보고했다. 예나 지금이나 국가 안보 문제를 다룰 때는 항상 최악의 경우를 생각하면서 대비에 만전을 기해야

일체유심조(一切唯心造)

하는 것이 철칙이다. 그런데도 당시 조선 조정은 미구에 닥칠 수 있는 전란에 대비하는 일보다 동인과 서인 간의 한 치도 물러설 수 없는 정쟁에만 몰두했고, 결국 "괜한 전쟁 준비로 백성을 피곤하게 해서는 안 된다"라고 주장한 동인의 세력이 우세하여 불과 1년 뒤에 일어날 전란에 전혀 대비하지 않았다.

지금 생각해보면 조정에서 일본에 통신사를 파견하기 전후 수년간의 조선 왕조는 한 치 오차도 없는 위기 상황이었다. 만약 그때부터라도 조정이 똘똘 뭉쳐 일본의 침략에 철저히 대비했다면 임진왜란 초기에 그런 식으로 형편없이 밀리지는 않았을 것이고 잘하면 처음부터 전쟁을 피할 수도 있었을 것이다. 조선 조정과 백성들은 왜군이 이 땅에 쳐들어와 강산을 피로 물들이는 것을 보고서야 정신이 바짝 들어 본능적인 위기의식이 발동하였다. 물론 당시 조선 조정이 전시 정국을 훌륭하게 잘 이끌었다고 볼 수는 없었지만, 그래도 모든 신료들은 평상시와 달리 애국심을 발휘하여 전쟁 수행과 전란 수습을 위해 분투하는 모습을 보였다. 위기에 처한 조국을 구하겠다는 일념으로 전국 각지에서 자발적으로 궐기한 의병들이 넘쳐났고, 행주산성에서는 힘없는 부녀자들이 치마폭으로 돌을 날라 관군을 도왔다.

2020년 코로나19 발생으로 국민 보건이 위기에 처하자 우리 정부와 의료진들은 사회적 거리두기 단계별 시행 등 발 빠른 대응과 헌신적 노력으로 감염 확산 방지에 만전을 기하였으며, 국민들 또한 정부의 방역 지침에 순응하고 최대한 협조하는 모습을 보였다. 2022년 5월 2일 실외 마스크 착용 의무 해제 발표 이후에도 약 10개월간 길거리에서 마스크를 착용하지 않은 사람을 볼 수 없을 정도였다.

이제는 알 것 같다. 우리 조상들과 현재 우리들은 한결같이 위험이 코앞에 닥쳐야만 비로소 위기를 실감하고, 결집하고, 위기 극복을 위해 온몸을 던지는 것이다. 지금 우리는 임진왜란 발발 수년 전과 같은 '잠재적 위기'의 시대에 살고 있다. 북핵위협을 비롯해 언제 어디서 터질지 알 수 없는 동북아의 화약고, 자칫 장기 불황의 나락에 떨어질 수 있는 나라 경제 등 그때 못지않은 재앙의 기운이 여기저기 도사리고 있는 것이다. 우리 정치권과 사회 또한 그때 못지않게 분열과 갈등이 만연해 있다.

우리는 소리 없이 다가오는 위기, 즉 잠재적 위기를 그대로 간과함으로써 그렇게 많은 고난에 처하고 때로는 목불인견의 참화를 겪었으면서도, 오늘날 또다시 같은 잘못을 되풀이하는 것은 아닌지 우려하지 않을 수 없다.

우리는 지금이 임진왜란 발발 수년 전과 비슷한 잠재적 위기 상황이라는 것을 또렷하게 인식하고, 이번만은 위험이 코앞에 닥칠 때까지 기다리다가 돌이킬 수 없는 재앙을 맞이하는 사태를 겪지 않도록 우리 모두 결집하여 선제적으로 대처해 나가야 한다.

• 정확한 실태 파악 후 개혁의 방향을 올바르게 정해야

중국 전국시대 변법(變法) 개혁가인 상앙(商鞅)은 개혁정책을 내놓기 전에 진(秦)나라 수도에서 시골 구석구석에 이르기까지 국가의 허실과 민심 동향을 완벽한 수준으로 조사·분석하였다. 이렇게 철저한 사전 준비를 거쳐 진나라 군주인 효공(孝公)에게 자신의 포부와 전략을 거침없이 설파하였기 때문에 효공의 마음을 완전히 사로잡을 수 있었다.

일체유심조(一切唯心造)

오늘날에도 국가 개혁을 본격적으로 추진하기 위해서는 사전에 안보, 경제, 정치, 사회, 행정 등 분야별로 구체적인 위기 내용, 구조적 문제점, 각종 적폐 현상 등을 세밀하게 조사·분석하고 그 결과를 일목요연하게 정리하여 공시해야 한다. "뭐 다 알고 있는 내용인데 새삼스럽게 그럴 필요가 있을까"라고 생각할 수 있겠지만, 그냥 막연히 알고 있는 것과 실태를 정확하게 파악하는 것은 엄연히 다른 것이다. 정치권, 공직자, 기업인 그리고 국민들이 어느 정도 구체적인 위기 내용들을 함께 파악하고, 공감하고, 걱정하는 가운데 위기 극복을 위한 국민 결집과 대통합도 자연스럽게 이뤄질 것이다.

정치권과 정부 그리고 전 국민이 국가 위기 상황과 내용을 정확하게 파악한 후에는 위기 극복을 위한 개혁의 방향을 올바르게 정하는 일이 매우 중요하다.

유대인에게 정신적·문화적 유산이라고 할 수 있는 『탈무드(Talmud)』에 이런 이야기가 나온다. 한 나그네가 예루살렘을 향해 길을 가다가 마차를 만났다. 그는 다리가 너무 아파 마부에게 부탁해서 마차에 올라탄 후 여기서 예루살렘까지 얼마나 걸리느냐고 물었다. 마부가 답하기를 "이런 속도로 가면 30분 정도 걸립니다"라고 했다. 나그네는 고맙다고 인사를 한 후 깜박 잠이 들었다가 깨어보니 그사이 30분 정도 지난 것 같았다. 그래서 마부에게 "예루살렘에 다 왔나요"라고 물었더니 "여기서는 1시간 정도 걸립니다"라고 말하는 것이었다. 사실 그 마차는 원래 예루살렘과는 정반대 방향으로 가는 마차였다. 우리는 문재인 정부 5년 동안 각종 역주행 정책으로 인한 폐해를 이미 충분히 경험했다.

• 종합적인 개혁 프로그램을 작성해 속도감 있게 추진해야

여러 가지 구조적인 문제점으로 인해 붕괴 위험이 큰 대형 건물을 장기간 그대로 방치하거나 그때그때 임기응변식 하자보수만 되풀이한다면 어떻게 될까? 결국 문제가 점점 커져서 건물 전체가 무너지는 사태가 발생하게 되고 엄청난 재산과 인명피해를 피할 수 없게 될 것이다. 따라서 이 경우에는 건물 전체에 대한 정밀 진단을 통해 문제점을 정확하게 파악한 후, 기존 건물을 대수선 또는 리모델링하는 등 근본적이고 항구적인 안전 대책을 마련하여 그대로 추진해야 한다.

우리는 지금까지 국가·사회적으로 크고 작은 문제가 발생할 때마다 응급 처방식 대증요법 처치에 그치는 경우가 많았다. 때로는 반대파와 이해관계자들의 반발에 부딪혀 이도 저도 아닌 어중간한 선에서 미봉책이 등장하기도 한다. 그나마 얼마 지나고 나면 언제 그런 일이 있었느냐는 듯이 싹 잊어버리기 일쑤였다. 이렇게 해서는 지금 우리에게 닥친 심각한 위기 상황들을 극복하기 어렵고, 때에 따라서는 위기를 더욱 증폭시켜 돌이킬 수 없는 파국에 직면할 수도 있다. 따라서 분야별 위기 내용과 구조적 문제점 및 적폐 현상 등 조사 결과를 토대로 위기 극복을 위한 근본적이고 종합적인 개혁 프로그램을 작성하여 빈틈없이 추진해야 한다.

일단 정부 개혁 프로그램이 올바른 방향으로 수립되어 추진 단계에 들어섰다면 그 다음으로는 속도가 중요하다. 북한은 국력을 총동원해서 핵·미사일 개발에 여념이 없고 주변 강대국들은 천문학적 돈을 쏟아부으면서 반도체 등 첨단기술 개발과 군사력 증강에 전력투구하고 있는 마당에, 우리는 매사에 거북이걸음으로 늦장을 부리거나 제자리에서 머

일체유심조(一切唯心造)

뭇거린다면 어떻게 될까. 최악의 경우 또다시 19세기 말처럼 주변 강대국들의 틈바구니에 낀 약소국으로 전락하게 될 수도 있다.

골드만삭스는 2022년 12월 6일 발표한 보고서에서 '2050년에 인도네시아는 세계 4위의 경제대국으로 부상하고 한국은 세계 15위권 밖으로 밀려날 것'이라고 전망했다. 물론 우리가 지금과 같은 상태를 계속 유지한다는 전제에서 나온 분석이다. 우리가 지금부터라도 심기일전해서 국가 개혁 추진에 가속도를 붙여 전력투구한다면 그 정반대의 전망도 얼마든지 가능할 것이다. 우리 경제가 지금보다 2~5계단 이하 밑으로 추락하는 것이 아니라 5계단 이상 위로 치솟게 되는 것도 충분히 가능하다는 말이다.

개혁을 가로막는 관문 통과

• 국회라는 거대 관문을 어떻게 통과할까

우리나라에서 침체의 늪에 빠져들어 가는 경제를 살리기 위해서는 국력을 총동원해서 규제·노동·금융·공기업 등 개혁, 서비스 산업 선진화, 기업 구조개선 등 각종 개혁 과제들을 추진해야 한다. 아울러 이와 같은 개혁 과제들을 추진하기 위해서는 국회에서 관련 법안들이 신속하게 그리고 빠짐없이 통과되어야 한다.

그런데 우리나라에서는 경제성장을 촉진하기 위한 각종 개혁 과제들이 진보의 정치적 이념에 배치되는 경우가 많아 정부 정책으로 추진되기 어려운 실정이다. 다시 말해서 이 같은 개혁 과제들이 진보 집권 시에는 정부 정책으로 채택되기가 어렵고, 보수 집권 시에는 야당의 반대로 국회 통과가 어렵다.

그런데 2022년 5월 10일 출범한 현 윤석열 정부는 2020년 4월에 실시된 총선에서 과반 의석을 차지한 거대 야당을 파트너로 맞이하게 됐다. 문제는 지금 국회에서 입법 주도권을 완전히 틀어쥐고 있는 거대 야당이 지난 5년간 문재인 정부에서 심한 역주행으로 국가 경제를 엉망으로 만들어 놓은 사실을 전혀 인정하지 않고 똑같은 방식으로 국정을 이끌어가고자 하는 것이다. 비록 진보에서 보수로 정권이 바뀌었다고는 하지만 지금 우리나라에는 극소수 진보 지지층을 제외하고는 모든 경제 전문가들과 국민들이 모두 다 인정하는 각종 역주행 정책들이 상당 부분 잔존해 있는 실정이다. 이 모든 역주행 정책들을 정상화하기 위해서는 국회에서 밤낮을 가리지 않고 열심히 법률 개정 작업이 이뤄져도 한참이 걸릴 것인데도 이 부분에 있어서는 국회 또한 계속해서 역주행을 멈추지 않고 있다.

2023년 3월 1일 기준으로 2020년 5월 말에 임기가 시작된 21대 국회에서 발의된 법안 1만 9,750건 중 1만 3,972건(70%)이 처리되지 않은 채 계류 중인 것으로 나타났다. 제때 처리할 수 있는 법안을 정당한 사유 없이 2년 이상 방치함으로써 국가 안보와 경제 발전 또는 민생 안정에 큰 피해를 초래할 수도 있다. 그렇지만 지금까지 국회는 '으레 그런 곳'이라고 생각해서 종종 언론에서 비판 기사를 쓰는 것 외에는 문제 삼지 않았던 것 같다.

지금 우리 대한민국호가 항로를 올바른 방향으로 정해서 전속력으로

　　　　　　　　　　　　　　일체유심조(一切唯心造)

질주하느냐, 엉뚱한 방향으로 항행하느냐, 또는 올바른 방향으로 가기는 하지만 제자리를 맴돌거나 거북이처럼 느린 항해를 계속하느냐 여부에 따라 미래 우리의 운명은 하늘과 땅 사이만큼 차이가 날 것이다.

그런데 예나 지금이나 우리나라처럼 경제 살리기 정책 방안에 대한 보수와 진보 간 견해 차이가 크고 좀처럼 타협의 실마리를 찾기 어려운 상황에서 정치권의 자비를 구하는 식의 위기 처방은 백년하청(百年河淸)이 될 수밖에 없다. 하늘에서 비가 내리지 않는다고 하늘을 원망하기만 해서는 그해 농사를 망칠 수밖에 없다. 박근혜 전 대통령은 규제개혁 등 각종 개혁정책들이 야당의 반대로 무산되는 일이 반복되자 계속해서 야당 탓을 많이 했지만 결국 아무것도 이루지 못한 채 야당의 집중 공격과 촛불 집회로 인해 탄핵을 받고 도중에 정권을 내놓아야 했다.

강과 호수의 물을 퍼 나르거나 땅에 우물을 파는 등 우리가 동원할 수 있는 모든 수단을 동원해서 논에 물이 마르지 않도록 해야 할 것이다. 물론 위기 극복을 위해 우리나라 정치권도 당연히 변하지 않으면 안 된다. 정부와 집권 여당 또한 야당과의 소통과 협력을 통해 관련 법안이 통과될 수 있도록 최선을 다해야 할 것이다. 그래도 안 될 경우에는 국가 담론의 장을 통해 국민 여론을 환기시키고 국민 지지를 바탕으로 야당을 압박해서 관련 법안 통과를 이뤄내야 한다. 이렇게까지 되기 위해서는 대통령의 국민 지지율을 80% 이상으로 끌어올려야 한다.

대통령과 보수 여당에 대한 국민지지율은 진보 야당이 반대 또는 방해한다고 해서 떨어지는 것이 아니다. 우리나라에서 대통령이나 보수 여당의 지지도가 오르지 않는 것은 대통령이나 보수 여당의 국정 운영 방식이나 여당 내부의 여러 가지 문제점들이 반영된 결과이다. 국민들은 우리나라 보수와 진보 양쪽에 대하여 똑같이 좋은 점수를 주지 않고 있다.

우리나라 보수 여당은 지금 진보 야당과 정면 대결해서는 전혀 승리할 가능성이 없는 반면, 스스로 노력을 통해 국민 지지율을 끌어올리는 것은 얼마든지 가능하다. 오직 이 길만이 스스로도 살고 나라도 살릴 수 있는 유일한 방법이다.

현 정부와 보수 여당은 우선 진보 야당과의 차별화를 확실하게 이루어 내는 것이 급선무다. 진보에게서 배울 점은 배우고 그동안 진보가 잘못했고 지금도 잘못하고 있는 쟁점들에 대하여는 합리적인 분석을 통해 문제점을 분명하게 밝히고 국민이 납득할 수 있는 참신한 정책 대안을 제시해야 한다. 그리고 무엇보다 당 내부 운영 쇄신을 통해 국민 신뢰를 회복하도록 해야 한다. 이렇게 해서 높은 지지율을 바탕으로 결집된 국민의 힘을 통해 각종 개혁 과제들을 추진할 수 있는 추동력을 확보해야 한다.

• 결집된 국민의 힘, 백만 대군보다 강하다

1960~70년대 박정희 정부는 군부 독재체제를 바탕으로 각종 개혁 과제들을 추진하여 우리나라 경제를 부흥시키는 데 성공했으나, 지금 우리는 그때와는 완전히 다른 민주화된 정치 체제에서 똑같은 일을 추진해야 하기 때문에 그때와는 다른 비상한 대책이 필요하다. 과거 박정희 정부가 군부 독재의 힘을 빌려 개혁의 추동력(推動力)을 삼았던 것처럼 이제 우리는 국민의 힘을 빌려 개혁의 추동력을 삼아야 한다는 말이다.

우리 국민들은 2015년 11월에 있었던 '민중 총궐기 집회' 직후 과격 시위대의 막무가내식 폭력 시위에 대하여 매우 언짢은 기색을 드러냈다.

일체유심조(一切唯心造)

그러자 이때부터 국내 강성 시위대의 폭력 시위가 마치 약속이나 한 듯이 수그러든 것을 볼 수 있었다. 그동안 수많은 경찰력과 각종 진압 장비를 동원해도 이룰 수 없었던 위대한 국민의 힘이다. 현 정부에서 2022년 6월 7일 총파업에 들어간 화물연대 노조에 대하여 같은 해 11월 29일과 12월 8일 두 차례 '업무개시명령'을 발동해 파업을 철회시킨 것도 어려운 경제 상황을 고려하지 않고 강경 투쟁을 일삼는 노조에 대한 싸늘한 민심이 작용한 결과이다. 진보 세력을 주축으로 2016년 10월 말부터 불붙기 시작해 수백만 시민들이 참여한 광화문 촛불 집회는 박근혜 정부의 조기 퇴진으로 갑작스럽게 문재인 정부가 출범하게 되는 결정적 계기가 되었다.

이와 같이 결집된 국민의 힘은 백만 대군을 능가하는 무서운 위력을 발휘한다. 지금 우리나라는 정치권이 분열되고 정부는 나약해져 국가 위기를 제대로 수습하기 어려운 상황이다. 이럴 때 우리 국민이 적극적으로 나선다면 대한민국은 마치 백만 원군을 얻은 것처럼 기사회생할 수 있게 될 것이다.

우리 국민들은 이제 본격적으로 백만 대군을 능가하는 위력을 발휘하여 정치권을 향해 국가 위기 극복을 위한 각종 개혁 과제 수행에 총력을 기울이도록 강한 메시지를 전달해야 한다. 각계 이해관계 집단에 대하여도 국가 개혁을 가로막는 각종 집단행동을 자제하도록 영향력을 행사해야 한다. 한편, 정부는 주요 개혁 과제를 추진할 때마다 그 내용을 일목요연하게 정리하여 국민에게 알리고 국민적 지지를 받도록 해야 한다.

• 이해관계 집단의 반발을 어떻게 극복할까

이해관계 집단을 다른 말로 이익집단이라고도 한다. 다시 말해서 이익을 추구하는 집단이라는 의미이다. 이해관계 집단이 정부 개혁 추진을 반대하는 이유는 개혁 과제 수행이 자신들의 이익을 침해한다고 생각하기 때문이다. 그런데 정부 입장에서는 국가 위기 상황 타개 또는 더 큰 국가적 이익을 위해 이해관계자들에게 기득권의 일부를 내려놓으라고 요구할 수밖에 없는 것이다.

그렇다면 정부 개혁 추진 과정에서 관련 이해관계 집단의 반발을 극복하는 방안은 대체로 다음 세 가지를 들 수 있을 것 같다. 그 하나는 애국심에 호소해서 이해관계 관계 집단이 스스로 따라오게 하는 것. 또 하나는 쌍방이 한발씩 양보하는 것. 나머지 하나는 공권력에 의존하는 것이다.

정부에서 아무리 좋은 말로 이해관계자들에게 국가 위기 상황을 설명하고 애국심에 호소한다고 해서 그대로 따라오지는 않을 것이다. 정부 수뇌부와 국가 지도급 인사들이 위기 극복을 위해 불철주야 애쓰고 노력하는 모습을 확실하게 보여주고, 시간이 흐르면서 조금씩이라도 노력의 결실이 나타나기 시작해야 한다. 이때부터 국민들의 마음이 먼저 움직이고, 각계 이해관계자들도 위기 극복을 위해 기득권의 일부를 내려놓을 마음이 생기게 될 것이다.

그래도 이해관계자들의 마음이 움직이지 않을 때는 당해 개혁 과제 수행에 지장을 초래하지 않는 범위 내에서 그들의 요구사항 일부를 들어주거나 일정한 반대급부를 제공하는 식으로 협상을 진행할 수도 있다. 이렇게 국가 위기 극복을 위한 개혁 과제 수행을 위해 관련 이해관계자들의 애국심에 호소하고 일정 부분 저들의 요구를 수용하는 타협안을 제시했는데도 끝까지 받아들이지 않을 때는 부득이 정부에서 일방적으로 개혁 추진을 강행할 수밖에 없다.

이렇게 될 경우 당해 이해관계 집단에서는 '시위·파업 등 집단행동(집단행동)'으로 나올 가능성이 크다. 정부에서 관련 이해관계자들의 반발을 무릅쓰고 개혁을 강행하기 위해 마지막 수단인 공권력을 행사하면서 반개혁적 집단행동에 효과적으로 대처하는 것이야말로 개혁 성공의 관건이라고 할 수 있다.

그런데 우리나라는 정부에서 각종 개혁 과제를 추진하겠다고 발표할 때마다 관련 이해관계 집단은 물론 당면 개혁 과제 추진과 상관이 없는 상습 시위단체들까지 나서서 시위를 주도하거나 확산시키는 것이 일상화되어 왔다. 이들 상습 시위단체들은 각종 시위 때마다 정부 정책에 대한 비판 수준을 넘어 대한민국 정부의 정통성 자체를 부인하는 수준의 온갖 반정부 구호를 외쳐대는 일이 습관처럼 굳어져 있는 실정이다.

그동안 10년 가까이 반개혁적 집단행동이 많이 줄어든 것처럼 보인 것은 정부에서 각계 이해관계 집단의 반발을 불러일으킬 만한 개혁 추진을 극도로 자제하거나 아주 미미한 수준으로 추진하였기 때문이다. 그러나 현 정부 들어 강력한 노동 개혁 추진 의지를 드러내자 전국민주노동조합총연맹(민주노총)은 또다시 총파업 투쟁을 예고하는 등 서서히 본래의 모습을 드러내고 있다. 아울러 이번에도 예외 없이 118개 시민단체들까지 나서서 민주노총의 총파업과 현 정권 퇴진 운동에 대한 지지 선언을 하는 등 옛모습 그대로이다.

• 집단행동이 자꾸 발생하는 이유는 무엇인가?

그동안 역대 정부에서는 각종 개혁 과제를 추진하는 데 최대 걸림돌이자 사회 불안을 조성하고 국민 생활에 불편을 초래하는 집단행동의 단속과 재발 방지를 위해 많은 노력을 기울였지만 아무 소용이 없었는데 그 이유가 뭘까? 순리적으로만 생각한다면 정부에서 다양한 이해관계자들의 불만 요인들을 충분히 수렴하여 합리적인 해결 방안을 제시하지 못한 데서 원인을 찾을 수 있을 것이다. 그렇지만 우리나라의 경우 이미 그런 단계는 한참 지났다고 봐야 한다. 우리 사회에서 집단행동을 일으키는 사람들은 대부분 정부에서 적법하게 추진하는 각종 개혁 과제에 대하여 무조건적인 반대 의사를 표명하거나, 막연히 반정부 구호를 외쳐대면서 시위를 일으키는 것이 일상화되어 있다. 그렇다고 정부에서 무작정 공권력을 동원해 집단행동을 진압할 경우 극심한 사회 혼란과 민생 불안을 초래할 수 있어서 더 이상 개혁 추진을 강행하지 못하고 주저앉게 되는 일이 많았다.

예를 들어 그동안 만성 적자와 과도한 부채에 허덕이는 부실 공기업을 정상화하고 정부의 재정 부담을 줄이기 위해 공기업 민영화를 추진하다가 강성노조의 강한 반발에 부딪혀 좌절되는 일이 많았으며, 지금은 아예 입도 뻥긋하지 못하고 있다. 그리고 이와 같은 일들이 계속 되풀이되면서 정부 개혁에 반대하는 각계 이해관계자들에게 집단행동은 개혁을 피해갈 수 있는 일종의 만병통치약이 되어버렸다.

일체유심조(一切唯心造)

• 집단행동 근절 방안: 정부 내공과 공권력 강화

정부에서 사회적 혼란과 민생 불안을 초래하는 일 없이 반개혁적 집단행동을 효과적으로 진압하기 위해서는 단순히 공권력의 힘에 의존하는 것만으로 부족하며, 정부가 공권력 운용 주체로서의 권위와 내공(內工)[10]을 갖추는 것이 필요하다. 정부에서 내공을 강화하여 형편없이 추락한 권위를 높은 수준으로 끌어올리기 위해서는 먼저, 이스라엘 농부처럼 강인한 근성을 발휘하여 이해관계자들과의 다툼이 없는 각종 개혁 과제들을 우선 처리함으로써 괄목할 성과를 이뤄내야 한다. 이해관계자들과의 다툼이 있는 과제에 대하여도 우회적으로 과제를 수행할 수 있는 방안을 찾아내어 끝까지 밀어붙여야 한다. 아울러 국정 운영 시스템 강화, 공직사회의 효율성 및 청렴성 제고[11] 등 정부와 공직사회의 면모를 일신(一新)하는 것이다. 정부에서 효율적인 국정 운영 시스템과 강한 추진력을 갖추고 불가능하다고 생각되는 일들을 거뜬히 해치우면서 높은 국민 지지율을 유지할 때, 정부의 권위는 과격 시위자들이 경외심을 느끼게 할 정도로 상승하게 될 것이다.

그다음에는 불법 시위자와 단체에 대한 벌칙 규정 및 법 적용을 대폭 강화해야 한다. 우리나라는 불법·과격 시위자 및 공권력 침해 사범 등에 대한 법의 적용과 처벌이 지나치게 관대하고 느슨하다. 우리나라 경찰은 정당한 업무를 집행하면서도 사후 책임 문제가 따를 것을 우려해 각종 범법 행위에 대하여 소신 있게 대처하지 못하는 경우가 많은 것 같

10　훈련과 경험을 통해 안으로 실력과 기운이 쌓이는 것을 말하는데, 여기서는 정부에서 국정 수행을 잘해 업적이 쌓이고 권위가 상승하는 것을 의미한다.

11　제3부 공직사회 개혁 및 공직 비리 척결 참조.

다. 우리나라는 시위 진압 과정에서 경찰이 범법자에게 상해를 입힌 경우 대부분 처벌을 받게 되고 불법 시위, 테러, 경찰관 폭행 등 범법자에 대하여는 기소·선고·집행유예, 벌금 등 가벼운 처벌에 그치는 경우가 많아 공권력의 무력화를 가져온다.

미국 경찰은 시위대가 폴리스라인을 넘어서는 순간부터 엄격한 법 집행에 들어가며 불가피한 경우 물리력을 행사하는 것 또한 당연하게 여긴다. 이제는 우리 정부도 과거 권위주의 시대의 민권 침해 사례를 지나치게 의식하여 불법 시위 및 공권력 침해 사범에게까지 온정을 베푸는 등 나약한 행태에서 벗어나야 한다. 불법 과격 시위자와 공권력 침해 사범에 대한 벌칙 규정 및 법 적용을 대폭 강화함으로써 우리 사회에 무질서와 떼법이 더 이상 발붙일 수 없는 풍토를 조성해야 한다. 이를 위해 사회 질서를 크게 위협하는 불법 과격 시위자 및 공권력 침해 사범 등에 대하여 불가피하게 행해지는 경찰의 물리력 행사에 대하여는 이에 합당한 면책 제도를 도입하는 것이 필요하다.

또한, 상습적으로 각종 시위 또는 파업을 주도하거나 이에 가담하여 불법적이고 반정부적인 행동을 일삼는 단체에 대해서는 그와 같은 행동을 중단하도록 시정명령을 내린 후, 이를 이행하지 않을 경우 그 단체에 해산 결정을 내릴 수 있게 관련 법률을 만들어야 한다.

이렇게 공권력 주체인 정부에서 내공도 충분히 쌓이고 강한 공권력을 아울러 갖추고 있을 때, 지금처럼 과격 시위자들이 공권력을 우습게 보는 풍조에서 벗어나 공권력의 정당한 제재에 어느 정도 순응하는 태도와 경외심을 갖게 될 것이다.

현 정부 들어 노조의 불법 파업에 대한 업무개시명령 등 강경 대응을

일체유심조(一切唯心造)

통해 노조의 기세가 많이 수그러드는 것을 볼 수 있었다. 그렇지만 앞으로 정부에서 본격적으로 각종 개혁 정책을 추진할 때 현행 법 집행 체제만으로는 각종 이해관계 집단의 조직적인 저항을 막아내기 어려울 것으로 생각된다. 따라서 정치권과 정부는 계속해서 집단행동 근절에 필요한 관련법 제·개정 및 법 적용 강화 노력을 아끼지 말아야 한다. 여기서 관련법 적용 강화 노력이란 정부에서 불법 과격 시위자들에게 강한 공권력을 행사하는 데 대하여 국민적 지지기반을 충분히 확보하는 것을 말한다.

• 대국민 홍보 강화

정부에서 내공과 공권력 강화를 통해 각종 집단행동을 효과적으로 제어할 수 있는 권위를 갖추게 되었을지라도 여기에다 확고한 국민적 지지기반까지 확보해야만 사회적 혼란과 민생 불안을 제로에 가까운 수준으로 최소화할 수 있게 될 것이다.

정부에서는 각종 개혁을 착수하기 전에 반드시 개혁의 필요성, 주요 내용, 개혁이 성공할 경우 국가와 국민에게 돌아갈 혜택 등 미래 비전을 일목요연하게 정리한 자료를 만들어 대국민 홍보에 전력을 기울임으로써 국민 지지기반을 확고하게 다져놓아야 한다. 물론 그동안 정부에서 이룩한 각종 개혁성과 또는 외국의 개혁 성공 사례도 함께 정리해서 국민에게 알릴 필요가 있다.

1984년 3월 당시 영국에서는 상대적으로 값이 싼 석유 사용 보편화로 공급 과잉 상태가 된 석탄 생산을 줄이기 위해 대규모 탄광 구조조정이 필요한 시점이었다. 그런데 정부의 탄광 구조조정 정책이 발표되자 성난

100여 곳의 탄광노조가 파업에 돌입했다. 이에 대처 전 총리는 파업 기간의 수요를 충당할 석탄을 외국에서 몰래 수입해 들여오는 등 만반의 준비를 해놓고, 국민들에게 밑 빠진 독에 물 붓기 식으로 경제성 없는 탄광 유지를 위해 막대한 국민 혈세를 낭비할 수 없다면서 지지를 호소하였다. 이렇게 탄광노조와의 장기전 대비와 대국민 홍보에 전력을 기울인 후 노조의 불법 파업에 강경 대응하였다. 즉, 파업 기간 중 불법 시위자 11,000여 명을 체포하고 그중 8,000여 명을 고발하여 유죄를 선고받게 하였다. 결국, 탄광노조 파업 사태는 1년여 만에 수습되고 대처는 개혁을 성공리에 수행할 수 있었다.

대처는 또 같은 해 '영국통신' 민영화를 추진하면서 노조 총파업으로 난관에 봉착했으나, 유명 광고 대행사까지 고용해 국민을 설득함으로써 국민 지지를 바탕으로 민영화에 성공하는 등 대국민 홍보를 매우 중요시했다.

일체유심조(一切唯心造)

주변 강대국을 경쟁상대로 인식해야

우리는 오랜 역사 동안 중국의 속방(屬邦)으로서 중국을 대국으로 섬기며 조공을 바쳐왔다. 그리고 16세기 말에는 바다 건너 일본의 침략을 받아 국토가 짓밟히고 수많은 백성들이 죽어나가는 참화를 겪었으며, 그 후 20세기 초에 또다시 일본에게 나라를 뺏겨 일제 36년간의 참담한 질곡의 세월을 보내야 했다.

오늘날에도 우리는 동아시아에서 강대국인 중국, 일본과 어깨를 부딪치며 살아가지 않으면 안 된다. 우리 안보와 경제 위기 상황을 더욱 궁지로 몰아넣든지 아니면 완화 또는 해소하든지, 어느 쪽이든 가장 큰 영향을 미칠 수 있는 외부 여건은 바로 주변 강대국인 중국과 일본이 될 것이다. 동아시아에서 우리가 중국, 일본과 어떤 관계를 유지하느냐, 또는 어떤 것들을 주고받느냐에 따라 우리의 처지가 크게 달라질 수 있기 때문이다.

따라서 중국과 일본을 우리의 경쟁상대로 인식하고 저들을 따라잡거나 최소한 국력 격차가 더 벌어지지 않도록 피나는 노력을 기울여야 한다. 이렇게만 해도 개혁이 반(半)은 성공한 것이나 다름없다.

중국은 진정한 우방인가

 박근혜 정부 때까지만 해도 우리나라와 중국 간의 관계가 참 많이도 가까워진 것을 느낄 수 있었다. 한·중 정상이 자주 만나 갈수록 우호를 다지는 모습도 보기 좋았다. 중국은 북한의 4차 핵실험과 장거리 미사일 발사에 대한 제재에도 매우 단호한 태도를 보이는 등 전통적 동맹국인 북한보다 한국을 더 가까이하는 듯한 느낌을 주기도 했다.

 그러나 미국의 요청으로 미군기지에 북핵 억지를 위한 '고고도미사일 방어(THAAD)' 체계를 배치하기로 하면서 중국은 태도를 돌변하여 숱한 외교적 갈등을 야기하고 중국인의 한국관광 제한, 중국 내 한국기업 제재 등 각종 경제 보복 조치를 강행했다. 시간이 흘러가면서 사드 문제로 인한 중국의 경제 보복 조치는 점차 누그러졌지만, 그 대신 중국이 우리나라를 대하는 태도는 눈에 띄게 오만해져 가는 것을 느낄 수 있다. 중국은 2017년 12월 3박 4일 일정으로 국빈 방문한 문 대통령을 시종일관 홀대하는 무례를 범했을 뿐 아니라, 우리 측 수행 기자를 무자비하게 집단 폭행하는 등, 마치 조공 관계의 조선 시대로 되돌아간 것이 아닌가 하는 착각이 들 정도였다.

 중국은 한국과의 관계가 좋았던 시절에도 한편으로는 동북공정(東北工程)이란 왜곡된 역사관을 가지고 고구려를 자기네 역사에 편입하려는 의도를 계속 유지해오고 있었다. 중국은 우리가 실효적 지배권을 행사하고 있는 이어도를 둘러싼 '배타적 경제 수역(EEZ)' 협상에서도 계속 억지를 부리면서 한 치도 양보할 생각이 없다. 그 밖에도 지금까지 한·중 간에는 우리가 강력하게 대응했더라면 양국 간 분쟁으로 치달을 수 있었던 일들이 많았다.

일체유심조(一切唯心造)

중국이 우리를 대하는 위 두 가지 상반된 모습을 지켜볼 때 중국이 우리나라를 바라보는 진짜 속마음이 무엇인지 짐작이 간다. 중국은 1990년대 한·중 수교 직후만 해도 우리나라를 따르고 존중하는 마음이 있었지만 지금은 아니다.

중국은 동아시아에서 미국, 일본과 패권 경쟁을 벌이는 과정에서 한국을 자기편으로 끌어들여야 할 필요성이 절실하여 한때나마 우리에게 우호의 손짓을 보내기도 했지만, 그것도 잠시뿐, 날이 갈수록 공격적이고 오만해져 갔다. 지난 문재인 정부가 들어서면서 동맹국인 미국과의 관계에 계속해서 엇박자를 내고 중국과의 사드 갈등을 매끄럽게 처리하지 못하는 과정에서 한국이 저들에게 만만한 상대로 인식되어 적반하장 식 보복과 홀대를 받게 된 것이다.

• 그런데 실은 앞으로가 더 문제

지금 우리는 매우 힘든 선택의 기로에 놓여 있는 것 같다. 우리나라가 미·일이 주도하는 인도·태평양 전략에 적극적으로 참여하여 중국의 신(新)패권 전략에 맞설 것인지, 미국과 동맹 관계를 유지하되 경제적으로는 중국과도 우호 관계를 유지함으로써 안보와 경제를 둘 다 챙길 것인지. 그런데 문제는 경제적으로 중국과 우호 관계를 유지해야 하는 것은 맞는데 미·일이 주도하는 인도·태평양 전략에 어느 정도의 강도로 참여하느냐 하는 것이다. 우리가 인도·태평양 전략에 너무 소극적으로 참여할 경우 우리는 미국 등 우방국과 중국 사이에서 계속 옵서버 위치에만 머물러 있을 수도 있다.

여기서 우리가 벤치마킹 대상으로 삼아야 할 가장 좋은 모델은 바로 일본이 아닐까 생각된다. 일본은 중국을 견제 또는 봉쇄하고자 하는 인도·태평양 전략의 제안자로서 미국과 함께 매우 적극적으로 추진하고 있다. 그러면서 일본은 중국과의 경제 교류에도 매우 적극적이며 경제 문제에서 중국 지도부와의 접촉이 활발하게 이뤄지고 있다.

일본의 경제 규모가 우리보다 2.7배 정도 크다고 하지만 우리에게는 중국을 꼼짝 못 하게 할 수 있는 반도체라는 비장의 무기가 있다. 중국은 일본의 경제 규모보다 우리나라의 반도체가 더 신경 쓰일 수 있다. 경제 전쟁도 일반 전쟁과 마찬가지로 '상호확증파괴전략'이 작동한다고 볼 수 있다. 다시 말해 중국이 희토류 등 핵무기 보유국이라면 우리는 반도체라는 핵무기 보유국인 셈이다. 우리가 반도체를 중국에 수출하지 않기로 하면 막대한 경제적 손실을 입지만 중국은 우리보다 더 막대한 손실을 입거나 경제가 마비될 수도 있다.

따라서 우리가 막대한 경제적 손실을 각오하고 중국에 반도체 수출을 전면 금지할 수 있다는 신호를 보낼 경우 중국도 우리를 함부로 대할 수 없게 될 것이라는 말이다. 우리라고 일본처럼 하지 못하라는 법은 없다. 일본뿐만 아니라 유럽 주요 국가들과 쿼드(Quad)의 일원인 인도 또한 중국 또는 러시아와의 경제 교류에 매우 적극적이다. 중국에 대한 수출 의존도가 우리보다 높고 최근 중국으로부터 강력한 경제 보복을 받는 등 우리나라와 비슷한 대중 딜레마에 처해 있는 호주 또한 중국 견제를 위한 쿼드(Quad)와 오커스(AUKUS)의 주요 맹방의 일원으로 참여하면서도 중국과 활발한 교역 관계를 이어가고 있다. 물론 국가 간의 외교 관계는 매우 복잡하고 난해한 고난도 전략이 요구되는 '총성 없는 전쟁터'이다. 동아시아 정세와 미국, 중국, 일본, 러시아 등 주변 강대국 간

역학 관계를 정밀하게 분석한 후, 외교, 국방, 경제 분야 전문가들의 의견을 수렴한 최상의 전략으로 임해야 한다.

우리는 대중국 관계를 단기와 중·장기 전략으로 나누어 대처할 필요가 있다. 단기적으로는 미국의 인도·태평양 전략에 적극적으로 참여하는 등 미국과의 동맹 관계를 돈독히 하면서 중국과의 경제 교류도 활발하게 추진하는 것이다. 중·장기적으로는 우리 경제력과 군사력을 계속 키워 1차적으로 일본을 따라잡고 중국과의 경제 및 군사력 격차를 줄여 나가는 것이다. 그리하여 미·중 간 패권 경쟁이 벌어지는 동아시아에서 2030년대 이후 대중(對中) 전선의 주도국 또는 핵심국의 역할을 수행할 수 있도록 해야 한다. 그래야만 이 무렵 우리에게 통일의 기회가 찾아왔을 때 주변 강대국들에 휘둘리지 않고 우리가 주도하는 통일 과업을 성공적으로 수행할 수 있게 될 것이다.

· 위기는 곧 기회

우리는 그동안 북핵 위기에 너무 집착하다 보니 앞으로 동아시아에서 주요 강대국 간에 전개될 치열한 세력 다툼에 대하여 생각할 겨를이 없었다. 그렇지만 앞으로 동아시아에서 전개될 강대국 간의 패권 경쟁은 19세기 말의 상황과 조금도 다를 것이 없을 것 같다. 문제는 이들 강대국 사이에 낀 우리의 처지다. 우리가 지금처럼 국가 안보와 경제 발전에 특단의 노력을 기울이지 아니함으로써 주변 강대국들과의 국력 격차가 벌어져 2030년 이후 19세기 말처럼 저들 강대국에 비해 형편없는 경제력과 군사력을 보유하게 될 경우 우리는 저들의 먹잇감이 되거나 고래 싸움에 새우 등 터지는 신세를 면하지 못하게 될 것이다. 우리가 앞으로 동아시아에서 전개되는 주변 강대국 간 패권 경쟁을 남의 일로 생각해서 아무 생각 없이 구경만 하고 있다가는 19세기 말처럼 나라 운명이 천 길 나락에 떨어지는 비운을 맞이할 수도 있다는 말이다.

그 대신 우리가 주변 강대국들의 동태와 동아시아에서 일어나는 모든 일들을 예의 주시하면서 정치권, 정부, 기업 그리고 국민 모두가 일치단결하여 부국강병에 온 힘을 기울인다면, 10~20년 후 우리나라가 주변 강대국 수준으로 국력을 키워 동아시아 질서를 주도적으로 이끌어갈 수 있게 될 것이다. 예나 지금이나 영토가 넓고 인구가 많은 나라가 반드시 패권국 또는 강대국이 되라는 법은 없다. 옛 중국이나 오늘날 미국처럼 영토가 넓고 인구도 많은 패권국이 있지만, 옛 영국이나 네덜란드처럼 한반도와 비슷하거나 훨씬 작은 크기의 패권국도 있었다. 십여 년 전까지만 해도 한반도 면적의 1.7배 크기인 일본은 그보다 25배 큰 나라인 중국을 제치고 세계 2위의 경제대국이었다. 앞으로 통일 한국은 일본을 제치고 중국과 동아시아 패권을 다투게 될 수도 있는 가능성을 충분히 보유하고 있다.

▎일본을 이겨야

몇 년 전 가족과 함께 '귀향'이라는 영화를 관람한 적이 있다. 일본군에게 위안부로 끌려간 열네 살 소녀가 이역 땅에서 갖은 수모와 고난을 겪다가 고향 땅을 밟아보지도 못한 채 쓸쓸히 죽어간 슬픈 이야기였다. 우리 위안부 할머니들의 이야기는 익히 들어서 잘 알고 있지만, 막상 영화로 보니 새삼스럽게 부아가 치밀었다. 이미 80여 년이 지난 일이지

일체유심조(一切唯心造)

만 그래도 저렇게 악독했던 일본을 그냥 두면 안 될 것 같은 생각이 들었다. 아마도 350만 명이 넘는 국민들이 이 영화를 보고 똑같은 생각을 했으리라고 짐작된다.

일본은 우리에게 역사적으로 큰 죄를 두 번이나 지었다. 우리는 저들에게 전혀 잘못한 일이 없고 오히려 오랜 역사 동안 우리의 앞선 문물을 전수(傳授)하는 등 많은 도움을 주었는데, 저들은 400여 년 전 아무 까닭 없이 이 땅에 쳐들어와 온 강토를 짓밟았고, 그 후 36년간이나 이 땅을 강제로 지배하면서 온갖 만행을 저질렀다. 만약 하늘나라에 정의가 살아 있다면 마땅히 천벌을 내렸어야 마땅하다. 그런데도 일본은 우리의 불행인 6·25 전란을 계기로 재기에 성공함으로써 또다시 아시아의 강국으로 군림하게 되었으며, 계속해서 우리 대한민국을 우습게 보는 태도를 버리지 못하고 있다. 저들은 과거의 잘못에 대하여 경건한 마음으로 사죄하기는커녕, 터무니없는 교언과 망언을 일삼으며 식민 지배의 산물인 우리 땅 독도를 자기네 땅이라고 끝까지 우긴다.

그렇지만 국제사회의 규칙은 냉정하다. 우리는 미·중·일 등 주요 강대국이 각축을 벌이는 동아시아에서 언제 어디로 튈지 알 수 없는 북한과 대치 상태에 있는 안보 취약국으로서, 주변 강대국 가운데 어떤 나라와도 척을 지고 살 수는 없다. 따라서 비록 얄밉지만, 일본과도 대승적 견지에서 동아시아 평화를 위해 그리고 상호 경제 발전을 위해 교류·협력하지 않으면 안 된다. 그 대신 일본이 저지른 역사적 잘못과 만행에 대하여는 너그럽게 용서하더라도 그 후 지금까지 취해 온 오만과 적반하장의 험한 행위들까지 대수롭지 않게 여기고 넘어가서는 안 된다. 언젠가는 반드시 저들의 코를 납작하게 만들어 놓고야 말겠다는 의지를 불태우고 국력 배양에 매진해야 한다. 그리하여 2000년대 초 우리의 삼성 전자가 일본 기업 소니를 추월한 것처럼 우리나라가 종합적인 국력에서 일본을 기어코 따라잡아야 한다.

원래 우리 민족의 핏속에는 일본을 이길 수 있는 탁월한 유전자가 엄연히 존재하고 있다는 사실을 우리는 한시도 잊어서는 안 된다. 우리나라는 삼국시대 이후 천 년 동안 일본으로부터 선진국 대우를 받으며 살았다. 비록 그 뒤에 형세가 기울어 16세기 말에 치욕적인 왜란(倭亂)을 겪게 되었지만, 이때까지도 우리는 전쟁에 대한 대비가 없는 상태에서 그런대로 일본의 침략을 막아낼 수 있었다.

그 당시 이순신 장군이 이뤄낸 23전 23승 신화는 칠흑 같은 어둠을 통과하는 한 줄기 빛처럼 우리 민족의 핏속에 탁월한 유전자가 존재한다는 사실을 여실히 보여주고 있다. 한산대첩, 명량해전, 노량해전 등 수많은 전승 신화들은 이순신을 비롯한 이 나라 수군 장병들이 중과부적(衆寡不敵)[12]의 상황에서 조정과 인근 부대로부터 지속적인 견제와 모함과 질시를 받아가면서도 뛰어난 창의력, 주도면밀한 전략, 결집된 전투력으로 피땀 흘려 이룩한 노력의 결실이었다.

이제 우리나라 정치권, 정부, 기업 그리고 국민들은 그 옛날 23전 23승을 이뤄낸 탁월한 유전자를 바탕으로 뛰어난 창의력과 주도면밀한 전략 그리고 결집된 개혁 추진력을 총동원하여 일본을 뛰어넘는 선진 강대국을 이루기 위해 총력을 기울여야 한다. 그런데 2022년 기준 우리

---

12 적은 병력으로 많은 병력을 이길 수 없는 상황을 말한다. 당시 조선은 당파싸움만 일삼고 부국강병을 소홀히 함으로써 임진왜란 당시 육·해군 모두 왜군에 비해 초라하기 짝이 없는 수준이었다. 당시 일본은 총병력 33만 명 중 정예병 16만 명을 조선에 파병했고, 조선은 총병력이 15만 명이라고 하지만 정규군은 그중 3분의 1 수준에 불과했으며, 무기와 전투력도 왜군이 압도적 우세였다.

일체유심조(一切唯心造)

나라 GDP는 1조 8,046억 달러로서 일본(4조 9,121억 달러)의 37% 수준에 불과하다. 따라서 경제 규모가 우리나라의 2.7배인 일본을 뛰어넘는 것은 불가능한 것처럼 보일 수도 있다. 더욱이 제조업의 전반적인 기술 수준도 우리가 일본에 한참 뒤처져 있으며, 인구도 우리나라(5,155만여 명)가 일본(1억 2,329만여 명)의 절반이 안 되는 수준이다. 그렇지만 그 옛날 명량해전에서 우리는 겨우 12척의 남은 전선으로 그 10배가 넘는 왜선 133척과 싸워 대승을 거두었다. 더욱이 한·일 경제 현황을 비교할 때 우리에게 불리한 점만 있는 것도 아니다. 우선 재정 건전성 면에서 우리나라의 2021년 말 기준 GDP 대비 국가 부채비율(46.9%)은 일본(245.1%)의 5분의 1 수준에 불과하며, 스탠더드앤드푸어스(S&P)가 2022년 9월에 발표한 국가 신용등급(AA)도 일본(A+)보다 두 단계 앞서 있다. 더욱이 한국이 반도체, 스마트폰, 배터리 등 4차 산업혁명 시대 첨단기술 분야에서도 일본을 멀찌감치 따돌리고 세계 선두를 달리고 있다. 우리가 경제력이나 군사력에서 일본을 뛰어넘겠다는 의지를 불태우고 잠시 중단했던 부국강병의 길을 따라 다시 힘차게 전진하기만 하면, 머지않아 그 꿈이 현실로 이루어진 모습을 반드시 보게 될 것이다.

어리석은 나라는 분노하기 위해 역사를 이용하고, 현명한 나라는 강해지기 위해 역사를 이용한다고 한다. 우리는 과거 일본이 우리에게 저질은 씻지 못할 죄악에 대하여 단순히 분노하기만 할 것이 아니라, 우리가 일본을 열심히 따라잡아 저들보다 더 부강한 나라가 되겠다는 극일(克日) 정신으로 무장하는 것이 몇 배나 더 현명한 선택이 될 것이다.

단, 우리가 지금까지 겪어서 잘 알고 있듯이 일본이라는 나라는 우리가 기탄없이 마음을 줄만큼 그렇게 신의 있는 나라는 아니다. 작금 동아시아 정세의 흐름에 역행하지 않기 위해 일본과의 국교를 정상화하는 것이 필요하기는 하지만, 그렇다고 우리가 먼저 조급해하는 태도를 보임으로써 일본의 전략에 현혹되어서는 안 된다.

미국의 경영 사상가인 피터 드러커(Peter Drucke)는 '전략이란 적이 원하지 않는 방식으로 싸우는 것'이라고 했다. 시간이 걸리더라도 '일본이 원하지 않는 싸움의 방식'이 무엇인지 잘 생각해보고 지혜롭게 대처해 나가야 한다. 일본은 언젠가 동아시아에서 미국의 영향력이 줄어들 경우 그 빈자리를 차지하고자 하는 의도가 있는 것으로 보인다. 따라서 일본은 내심으로 한국이 일본과 대등한 입장에서 한·미·일 동맹 체제에 합류하는 것을 원하지 않을 가능성이 농후하다.

자칫 잘못 대응할 경우 박근혜 정부 이후 우리가 대중국 외교에서 범한 오류를 반복하게 될 수도 있다. 우리는 주변 강대국인 중국과 일본 모두에 대하여 '불가근 불가원(不可近 不可遠)'이라는 중용(中庸)의 원칙에 따라, 소원하지 않은 관계를 유지하면서도 항상 경계심을 놓지 않는 자세를 유지하는 것이 필요하다.

지금 미국은 아시아·태평양 지역에서 중국과의 패권 전쟁을 홀로 수행하는 데 부담을 느끼고 일본은 물론 호주까지 끌어들이고 있다. 우리의 국력이나 지정학적 위치로 볼 때 호주가 하는 일을 우리가 못한대서야 말이 되지 않는다. 일본으로부터 배울 점은 배우고 우리의 국력을 계속 키워가면서 동아시아에서 우리의 역할을 점점 확대해 나가야 한다.

일체유심조(一切唯心造)

아세안(ASEAN)과 인도 끌어안기

우리는 지정학적으로 주변이 세계 1~3위의 경제·군사 강국들에 둘러싸여 답답하기 이를 데 없고 때로는 위험하기까지 하다. 따라서 이에 대한 완충 대안으로서 아세안 10개국과의 연대를 생각해볼 수 있다.

우리나라뿐 아니라 미국, 중국, 일본 등 주변 강대국들 또한 아세안 시장 공략에 많은 공을 들이고 있다. 우리는 세계 최빈국에서 개발도상국을 거쳐 선진국으로 진입한 성공 신화를 통해 아세안 국가들의 롤모델이 될 수 있고, 세계적으로 열풍을 일으키고 있는 한류를 통해 아세안 국가들의 마음을 사로잡을 수도 있다. 그런데 아직까지도 우리나라는 아세안 국가들의 마음속에 제대로 자리 잡지 못하고 있는 것 같다.

싱가포르 국립연구기관인 동남아연구소(ISEAS)가 실시한 2021년 여론조사 결과, 아세안에 정치적·전략적 영향을 미치는 정도를 묻는 질문에 중국 49.1%, 미국 30.4%, 일본 3.2%, 유럽 1.7%, 한국 0.3% 순이었다. 또 글로벌 자유무역을 위해서 어느 국가를 가장 신뢰할 수 있느냐는 질문에는 미국 22.5%, EU 22.2%, 일본 15.4%, 중국 11%, 한국 0.9% 순이었다. 한국의 신남방정책이 아세안 국가에 이윤을 남기기 위한 비즈니스 전략에 불과하다고 평가하기도 했다. 미·중 전략경쟁 시대에 아세안이 제3의 파트너를 선택해야 한다면 누구를 선택하겠느냐는 질문에 대해서도 EU 40.8%, 일본 39.3%, 한국 3.2% 순이었다. 우리나라가 일본을 뛰어넘고 중국과의 국력 격차를 좁혀 가면서 세계 주요 강대국으로 국력을 키워나가겠다는 꿈을 이루기 위해서는 경제와 군사 분야뿐만 아니라 외교 분야에서도 더욱 분발하지 않으면 안 된다는 점을 여실히 보여준다.

최근 들어 베트남이 중국의 대체 생산지로 떠오르면서 각국 정부들은 자국 기업들과 한 팀을 이루어 베트남 진출에 매진하고 있는데 비해, 한국은 정부의 소극적 대응으로 오로지 민간 투자에 의존하는 실정이라고 한다. 우리는 지금 다른 어느 나라보다 중국을 대체할 새로운 수출 시장 개척이 절실한 상황이다.

그래도 껄끄러운 중국과 일본과의 외교 관계보다는 아세안과의 외교 관계에서 친밀감과 영향력을 높이는 것이 훨씬 더 쉽지 않을까? 뒤집어서 말하자면 우리가 아세안 국가들의 마음도 붙잡을 수 없다면 중국과 일본과의 복잡 미묘한 갈등·협력 관계를 지혜롭게 풀어나가는 것은 더욱 어려운 일이 될 것이다. 무엇보다 이제는 우리나라가 주변 강대국 틈에 끼어 있는 작은 나라가 아니라, 세계 10~13위 경제대국이며 동아시아에서 지정학적으로 가장 중요한 핵심 국가라는 자부심을 갖고, 대국다운 통 큰 외교를 펼쳐야 한다. 당장 눈앞의 이익에만 집착할 것이 아니라 개발도상 과정에 있는 아세안 각국의 경제·기술 발전을 위해 진심으로 도와주고 싶다는 의지를 보여주고 우리의 앞선 노하우를 전수해 주는 등 아세안 국가들의 마음을 얻기 위한 노력을 아끼지 말아야 할 것이다.

한편, 우리는 대중국 교역 의존도를 줄여나가야 하는 시점에서 중국을 대신할 수 있는 시장으로 2023년 세계 최대 인구국으로 부상할 인도를 주목해야 한다. 우리는 지금부터 모래시계의 모래가 서서히 이동하는 것처럼 한국의 수출입 물량이 중국에서 인도로 서서히 이동하도록 하는 중·장기 계획을 수립하여 착실하게 실천해 나가야 한다. 그냥 말

일체유심조(一切唯心造)

로만 한·인 관계를 격상하자고 되뇔 것이 아니라 국가 담론 과제로 삼아서 필요한 전략을 숙의하고 정부와 국내 기업들이 적극적으로 나서서 공들여 추진해야 한다.

국제통화기금(IMF)은 2023년 경제성장률을 중국은 5.2%, 인도는 5.9%로 전망했다. 인구와 경세성장률 모두 인도가 중국을 앞지르게 될 전망이다. 지금 세계는 과거 중국처럼 세계 최대 인구국에다 생산 인구 비중이 높은 이점을 최대한 발휘하여 고속성장을 이어가고 있는 인도를 주목하고 앞다퉈 인도 시장 공략에 공을 들이고 있는 중이다. 지금처럼 우물쭈물하고 있다가는 우리나라가 인도 시장에 발을 들여놓기 쉽지 않을 수도 있다.

우리나라가 아세안 10개국과 인도를 우리 편으로 확실하게 끌어들일 수만 있다면 주변 강대국들에 둘러싸인 동아시아에서 우리의 입지를 강화시켜 주는 든든한 울타리가 되어줄 것이다. 우리 경제의 커다란 문제점 가운데 하나인 '특정 국가 수출 의존도 심화' 현상을 완화하기 위해서도 아세안과 인도 진출은 우리에게 시급한 개혁 과제가 아닐 수 없다. 베트남은 젊은 인구가 많고 6~7%대의 경제성장률을 꾸준히 유지하고 있으며, 싱가포르는 교육과 금융 허브이고, 인도네시아와 말레이시아는 자원이 풍부하며, 필리핀·방글라데시·미얀마·라오스·캄보디아 등의 인건비는 중국의 3분의 1 수준에 불과하다. 아세안 국가들만 다 합쳐도 우리의 교역 상대로서 중국만 못할 것 없다.

행인지 불행인지 마침 최근 들어 우리나라의 중국 수출 비중이 갈수록 줄어들고 있다. 산업통상자원부에 따르면 2023년 1~5월 대중 수출액(497억 달러)이 2022년 같은 기간(684억2,400만 달러)보다 27.3% 줄어드는 등 중국 수출 감소세가 이어지고 있는 것이다. 그 이유는 중국에서 코로나19 봉쇄로 인한 내수 회복 지연과 중간재 자립도 향상으로 한국으로부터 중간재 수입이 줄어드는 데 있는 것 같다. 우리나라에서 대중국 중간재 수출이 감소하는 현상은 국내 소부장(소재·부품·장비) 산업의 경쟁력을 높이는 등 대책이 필요하지만, 우리는 이 기회에 중국의 빈자리를 아세안과 인도 등 다양한 국가로 채워 나가면서 수출국 다변화 및 저변 확대를 통해 명실상부한 수출 대국으로 자리매김해야 한다.

일체유심조(一切唯心造)

제**3**부

—

개혁 추진 방안

안보 위기 해법

북한 핵위협 등에 대한 대책

• 3축 체계 구축 서둘러야

현재 우리와 북한 간 군사력 차이에 대해 전문가들 사이에서도 의견이 분분하다. 핵무기를 제외하고 재래식 전력은 우리가 북한보다 월등하기 때문에 미국 핵우산이 제대로 작동하는 한 북한의 침공에 대해 크게 염려할 것 없다는 낙관론이 있는가 하면, 북한 핵무기 앞에 우리의 재래식 전력은 무용지물에 불과하다는 비관론도 있다. 둘 다 일리가 있는 말이지만 좀 더 냉정하고 복합적인 분석이 필요할 것으로 보인다.

핵보유국 간에는 '상호확증파괴' 개념이 작용함으로써 상대방의 핵공격을 사전에 억제하는 효과가 있다. 그런데 우리는 핵무기가 없기에, 북한의 핵공격을 사전 억제하기 위해서는 부득이 미국의 핵우산에 의존할 수밖에 없다. 그러나 미국의 확장억제 수준은 어디까지나 미국의 의지에 달려있는 문제로서 앞으로 미국 국내외 정세 변화에 따라 얼마든지 변할 수 있다. 제1부에서 말한 것처럼 미국 내부 사정으로 인해 한반도 유사시 확장억제 전략이 가동될 수 없거나 시간이 많이 지체되어 확장억제의 실효성을 확보하지 못할 수도 있다. 이와 같은 정세와 분위기 변화를 북한이 감지하게 될 경우 북한 핵공격을 사전에 억제하는 효과는 그만큼 약해질 수밖에 없다.

비록 가능성이 희박하기는 하지만 그렇게 될 가능성을 전혀 배제할 수도 없는 일이기에, 우리는 이런 경우에도 충분히 대비하지 않으면 안 될 것이다. 만에 하나라도 이런 일이 발생할 경우 우리의 생존권을 보장받을 수 있는 길이 전혀 없기 때문이다.

그리고 사실 북한의 핵공격에 대하여 반드시 핵공격으로 맞서야만 하는 것도 아니다. 물론 북한의 핵공격에 핵공격으로 대응하는 것이 가장 이상적인 방법이지만 그렇지 못할 경우 차선책으로 3축 체계(킬체인, 한국형미사일방어체계, 대량응징보복)를 통해 북한 핵공격을 방어할 수 있는 길이 있다.

그런데 북한은 2017년에 사실상 핵보유국이 되었으면서도 핵무기 수량 증가 및 성능 개량을 위해 더욱 박차를 가하고 있는 반면, 우리는 차선책인 '3축 체계 구축'조차 역대 정부에서 10년 이상 계속 추진을 미뤄오다가 최근 들어 2027년까지 구축 완료하는 것으로 결론이 난 상태다. 북한에 비하면 우리 정치권과 정부의 안보 태세가 한심할 정도로 취약하지만, 이제는 더 이상 미루지 말고 지금 계획대로 2027년까지는 차질 없이 3축 체계가 완성되도록 해야 한다.

일체유심조(一切唯心造)

• 첨단 무기 개발 및 실전 배치도 서둘러야

미국의 확장억제 전략과 함께 북핵 억지 수단으로서 3축 체계 구축은 우리 안보의 최후 보루인 셈이지만, 따지고 보면 북한의 핵공격에 대비한 기초자산에 불과하다. 3축 체계에 포함되는 각종 감시 장비나 요격 미사일의 성능 또한 지속적으로 개량해야 한다.

다음으로, 4차 산업혁명 시대 군사 기술의 첨단화 추세에 맞게 각종 무기 시스템의 첨단화, 무인화(無人化), 네트워크화에 전력투구하지 않으면 안 된다. 미국은 2030년까지 구글[13]·아마존 등 글로벌 IT 기업의 인공지능(AI) 기술을 적용한 유·무인 복합 전투체계를 구축해, 유인(有人) 전차 1대가 무인(無人) 전차 3~4대를 거느리고 함께 싸우는 방식으로 전환을 추진하고 있다. 2040년에는 전차부대 전체를 무인화하고 지휘 센터에서 원격 지휘하는 방식으로 전환한다.

여기서 우리는 두 마리의 토끼를 한꺼번에 잡을 수 있는 한 가지 정책 방안을 생각해볼 수 있다. 그 하나는 유·무인 또는 무인 전투체계 구축을 통해 우리의 심각한 고민거리인 병력 자원 부족 문제를 어느 정도 해소할 수 있다. 육상과 해상, 공중을 망라한 무인 전투체계가 보편화될 경우 현장 병력은 절반 이하로 줄어들 것이라고 한다. 인명 피해가 최소화될 것은 말할 것도 없다. 또 한 가지는 미국·중국 등 경쟁국들에 많이 뒤처져 있는 AI 분야를 첨단 군사기술 혁신 과정을 통해 초고속 발전시킬 수 있는 계기가 될 수 있다는 점이다.

정부에서는 2014년 이스라엘의 탈피오트 제도를 벤치마킹해 '과학기

---

13 2015년 8월, 새로운 지주회사인 알파벳(Alphabet Inc.)으로 변신하였으나, 이 책에서는 우리에게 익숙한 '구글'이라는 회사명을 계속 사용하기로 한다.

술 전문사관' 제도를 도입, 운용하고 있지만 아직까지 이렇다 할 성과를 보여주지 못하고 있는 것 같다. 우리나라 영재교육시스템과 연계한 '한국판 탈피오트'는 지금 우리에게 절대적으로 필요한 개혁 과제라고 할 수 있다. 따라서 '국가 담론의 장'에서 충분한 논의를 거친 후 이스라엘보다 더 괄목할 성과를 창출해낼 수 있는 야심찬 개혁 프로그램을 만들어 내실 있게 추진하도록 해야 한다.

이스라엘에서는 성적이 우수한 이공계 고교 졸업자 가운데 50~60명을 선발해 히브리대에서 40개월 동안 장학금을 지급하면서 군사 훈련과 대학 교육을 받게 한 후, 중위로 임관해서 6년 동안 연구 요원으로 복무하게 한다. 이스라엘에서 무인 정찰기, 드론 전투기, 무인 지상 차량, 로봇 전투원 등 세계 최첨단 군사 기술은 탈피오트 출신에 의해 개발되었다고 한다. 이들 연구 요원들은 복무 중 창업 교육을 받고 전역 후에는 국가에서 창업을 할 수 있도록 도와준다. 이스라엘에서는 대표적인 벤처기업가 대부분이 탈피오트 출신일 정도로, 이들은 전역 후에도 성공한 스타트업으로서 새로운 첨단기술 개발에 많은 기여를 하고 있다.

사실 우리에게 주어진 환경이나 여건이 이스라엘보다 못할 이유가 전혀 없다. 이스라엘은 국토 면적이 약 2만㎢, 인구는 917만 명으로 우리나라의 5분의 1 수준에 불과하다. GDP도 4분의 1 수준이고 반도체 등 첨단기술 수준에서도 우리보다 한참 뒤떨어진다. 문제는 그들이 우리보다 위기를 기회로 역전시키는 능력이 탁월하다는 점이다.

한편, 이번 우크라이나 전쟁을 통해 미국의 무기 재고가 급격히 줄고 있고 추가 생산 능력 또한 부족하다는 문제점이 드러나고 있다. 이러

일체유심조(一切唯心造)

한 추세가 지속된다면 앞으로 한반도 유사시에 핵무기 이외의 필수 전략 물자들을 미국으로부터 원활하게 지원받지 못하는 일이 발생할 수도 있다. 따라서 핵무기 이외의 각종 재래식 또는 비대칭 전력은 최대한 자급자족할 수 있는 수준으로 자주국방 능력을 키워나가지 않으면 안 될 것이다. 선제 타격 및 방어용 미사일 수도 5배 이상 획기적으로 늘려 10,000기 정도는 보유해야 한다.

• 미래 안보 상황에 대비해야

우리는 미래 안보 문제를 현재의 관점에서 바라봐서는 안 된다. 2020년대가 저물어갈 무렵 북한이 200개 이상의 핵무기와 한층 성능이 개량된 대륙간탄도미사일(ICBM)·잠수함발사탄도미사일(SLBM) 등으로 미 본토까지 직접 공격할 수 있는 능력을 보유함과 동시에, 우리 쪽을 겨냥해 소형 핵탄두를 탑재할 수 있는 단거리미사일을 촘촘하게 실전 배치할 경우를 상정해서 안보 전략을 구상하지 않으면 안 될 것이다.

북한은 2023년 3월 12일 잠수함에서 전략순항미사일(SLCM)을 발사했다고 발표했다. 같은 해 3월 21일에는 수중 폭발로 해일을 일으켜 함선과 항구를 파괴할 수 있는 핵무인수중공격정 '해일'을 발사해 해저 80~150m에서 59시간 잠항한 뒤 23일 수중 폭발하는 데 성공했다고 주장했다. 미 항공모함 전단에 접근해 방사능 쓰나미로 함선과 시설을 초토화할 수도 있다는 것이다. 같은 해 3월 22일엔 SLCM에 모형 핵탄두를 탑재해 공중 폭발하는 실험을 하기도 했다. 북한이 수중에서 SLBM과 SLCM 등 다양한 미사일을 섞어 쏘게 되면 우리의 미사일방어체계로 탐지·요격하는 것이 더 어려워진다고 한다.

더욱이 북한은 2021년 9월 28일, 그리고 2022년 1월 5일과 11일 한·미 미사일 방어망을 무력화시킬 수 있는 극초음속 미사일을 발사했다고 발표했다. 우리가 북한의 핵공격에 대비하여 3축 체계 구축을 서두르고 있지만, 북한에 극초음속미사일 개발 기술에서 밀릴 경우 3축 체계의 한 축인 한국형 미사일방어체계가 무용지물이 될 수도 있다는 것이다.

이렇게 최근 들어 북한은 수년 내에 소형 핵탄두 탑재가 가능한 단거리미사일을 실전 배치하겠다는 목표를 세우고, 신속한 발사가 가능한 고체연료 사용, 탐지가 어려운 수중·지하 발사 및 회피기동 미사일 발사 시험, 극초음속미사일 발사 시험 등 투발 수단 개발에 전력투구하는 것으로 보인다. 북한이 각종 단거리 투발 수단을 이용해 전광석화처럼 핵공격을 해오는데 미국의 핵우산 작동이 늦어지기라도 하면 어떻게 할 것인가. 북한은 하루가 다르게 핵공격 능력을 높여가고 있는데 우리는 이렇게 티격태격 집안싸움이나 하면서 한가로이 세월을 보낼 수는 없다.

우리는 북한의 단거리 투발 수단 개량 등 핵공격 능력이 한 단계 높아질 때마다 우리의 핵 방어 능력 또한 한 단계씩 높여나가는 대응 전략이 필요하다. 북한의 핵공격 능력에 비례해서 3축 체계에 포함되는 각종 감시 장비나 요격 미사일의 수량과 성능 또한 지속적으로 늘리고 개량하지 않으면 안 된다. 특히 북한 지도부를 상대로 한 참수작전 등 대량응징보복(KMPR) 작전을 독자적으로 수행할 능력을 지속적으로 키워나가야 한다.

그동안 우리나라에서는 미국을 위시한 국제사회와 함께 엄청나게 공을 들인 북한 비핵화 정책이 사실상 물 건너간 것처럼 보이는 상황에서 자체 핵무장 여론이 비등했다. 그렇지만 2023년 4월 26일 한·미 정

일체유심조(一切唯心造)

상 간 워싱턴선언(Washington Declaration)을 통해 '자체 핵무장 또는 전술핵 재배치를 안 하는' 것으로 일단 결론이 났다. 그 대신 한·미 간 확장억제 협의체인 'NCG(핵 협의 그룹)'를 창설해 핵잠수함 등 전략 자산을 한반도에 정기적으로 전개함과 동시에 미국 핵자산 관련 정보 공유 확대 등 기존의 확장억제 전략을 한층 강화하는 조치가 취해진 것이다.

그렇지만 이는 나날이 증가하는 북핵위협에 대응해서 우리가 자체 핵무장을 할 수 없도록 규제하는 데 대한 반대급부로서 매우 당연한 조치이며, 한국 내에서 핵무장 여론을 잠재우기 위한 임시방편이라고 볼 수도 있다. 한 치 앞을 내다볼 수 없는 동아시아 정세 속에서 미국의 핵잠수함 등 전략 자산의 정기적 전개가 지속적으로 이뤄질 것이라고 확실하게 보장할 수는 없는 일이다. 그리고 무엇보다 우리의 안보를 전적으로 남에게 의존하는 것은 중·장기적인 국가 전략으로서 결코 바람직하지 않은 일이다.

더욱이 북한은 한·미 간 확장억제 강화 조치에 대응해서 핵공격 능력을 한층 강화하고자 하는 노력을 멈추지 않을 것이며, 한·미 동맹 강화에 대한 반작용으로 중국과 러시아가 북한에 첨단무기를 지원함으로써 남북 간 재래식 전력 격차가 크게 좁혀질 수도 있다. 따라서 이번 워싱턴선언으로 북한 핵위협에 대한 대비태세가 조금이라도 느슨해지는 일이 있어서는 안 될 것이다.

우리는 이번 워싱턴선언에도 불구하고 자체 핵무장 논의는 지속돼야 하고, 미국의 확장억제 전략에만 오로지 매달릴 것이 아니라 우리가 할 수 있는 일에 최선을 다하는 것이 급선무다. 우리 군이 북한 핵을 선제적으로나 사후적으로 최대한 막아낼 수 있을 만큼 충분한 수량의 미사일과 정찰 위성, 드론, 레이저 무기, 무인 전차, 무인 전투기, 무인 함정 등 첨단 신무기들을 최대한으로 실전 배치해야 한다. 아울러 우리 군을 AI 기반 지능형 지휘·통제 및 초연결 네트워크 체계를 갖춘 강하고 효율적인 군대로 만들어야 한다.

그리고 우리가 목표로 하는 군사력의 첨단화는 북한을 능가하는 것이 아니라 중국을 비롯한 군사 강국들을 능가하는 수준이 되어야 한다. 그래야만 핵 무장한 북한을 쉽게 제압할 수 있고, 주변 강대국들의 틈바구니에서 동아시아 안보를 유지할 수 있기 때문이다.

그런데 이와 같이 우리 군이 AI 기반 첨단무기 체계와 지능형 지휘 통제 및 초연결 시스템으로 변환되는 과정에서 반드시 유념해야 할 것이 있다. 우리 군이 첨단화, 지능화되어 갈수록 북한의 사이버와 EMP 공격에 더욱 취약해진다는 것이다. 우리가 엄청난 돈을 들여 수십 년간 공들인 노력의 결과물이 한순간에 무용지물이 될 수도 있다는 말이다. 이렇게 되지 않으려면 우리나라 사이버 기술과 전력을 지금보다 10~20배 이상 강화하고 관련 예산도 대폭 늘리지 않으면 안 된다.

• 북한 우위(優位)의 비대칭 전력 강화

북한은 우리보다 턱없이 부족한 전비(戰費) 규모와 첨단무기의 질적 열위(劣位)를 극복하기 위해 비교적 돈이 적게 들어가면서 우리에게 치명적인 타격을 가할 수 있는 핵무기 등 비대칭 전력 개발에 박차를 가해 왔다. 그 결과 핵무기는 물론 탄도미사일, 잠수함, 장사정포, 특수부대, 사이버, EMP, 생화학무기 등 우리보다 뛰어난 비대칭 전력을 개발함으로써 갈수록 남·북 간 실질적인 군사력 격차를 키워오고 있다.

일체유심조(一切唯心造)

북한 핵전력의 '최종병기'라는 잠수함발사탄도미사일(SLBM)은 우리에게 치명적인 비대칭무기이다. 지상 발사형 탄도미사일과 핵무기 저장고는 미국이 첨단 전략무기를 동원해 파괴할 수 있으나 잠수함은 다르다. 북한은 SLBM 탑재 잠수함을 동해 바닷속에 숨겨두었다가 한국, 일본, 미 태평양 기지와 본토 등에 핵을 탑재한 SLBM 공격을 퍼부을 수 있다. 더욱이 북한은 한반도 유사시 대한민국을 지원하기 위해 우리 해역으로 출동하는 미 항공모함에 치명적인 손상을 입힐 수 있는 대함탄도미사일(ASBM)까지 이미 개발해 놓은 상태여서 유사시 북한의 공격에 대한 미군의 즉각 대응이 어려워질 수도 있다.

북한의 신형 300mm 장사정포(사정거리 200㎞)는 군사분계선에서 발사할 경우 수도권은 물론 충남 계룡대까지 타격권에 들어가고, 현재 우리 군이 보유하고 있는 패트리엇 미사일이나 2023년 구축 예정인 한국형미사일방어체계(KAMD)로도 완전 요격이 어렵다고 한다.

최근 우크라이나 전쟁에서 볼 수 있는 것처럼 사이버 전력은 현대전에 미치는 영향이 막강하다. 러시아는 전쟁 발발 한 달 전부터 사이버 공격을 통해 우크라이나 정부 웹사이트를 다운시키고, 여러 정부 기관과 은행 서비스를 중단시켰다. 러시아는 계속해서 정교한 사이버 공격으로 우크라이나의 위성 및 광역통신망 등을 무력화시킴으로써 군 지휘 통제 및 군사 작전을 교란했다. 전통적인 군사 작전에 사이버 공격을 결합한 하이브리드 전쟁을 수행한 것이다. 이로 인해서 우크라이나군과 정부는 전쟁 초기 결사 항전 체제를 갖추는데 어려움을 겪어야 했다. 그러나 우크라이나도 미 정부와 북대서양조약기구(NATO) 회원국 및 정보기술

(IT) 대기업들의 도움을 받아 러시아의 사이버 공격을 잘 막아내었다. 그들은 우크라이나에 사이버 대피소와 위성통신 서비스를 제공해주고 방호 소프트웨어를 설치해주는 등 러시아의 사이버 공격으로 인한 피해를 최소화하도록 도왔다. 현대전에서 사이버 분야의 중요성을 확실하게 인식할 수 있다.

그런데 우리는 우크라이나 사태를 강 건너 불구경할 입장이 못 된다. 호시탐탐 남침의 기회를 노리는 북한이 미국, 러시아에 이어 세계 3위의 사이버 해킹 강국이라는 점에서다. 북한은 1980년대부터 컴퓨터에 자질 있는 영재를 선발해 10여 년간 사이버 기술을 가르쳐 사이버 전사로 육성해왔다. 이렇게 양성한 사이버 전사는 2017년 6,000명에서 2021년에는 2만 3,000명 수준으로 늘어났다고 한다. 북한은 사이버 해킹 조직을 이용한 암호화폐 해킹으로 탄도미사일 개발 자금을 충당하기도 한다. 2022년 한 해에만 암호화폐 해킹으로 7억2,000만 달러(약 9,444억 원)를 훔쳐냈다고 한다.

우리는 그동안 수차례에 걸쳐 정부 기관, 기업, 은행 등이 북한으로부터 디도스 공격14 또는 해킹을 당해 각종 정보가 탈취되고 전산망 마비 등 피해를 입은 적이 있다. 그런데 평시가 아닌 전시에 우리가 북한으로부터 사이버 공격을 받는다면 정부 기관, 기업, 은행 등은 물론 군 지휘 체계를 포함한 주요 시설까지 사이버 공격 대상이 되어 전쟁 수행에 막대한 지장을 초래할 수 있다.

그런데도 우리는 겨우 1,000명 정도의 사이버 전력을 보유하고 있는

---

14 대상 서버, 서비스, 네트워크를 인터넷 트래픽 폭주로 압도해 정상적인 작동을 방해하는 것.

일체유심조(一切唯心造)

데, 조직과 운용 시스템이 취약해 유사시 북한의 해킹 공격에 대응하기
에는 턱없이 부족한 실정이다.

사이버는 EMP와 함께 '발사의 왼편'에 해당한다. 다시 말해 적의 지
휘부 등을 교란함으로써 미사일 발사를 사전에 무력화시키는 것이다.
따라서 핵무기가 없는 우리에게는 가장 유용한 핵 방어 수단이라고도
할 수 있다. 우리는 어떻게 해서라도 '발사의 왼편'인 사이버 기술 개발에
서 북한을 능가함으로써, 유사시 북한의 사이버 공격을 막아냄은 물론
북한 핵공격을 막아내기 위한 선제공격에 이용할 수도 있게 만들어야
한다.

현대전에서는 적보다 뛰어난 기술을 적용한 비대칭 무기를 사용함으
로써 전쟁의 판도를 완전히 바꾸는 것도 가능하다. 이스라엘은 1973년
중동전쟁에서 빛의 속도로 정보를 이동시킬 수 있는 미국식 전역 광역
화 통신 시스템을 개발해, 시리아군의 동태를 사전 파악함으로써 시리
아 항공기를 전멸시켰다. 반대로 2021년 이스라엘과 하마스(HAMAS)[15]
간에 치러진 '가자전쟁'에서는 이스라엘이 재래식 전력이 상대가 되지 않
을 정도로 완전 열세인 하마스에 대하여 11일간 대대적인 공중 폭격을
퍼부었는데도 하마스를 무너뜨리지 못했다. 하마스는 비용이 적게 들면
서도 파괴력이 강한 '로켓'으로 선제공격을 감행함으로써 중동 지역 군
사대국인 이스라엘의 공격을 막아냈다. 하마스에게는 '로켓'이 훌륭한
비대칭 무기로서의 역할을 수행한 것이다.

---

15   팔레스타인 자치정부의 집권당으로서 '가자지구'를 지배하고 있다.

지금까지 말한 각종 비대칭 전력 가운데 핵을 제외하고는 우리가 북한보다 월등하게 앞서 있는 경제력과 첨단기술력을 동원해 기술 개발과 전력 증강에 힘쓴다면 충분히 북한을 앞지르고도 남음이 있다. 문제는 우리 정치권과 정부의 안일한 태도에 있다. 특히 5년 단임제 정부하에서 우리나라 정치권과 정부의 시야는 갈수록 좁아지고 있다.

역대 정부에서는 어떻게 해서든지 5년 임기 안에 가시적인 업적을 남기기 위해 재정 지출 효과가 즉시 나타나는 포퓰리즘 정책에 집착하는 경향이 있고, 집권 초기 야심차게 시작한 일부 개혁 과제들도 집권 후반기에 어김없이 찾아오는 레임덕 현상으로 인해 흐지부지되기 십상이다. 특히 우리나라 진보의 경우 각종 명목을 붙여 돈을 나눠주는 포퓰리즘 예산에 집중하다 보니 국가 안보와 경제를 챙기기 위한 사업 예산에는 인색하기 짝이 없다.

국방개혁

• 역대 정부의 국방개혁 추진

우리나라 국가 안보를 책임질 군사력 증강 로드맵은 노무현 정부에서부터 계속 이어져 온 국방개혁을 통해 구현된다. 우리나라 국방개혁은 노무현 정부에서 2005년 9월 13일 '국방개혁 2020'을 공식 발표함으로써 시작되었고, 이명박 정부와 박근혜 정부에서 그 내용을 수정·발표한 후 2018년 7월 27일 문재인 정부에서 기존 국방개혁 기본계획서를 대체

일체유심조(一切唯心造)

하는 '국방개혁 2.0'을 발표하였다.

그런데 그 내용을 보면 군 병력을 2020년까지 50만 명 선으로 줄이기로 했다가, 다시 51만 7천 명(2020년) 또는 52만 2천 명(2022년) 선으로 늘렸다가 다시 50만 명 선으로 줄인다는 것과 지휘구조 개편 등 추상적인 내용이 대부분이며, 군 전력 증강 계획도 기존의 '국방개혁 2020'에서 약간 업그레이드된 정도에 불과하다.

문재인 정부에서는 2020년 9월 전략 증강 목표가 85% 달성되었다고 발표한 바 있으나, 그 내용을 들여다보면 이미 우리가 북한보다 강한 전투력을 보유하고 있는 재래식 무기 증강에는 과잉 투자하고, 핵·미사일 대응 체계나 군사기술 혁신 분야는 소홀히 하는 등 유명무실한 실정이라고 한다.

미 국방부는 2009년에 이미 우리나라 '국방개혁 2020'이 모델로 삼았던 기존 전략을 폐기하고 4차 산업혁명 시대에 부응하는 첨단기술로 군대를 재편하고 있는데, 우리의 '국방개혁 2.0'은 기존 모델을 그대로 계승하는 수준에 머물러 있었던 것이다. 그나마 '국방개혁 2.0'도 미완성인 상태에서 '국방개혁 3.0'을 추진해야 한다는 논의만 무성한 채 또다시 현 정부 인수위원회에서 2022년 5월 3일 '국방개혁 4.0'이 발표되었다. 마치 우리나라 양대 정당 이름이 너무 자주 바뀌어서 혼란스러운 것과 똑같다. 그래서 소리만 요란하고 실속이 없는 것일까?

지난 문재인 정부에서도 뒤늦게 국방개혁 2.0으로는 미래 안보를 담보할 수 없다고 생각해 2021년 7월 인공지능(AI)과 무인 전투체계 등 첨단 기술을 기반으로 하는 중·장기 로드맵을 작성하는 것 등을 골자로 하는 미래 국방 혁신 방안을 발표했다. 그리고 현 정부에서 발표한 '국방개혁 4.0'에는 ① AI, 무인, 로봇 등 첨단기술 기반의 핵심 첨단 전력 확보 및 운용, ② 국방 R&D, 전력 증강 체계, 국방과학 기술, 군사 전략 및 작전 개념, 군 구조·운영 등 국방 전 분야의 재설계 및 개조, ③ 경쟁 우위의 AI 과학기술 강군 육성 등 계획이 포함돼 있다.

• 국방개혁 강화 방안

미국은 이미 14년 전에 기존 국방 전략을 폐기하고 미래 전쟁 양상에 부합하는 신개념 전략으로 수정한 후, AI 기반 무인·로봇 체계로의 부대 구조 재편 등 첨단 강군 육성에 박차를 가하고 있는데 우리는 이제야 신개념 국방개혁에 눈을 뜨기 시작했다.

우리는 적어도 북한이 1차 핵실험을 감행한 2006년 이후 미국이 '스프트니크 충격'을 계기로 떨쳐 일어난 것처럼 분발해서 미국의 신개념 국방개혁 모델을 따라 전력투구해야 했다. 북한처럼 핵개발로 맞대응을 할 수 없는 처지에서 차선책으로 3축 체계 구축과 첨단 신무기 개발 및 실전 배치를 서둘러 적극적으로 추진하는 등 신개념 국방개혁 추진에 매진해야 하는 것은 너무나도 당연한 처사가 아니었을까.

지난 일은 어쩔 수 없다 치고 이제는 더 이상 미적거리면서 시간을 끌 여유가 없다. 북한이나 중국이 언제까지, 우리가 국방개혁을 완료할 때까지 기다려 줄까? 또 우리가 이제부터 정신을 똑바로 차리고 국방개혁 4.0을 차질 없이 추진한다고 해서 모든 일이 저절로 순조롭게 진행되지는 않는다.

일체유심조(一切唯心造)

각종 첨단무기 개발 또는 구입은 방위사업청(방사청)에서 이뤄진다. 그런데 우리나라 방사청이 또 문제다. 얼마 전까지는 방산비리 사건이 계속 터져 나와 온 나라가 발칵 뒤집혔다. 그런데 그 이후에는 방산비리 여파로 방사청 공직자들의 복지부동 풍조가 만연됐다. 최근까지 방사청의 국방기술 개발 성공률은 99%가 넘는다고 한다. 확실하게 성공할 수 있는 과제만 선정해서 기술 개발을 수행했다는 이야기다.

방사청의 비리 방지에 초점을 둔 방위사업법 규정과 복잡한 절차 때문에 7~10년씩 걸리는 무기획득 시스템, 그리고 실패를 용인하지 않는 풍토야말로 국가 안보를 해치고 우리나라 군사 기술의 세계시장 경쟁력을 저해하는 크나큰 문제가 아닐 수 없다. 개발 기간이 길어지다 보니 갈수록 소요 예산이 늘어나 개발 기간은 더 늘어나게 되고, 애써 개발한 신무기가 구닥다리가 돼버리기도 한다. 신무기 개발 과정의 투명성도 중요하지만 '되도록 빠른 시간 내에 우리의 군사력을 일정 수준 이상으로 증강시켜야 한다'는 목표가 더 중요하다.

북한은 물론 중국도 갖지 못한 최첨단 신무기를 우리가 먼저 개발하기 위해서는 도전적 문제 제기 후 수많은 시행착오 과정을 거쳐야 하는데, 도전적 과제일수록 실패 위험성 또한 크기 마련이다. 따라서 창의적인 아이디어로 열심히 노력한 결과 발생한 실패를 용인하고, 그 실패를 밑거름 삼아 재도전할 수 있도록 길을 열어주는 것이 반드시 필요하다.

앞으로 국방개혁 4.0 추진 과정에서 도출되는 문제점을 바탕으로 미국 등 국방 선진국들의 국방개혁 사례를 참조해 가면서 그 내용을 계속 업그레이드시켜 나가야 할 것이다. 아울러 방위사업법 등 관련 규정에 대한 검토 결과 신무기 개발에 걸리는 기간을 최소화할 수 있도록 획기

적인 개혁이 이뤄져야 한다. 전력화가 시급한 첨단무기의 경우에는 1~3
년 이내 획득이 가능할 수 있도록 '패스트 트랙'을 도입함과 동시에, 복
수의 프로젝트로 동시 개발에 착수하는 방안을 강구해야 한다.

전쟁 패러다임이 바뀌고 있는 이 순간이 우리가 새로운 각오로 국방
개혁 4.0을 제대로 확실하게 추진하는 첫걸음을 내딛는 절호의 찬스라
고 생각해 분발하지 않으면 안 될 것이다.

• 우크라이나 전쟁의 교훈

2022년 2월에 시작된 우크라이나 전쟁에서 양국의 국력이나 군사력
차이를 감안할 때 러시아가 한 달 이내에 우크라이나 수도 키이우를 점
령할 것으로 예상했다. 그러나 우크라이나의 선방으로 전쟁은 승자가
가려지지 않은 채 1년 이상을 끌어오고 있다. 무엇보다 결정적인 이유
는 각종 미국산 첨단무기들이 우크라이나에서 결정적인 방패 역할을 해
주고 있다는 점이다. 미국제 미사일 재블린(Javelin)은 러시아 탱크부대가
키이우에 발을 들여놓지 못하게 만들었다.

반면에 세계 2위 군사대국이라는 러시아는 정보기술(IT)이 형편없는
수준이어서 작전 및 미사일 대응 능력이 떨어졌다. 러시아군의 각종 전
략무기에 사용된 반도체 칩도 가전제품에 사용되는 저 사양 제품인 것
으로 밝혀지는 등 첨단기술 수준이 생각보다 많이 떨어졌다. 현대전에
서는 병력이나 무기 등의 양적 규모보다 첨단군사기술 수준이 승패를
좌우한다는 교훈을 다시 한번 일깨워준 사례가 아닐 수 없다. 우크라이
나 전쟁은 디지털 시대의 도래로 인해 전쟁 패러다임이 바뀌는 상황을
잘 보여주는 전쟁이라고 할 수 있다. 이번 우크라이나 전쟁을 통해 드론

일체유심조(一切唯心造)

또한 현대전의 양상을 바꿔놓을 정도로 중요성이 입증되었는데, 러시아는 이란제 자폭 드론으로 우크라이나를 공격하고, 우크라이나는 튀르키예 산 무인기로 싸운다고 한다. 기술 강국이면서 안보 취약국인 우리나라가 이란과 튀르키예보다 첨단무기를 만드는 기술 수준에서 한참이나 뒤쳐져 있다는 사실이 믿기지 않을 정도이다. 우리나라 방산 수출 품목도 대부분 탱크, 자주포, 전투기 등 일반무기들뿐이고 드론(무인기)같은 첨단무기 수출 실적은 전무한 실정이라고 한다.

최근 들어 미국, 영국·일본·이탈리아(공동개발), 프랑스·독일·스페인(공동개발), 러시아, 중국은 6세대 전투기 개발 경쟁에 들어갔다. 스텔스 전투기는 5세대이고, 우리나라는 아직 4.5세대인 KF-21 보라매를 개발하고 있는 중이다. 이 사실 하나만 봐도 지금 우리가 얼마나 분발해야 할 시점인지 짐작이 간다.

우리는 이번 우크라이나 전쟁을 교훈 삼아 현대전의 승패를 좌우하는 첨단 신무기 개발에 더욱 박차를 가해야 한다. 아울러 우리의 전략·전술 개념을 끊임없이 재검토하여 최적 수준으로 보완하고, 군 지휘구조 및 편제 또한 계속 업그레이드시켜 나가야 한다. 또한, 인공지능(AI), 가상현실(VR), 증강현실(AR) 등 최첨단기술을 총동원한 전쟁 시뮬레이션 프로그램을 이용해 실전 상황 못지않은 전쟁 연습을 정기적으로 실시해야 한다.

그런데 우리가 우크라이나 전쟁을 교훈삼아 사이버 안보 태세를 강화하고 신무기 개발 및 실전 배치를 서둘러야 하는 것은 당연하지만, 남북 간 전쟁이 우크라이나 전쟁처럼 지지부진하게 전개될 것이라고 생각하는 것은 금물이다. 남북 간의 전쟁은 속전속결로 진행될 가능성이 크고 북한의 김정은 정권은 승기를 잡기 위해 핵무기나 생화학무기를 사용하는 것도 주저하지 않을 것이다. 따라서 우리는 북한 핵공격에 대한 대비태세와 사이버 등 비대칭 전력 강화 그리고 첨단 신무기 개발 및 실전배치 등 통합 방위태세를 구축하는 일에 한 치의 소홀함이 없도록 해야 한다. 여기서 그다음으로 부딪히는 것은 예산 문제가 될 것이다.

• 군 전력 증강 위한 국방 예산을 충분히 확보해야

지금보다 우리의 군사력을 대폭 증강하는 것이 절실하게 필요하다는 것은 두말할 나위가 없는 일이지만 문제는 돈이다. 그래서 1차적으로는 우리 경제를 지속적으로 발전시켜 자산의 일부를 군사력 증강에 투입하는 것이 가장 합리적인 방법이다. 그렇지만 우리가 지금부터 본격적으로 제2의 경제개발을 역동적으로 추진한다 해도 그 성과가 언제부터 나타날지 알 수 없다. 그렇다고 우리 국민들의 생존이 달린 안보 문제를 소홀히 다룰 수는 없다. 따라서 비교적 큰돈이 들어가면서 장기 국방개혁 과제에 속하는 대형 프로젝트는 경제개발의 성과가 나타날 때까지 미루더라도 지금 당장 추진하지 않으면 국가 안보에 지장을 초래할 수 있는 사항에 대하여는 예산 확보를 위한 노력을 아끼지 말아야 한다.

우리는 평상시에 자신을 다른 사람들과 비교하면서 갖가지 불평과 불만을 쏟아내다가도 어느 날 갑자기 자신이나 가족 또는 가까운 사람이 죽을병에 걸렸다가 요행히 생명을 건졌을 경우, "돈이 뭐 그리 대단하냐"며 "그저 건강하기만 하면 된다"라고 말하곤 한다. 마찬가지로 한반도에서 전쟁이 일어났을 경우를 생각해 보자. 나와 가족의 생명만 보

일체유심조(一切唯心造)

존할 수 있다면 돈도 지위도 모든 것을 다 버릴 수 있다고 생각할 것이다. 그렇지만 막상 전쟁이 일어났을 경우 그런 생각을 해봤자 아무 소용이 없다. 언젠가 한반도에서 일어날 수 있는 전쟁에 대비해야 하는 지금 그런 생각을 하면서, 국가 안보를 위해 국민 개개인의 희생을 어느 정도 감수할 수 있어야 한다. 그래도 국가 안보 태세 강화를 위해 지금 우리 국민들이 치러야 할 희생은 실제로 이 땅에서 전쟁이 일어났을 경우 겪게 될 엄청난 참화와 희생에 비하면 백만분의 일에 불과할 것이다.

한국의 2023년 국방비 예산은 57조 원이다. 우리나라 국방비 지출 규모는 세계 10위로서 우리가 처한 특수 안보 환경을 고려할 때 결코 충분하다고 볼 수 없는 수준이다. 그나마 국방비 예산의 70%에 해당하는 40조 원은 55만 명에 달하는 장병의 의식주 및 개인장비 유지비용, 각종 교육·훈련과 부대 운영 및 유지비용 등이 포함된 전력 운영비로 쓰인다. 정부는 2022년 12월 28일, 2023~27년 국방 예산으로 331조 4,000억 원을 투입하는 내용의 국방중기계획을 발표했는데, 전체 국방 예산 중 방위력 개선 예산은 107조 4,000억 원이다. 5년 동안 전체 국방 예산은 매년 6.5%씩, 그중 방위력 개선 예산은 매년 10.5%씩 늘어난다. 그런데 우리의 절박한 안보 상황과 그동안 국방개혁이 지지부진했던 점 그리고 중·일 등 주변 강대국들의 군비 확장 추세 등을 감안할 때 최소한 방위력 개선 예산만큼은 매년 20%가 넘는 수준으로 늘어나야 한다. 일본은 2023년도 방위비 전체 예산이 전년 대비 26.4%나 늘어났다.

지금과 같은 안보 위기 상황에서 국방 예산을 책정하는 일은 지난 반세기 동안 이뤄낸 국부(國富)와 오천만 국민의 생사가 달린 문제이다. 전쟁으로 국토의 상당 부분이 잿더미로 변하고 수백만 국민들의 목숨을 앗아간다면 지금까지 피땀 흘려 이룩한 경제 발전의 성과가 다 무슨 소용이 있겠는가. 그렇다고 북한처럼 국민들을 기아 상태로 몰아넣으면서까지 국력을 온통 전쟁 준비에 쏟아붓자는 것도 아니고 국방 예산 중 방위력 개선 예산만이라도 매년 20% 이상씩 늘리자는 것인데 이마저 안 된다고 반대할 수는 없는 일이다. 정부는 불요불급 예산 등 구조조정을 통해 필요한 예산을 반드시 마련해야 한다.

따라서 지금 우리에게 필요한 국방비 예산 편성 원칙은 가용 예산 범위 내에서 전력 증강 예산을 편성하는 것이 아니라, 국가 안보를 위해 꼭 필요한 전력 증강 예산을 먼저 편성한 후 동 예산을 확보해야 한다는 것이다. 이는 정치권과 정부 그리고 국민들이 언제 우리에게 닥쳐올지 알 수 없는 안보 위기에 대비해서 어떤 희생이라도 감수할 수 있다는 의지를 통해서만 이뤄질 수 있는 문제이다.

▌국가정보원 기능 강화

예나 지금이나 국가 안보를 유지하는 데 절대적으로 필요한 것은 적국은 물론 자국 안보에 영향을 미치는 나라 또는 집단에 대한 방첩(防諜) 및 정보수집 능력이므로 국가 안보의 파수꾼으로서 국가정보원(국정원)의 역할이 대단히 중요하다. 그런데 지난 김대중·노무현 정부 10년 동안 대북 포용정책을 추진하는 과정에서 국정원의 대공 및 정보수집 기능 약화를 가져왔다. 그 후 지금까지 국정원은 대공 및 정보수집 등 본연의 업무 수행 능력을 회복하지 못한 채 국가 안보의 파수꾼 역할을 제대로 수행할 수 없게 됐다. 더욱이 국정원은 2013년과 2014년에 대선

일체유심조(一切唯心造)

댓글 및 간첩 조작사건 등으로 계속해서 국민에게 실망감을 안겨주고, 진보에게 국정원 기능 강화를 반대하는 빌미를 주기까지 했다. 진보는 국정원의 기능이 강화될 경우 옛날처럼 선거 개입이나 민간인 사찰 등 권한을 남용할 소지가 있다는 등의 이유로 국정원의 기능을 최대한 억제한다는 입장을 일관되게 고수하는 것 같다. 심지어 지난 문재인 정부에서는 2020년 12월 13일 국정원법 개정을 통해 국정원의 대공수사권을 폐지(3년간 시행 유예)했다.

최근 국정원에서는 북한 노동당 직속의 대남간첩공작기구인 '문화교류국'과 연계된 간첩 조직으로서 제주 지하조직 '한길회'에 대한 수사를 진행하고 있는데, 2024년부터는 국정원의 대공수사권을 경찰로 완전히 이양해야 한다. 대공 수사는 오랫동안 대북 관련 정보를 축적하면서 정보수집·분석을 전담해 온 국정원이 가장 잘할 수 있다. 국정원은 대공 수사 관련 노하우와 전문 인력 및 해외 첩보망이 잘 갖춰진 국내 유일한 조직이다. 국정원의 대공 수사에 경찰이 협조할 수는 있지만 대공수사권을 완전히 이양하는 것은 말이 되지를 않는다.

언제 어떤 형태로 급변할지 알 수 없는 복합적 안보 위기 상황에서, 지금처럼 국정원이 대공 및 정보수집 능력이 취약한 상태를 계속 유지하면서 대공 수사마저 부실해진다면 국가 안보에 구멍이 뚫릴 수 있다.

미국은 세계 최대 강대국으로서 지구상의 어떤 국가라도 이 나라를 상대로 전면전을 일으킬 수는 없다. 그렇지만 미국은 세계 패권 유지 및 외부 테러집단으로부터 자국민을 보호하기 위해 중앙정보국(CIA), 연방수사국(FBI), 국가안전보장국(NSA), 국방정보국(DIA), 국가정찰처(NRO) 등 수많은 정보기관을 두고 있다. 특히 2001년 9·11테러가 발생한 후 국내 15개 정보기관을 총괄하는 국가정보국(DNI)을 신설하는 등 국가 정보 기능을 대폭 강화했다.

우리나라는 우리에게 없는 핵무기를 보유하고 있을 뿐 아니라 우리보다 월등한 수준의 비대칭 전력을 보유하고 있는 북한과 여전히 대치 상태에 있는 안보 취약국이다. 따라서 미국 못지않게 국가 정보 기능을 강화하는 것이 절대로 필요하다.

북한 지도부 및 북한군 동향, 핵·미사일 개발 및 도발 징후, 북한의 전략·전술 등을 제때 신속하게 수집·분석하는 것이야말로 국가 안위와 오천만 국민의 생존권이 달린 문제이다. 이스라엘 정보기관인 모사드는 1967년에 발생한 3차 중동전쟁(6일 전쟁) 당시 적진 깊숙이 침투하여 적의 동정을 속속들이 들여다보는 정보전에서 탁월한 능력을 발휘함으로써 아랍연합군(9개국)을 상대로 한 어려운 전쟁을 승리로 이끄는 데 결정적으로 기여했다. 모사드는 우방국과 정보공조 네트워크를 구축하고 이란 핵개발 시설의 보안 취약점을 찾아내어 사이버 공격을 함으로써 이란의 핵개발을 저지하는데 큰 기여를 하기도 했다.

미국의 경우에는 원칙적으로 국외정보와 국내정보를 CIA(중앙정보국)와 FBI(연방수사국)에서 분담하게 되어 있고, 위 두 기관은 신호정보16 또는 영상정보를 직접 수집할 수 없으며, 신호 또는 영상정보는 별도의 기술정보기관에서 수집한 정보를 이용하도록 되어 있다. 우리도 미국처럼 일반 정보기관에서 감청 등을 통해 직접 신호정보를 수집할 수 없도록 하면서 국내정보수집 지침 등을 엄격하게 적용하도록 한다면, 국정원

---

16 신호정보란 음성·전파 등의 신호를 매개로 하여 수집하는 정보를 의미한다. 쉽게 말해서 특정인의 전화를 감청하거나 난수 또는 암호를 이용한 교신 내용을 수집·해독하여 얻을 수 있는 정보라고 할 수 있다.

이 선거 개입 또는 민간인 사찰 등의 행위를 할 수 있는 길이 차단될 것으로 보인다. 이렇게 해서 국정원이 선거 개입이나 민간인 사찰 등의 행위를 할 수 없도록 엄격한 통제 및 감시 장치를 확실하게 구축한 후, 여야 정치권이 합의를 이루어 국정원의 대공 및 정보수집 기능 강화 등을 골자로 하는 개혁을 서둘러야 한다. 국정원의 대공수사권도 도로 찾아와야 하는 것은 물론이다. 이 또한 '국가 담론의 장'을 통해 국민 여론을 바탕으로 진보를 설득하거나 압박하는 수단이 필요할 것으로 보인다.

한편, 대통령 직속으로 국내 모든 정보기관이 수집한 정보를 체계적으로 종합·분석하는 기구를 둠으로써, 북한의 각종 도발에 신속하면서도 효율적으로 대응할 수 있는 방안을 강구하는 것이 필요하다. 지금 우리에게 국가 안보를 튼튼히 함으로써 오천만 국민의 생명과 재산을 지켜주는 일만큼 더 중요한 일이 또 있을까?

한편, 국정원에는 국내 기업체와 연구소 등이 보유하고 있는 첨단기술과 기밀 정보를 해외로 빼돌리는 산업스파이를 색출하는 임무도 주어져 있다. 지금 우리나라 메모리 반도체 기술이 세계 1위를 달리고 있는데, 중국 등 경쟁국들이 삼성의 반도체 기술을 빼가기 위해 모든 수단을 강구하리라는 것은 불을 보듯 뻔한 일이다. 그러므로 삼성의 초격차 반도체 기술을 비롯하여 우리가 세계적으로 앞서 있는 각종 첨단기술을 지키는 것은 경제 안보 차원에서 너무나도 중요한 일이다.

그런데 우리나라 형법 제98조 제1항에 '적국을 위하여 간첩하거나 적국의 간첩을 방조한 자는 사형, 무기 또는 7년 이상의 징역에 처한다.'라고 되어 있고, 같은 법 제102조에도 '대한민국에 적대하는 외국 또는 외국인의 단체는 적국으로 간주한다.'라고 되어 있다. 따라서 '적국 또는 대한민국에 적대하는 나라'로 분류할 수 없는 중국 같은 나라를 위해 스파이 활동을 한 자를 처벌할 수 있는 근거가 없다고 한다. 중국은 간첩죄 적용 대상을 '외국 기구 또는 조직'으로만 명시하고 있고, 미국·프랑스·독일의 경우에도 '외국 정부 또는 타국'으로 명시하고 있는 것과 대비된다.

물론 '산업기술의 유출방지 및 보호에 관한 법률(산업기술보호법)'에도 산업 기술 유출 사범에 대한 벌칙 규정이 있지만 국가 안보에까지 영향을 미칠 수 있는 핵심 첨단기술을 빼돌리는 행위에 대하여는 '간첩죄'를 적용하는 등 특단의 기술 보호 조치가 필요하다.

국가정보원에 따르면 2018~2022년 적발된 산업기술 해외 유출 사건이 93건으로 피해 추산액은 약 25조 원에 달한다. 산업기술 유출 93건 중 반도체 관련 기술이 24건(25.8%), 디스플레이 관련 기술이 20건(21.5%)이다. 우리 기술을 중국으로 빼돌릴 경우 수억 원대 연봉과 생활지원금까지 보장받는 대신, 설령 운 나쁘게 발각이 된다 해도 '산업기술보호법'의 적용을 받아 최고 10년 내외의 징역형만 받게 되므로 물질적 유혹에 빠져 핵심 기술을 해외로 빼돌리는 범법자들이 줄을 잇게 되는 것이다. 국가 핵심 기술 유출 행위 등에 대하여는 형법 제98조 제1항의 적용을 받아 최고 사형까지 가능하도록 법 개정이 필요한 이유다.

특히 삼성전자 반도체 공장의 복사판 공장을 중국에 지으려던 전 삼성전자 임원의 행위는 우리의 반도체 기술이 심각한 도전을 받고 있는 상황에서 정신을 바짝 차리게 해주는 사건이 아닐 수 없다. 그는 2018~2019년간에 삼성전자의 반도체 공장 BED(Basic Engineering

Data),[17]공정 배치도, 설계도면 등을 빼돌려 중국에 삼성전자와 똑같은 복사판 공장을 지으려다가, 다행히 투자 불발로 실제 공장이 건설되지는 않았다. 만약에 그가 계획한 대로 중국에 복사판 공장이 지어졌다면 국내와 유사한 품질의 반도체 제품이 대량 생산돼 국내 반도체 산업에 회복 불가능한 손해가 발생했을 것이라고 한다.

형법 제98조를 개정할 경우 북한은 국가가 아니므로 북한을 위한 간첩 행위를 처벌할 수 없을 것이라는 반론도 있으나, 북한도 국가에 준해 간첩죄 적용 대상으로 포함시키면 될 것으로 보인다. 갈수록 반도체 등 첨단기술을 둘러싼 국가 간 기술 패권 전쟁이 치열하게 전개되는 마당에 우리의 소중한 자산이 해외로 빠져나가는 일이 없도록 관련 법 개정을 서둘러야 한다.

예비군 및 민방위 태세 강화

• 갈수록 병력 자원 감소, 예비군 전력도 강화해야

우리의 상비군 병력은 2022년 기준 약 55만 명으로 북한(128만 명)의 절반이 안 되는 수준이다. 그나마 가파른 저출산·고령화 현상으로 갈수록 병력 자원이 줄어들어 현재의 병력 수준도 유지하기 어려운 실정이다. 따라서 미래 불확실한 우리 안보 환경에 대한 대비책으로 예비군 전력 또한 강화해야 한다.

---

17 반도체 제조가 이뤄지는 공간에 불순물이 존재하지 않는 최적의 환경을 만들기 위한 기술.

이스라엘은 인구 917만 명에 현역이 17만 6,500명, 예비군이 46만 5,000명으로 전체 병력의 72%가 예비군인데, 지금까지 각종 전쟁에서 예비군이 주력으로 싸웠다고 한다. 이스라엘 예비군은 1년에 30일간 훈련을 받아야 하며, 현역처럼 승진도 하고 각종 지원과 수당도 제공된다.

우리나라 예비군은 수적으로는 275만 명이나 되지만 전쟁 발발 시 곧바로 전방에 투입돼야 하는 동원예비군의 경우에도, 오래전에 사용하던 구식 무기를 가지고 연간 3일 정도의 짧은 기간 동안 실효성이 낮은 훈련만을 실시하고 있어 유사시 제대로 된 전투력을 발휘하기 어려운 실정이다.

우리나라에서도 최소한 동원예비군의 경우에는 미국과 이스라엘처럼 현역과 똑같은 첨단무기를 지급하고 연간 30일 이상 실효성 있는 훈련을 함으로써 유사시 현역 못지않은 전투력을 발휘할 수 있도록 해야 한다. 일반 예비군의 경우에도 소수 정예화해서 유사시 필요한 임무를 수행할 수 있도록 실효성 있는 훈련을 지속적으로 실시해야 한다.

• 부실한 민방위 태세 강화

만약에 한반도에서 핵전쟁이든 재래식 전쟁이든 전쟁이 일어날 경우 허술하기 짝이 없는 민방위 태세도 걱정이 아닐 수 없다. 막상 전쟁이 나면 대부분의 행정 지원체계 및 치안, 전기·통신·수도 등 공급체계, 상거래 등이 거의 마비될 것인데, 이런 가운데 가족 단위의 대피 및 전시 생활을 비교적 안전하게 영위하는 일이 무척 어려워질 것이 틀림없다.

더욱이 남·북 간의 전쟁은 선전포고 없이 기습적으로 일어날 가능성이 커 갑자기 닥치게 되는 전시 혼란은 상상을 초월할 것이다. 비록 가

일체유심조(一切唯心造)

능성이 희박하다고 믿고 싶지만 그렇다고 남·북 간에 전쟁이 일어나지 않을 것이라고 자신 있게 말할 수 있는 사람은 한 사람도 없을 것이다. 그런데 우리 국민 가운데 막상 전쟁이 일어났을 경우 뭘 어떻게 해야 할지 제대로 숙지하고 있는 사람이 과연 얼마나 될까? 유사시 북한 공습이나 핵공격으로부터 국민의 생명을 지켜줄 지하철역과 아파트·빌딩 지하 주차장 같은 전국 1만 7,000여 곳의 대피시설도 '방폭 문'이나 공기정화 장치 등이 없어 핵 피폭 시 방호 설치 기준에 미달한다. 그나마 유사시 전 국민이 이용하기에는 대피시설 자체가 턱없이 부족한 실정이다.

북한은 한반도 유사시 핵무기를 사용하기에 앞서 생화학무기를 사용할 가능성이 높다고 한다. 북한은 화학무기금지조약(CWC)에 가입하지 않았기 때문에 이를 사용하더라도 국제적 비난을 피할 수 있고, 미국으로부터 보복 공격을 받지 않을 수 있다고 생각해서다. 언제 우리가 갑자기 북한으로부터 생화학무기 공격을 받을지 모르는데 지금 우리 가정에 방독면을 보유하고 있는 집이 얼마나 있을까? 이대로 가만히 있다가 그때가서 방독면을 구입해 착용하는 것이 가능할까? 북한으로서도 우리 국민들이 방독면을 전혀 준비해 놓지 않은 사실을 안다면 생화학무기 공격에 대한 유인이 더 높아질 것은 당연하다.

우리는 현재 민방위기본법 제25조 제1항의 규정에 따라 매월 15일을 민방위의 날로 정하여 민방위 훈련을 실시할 수 있다고 되어 있다. 그런데 현정부에서 6년만에 처음으로 민방위훈련을 실시하였으나 6년 전과 크게 달라진 점은 볼 수 없었다. 훈련 내용이 미흡하고 형식적이었으며 국민들의 관심과 참여의식도 매우 낮은 수준이었던 것 같다. 국민 대다수는 유사시 비상 대피 장소로 지하철이나 건물 지하 주차장 정도가 있는 것으로 막연히 생각할 뿐 구체적인 행동 요령에 대하여는 알려고도 하지 않는다.

이 땅에 두 번 다시 끔찍한 전쟁의 참화가 발생해서는 안 되겠지만, 그래도 전쟁에 대비한 민방위 태세를 강화해야 하는 이유가 두 가지 있다. 그 하나는 전쟁의 참화가 너무 끔찍하므로 전쟁이 일어날 확률이 100만 분의 1에 불과할지라도 이에 대한 대비태세를 소홀히 할 수 없기 때문이다. 또 하나는 국가 방위태세는 물론 전시 국민행동요령 등 민방위 태세 또한 강화하는 것이 북한 지도부의 오판에 의한 남침 도발을 방지하는 최선의 방법이기 때문이다. 저들이 남침 도발을 할 경우 우리 국민들이 우왕좌왕하면서 혼란에 직면할 가능성이 크다고 생각될 때 북한 지도부의 남침 유혹은 커질 수밖에 없다.

우리는 지금부터라도 우리의 민방위 태세 미비점을 서둘러 최대한으로 보강함으로써, 전시 오천만 우리 국민의 생명과 안전을 확실하게 지켜줄 수 있도록 해야 한다. 그동안 유명무실해진 민방위 훈련을 제대로 실시하되 실전 상황 못지않게 구체적으로 기획하여 실효성 있게 실시하고, 훈련에 응하지 않거나 소극적으로 대처하는 사람은 처벌할 수 있게 벌칙 규정을 대폭 강화해야 한다. 유사시 국민들의 소중한 생명을 지켜주기 위한 훈련이므로 벌칙 규정 또한 엄혹하게 적용하는 것은 당연하다.

만약에 인구 밀집 지역인 서울이 북한으로부터 핵공격을 받게 될 경우 한꺼번에 300만 명의 인명피해가 발생할 수 있다고 한다. 북한의 전술핵 배치가 눈앞에 다가온 마당에 이제는 북한으로부터 핵공격을 받게 될 경우에도 모든 국민이 안전 지역으로 대피하여 피해를 입지 않도

일체유심조(一切唯心造)

록 비상대비태세에 만전을 기하여야 한다. 즉, 전국 1만 7,000여 곳의 대피시설을 핵 피폭 시 방호 설치 기준에 맞도록 만들어 놓아야 하고, 유사시 전 국민이 대피하기에 부족함이 없을 만큼 대피시설 증설 등 필요한 대책을 지금부터 연차적으로 수립해 충실히 실행해나가야 한다. 스위스는 전쟁 위험이 없는 영세중립국임에도 유사시 전 국민을 수용할 수 있는 대피시설을 완벽하게 갖춰놓고 있다고 한다. 아울러 평상시 민방위 훈련을 통해 국민 개개인이 지정된 대피 장소로 신속하게 이동하여 전시 국민 대피 매뉴얼대로 행동하는 요령을 완전히 숙지하도록 해야 한다.

유사시 북한의 생화학무기 공격 등에 대비해 집집마다 가족 수만큼 방독면을 반드시 보유하게 하고 사용법 또한 반복해서 숙달 훈련을 실시해야 한다. 아울러 방독면 등 각종 민방위 장비를 개량하고 보완하는 데에도 지속적인 노력을 아끼지 말아야 할 것이다. 우리가 국가 방위 및 민방위 태세를 가장 확실하게 갖추고 있을 때 북의 도발 위험은 제로에 가까운 수준으로 낮아지게 될 것이다.

격동하는 동아시아에서 살아남는 길

• 세계 4대 강국의 각축장

지금 동아시아에서는 세계 최강국인 미국과 1인 장기집권 체제를 갖추고 이 지역 패권을 노리는 중국이 각각 한반도에 한 발을 올려놓은 상태에서 서서히 양자대결 구도를 만들어가고 있다. 게다가 점점 군사대국화의 길을 재촉하는 일본과 기존 군사대국인 러시아까지 끼어들면, 상대적으로 이들보다 약소국인 한국의 안보 상황은 우리 스스로 통제하기 어려운 상황으로 빠져들 수밖에 없다.

무엇보다 가장 최악의 시나리오는 동아시아에서 미·중 간 전쟁이 발발한 가운데 북한이 도발해 오는 경우이다. 청·일 전쟁과 러·일 전쟁 당시 한반도는 저들 세 강대국의 싸움터가 되었고, 결국에는 최종 승자인 일본에게 나라를 빼앗겼다. 앞으로 언젠가 미·중 전쟁이 벌어진다면 우리는 그때보다 훨씬 더 위험한 상황에 빠져들어 갈 수밖에 없다. 미·중 양국은 자기들끼리 싸우느라 정신이 없고 핵으로 무장한 북한과 일대일로 싸워야 하는 상황이 전개될 수도 있는 것이다. 또는 한반도에서 미국, 중국, 일본, 러시아가 뒤엉킨 난전(亂戰)이 벌어질 수도 있다. 그 어느 쪽이든 현재 우리가 보유하고 있는 군사력으로는 감당하기 어려운 국면이 될 것이며, 우리에게 또다시 19세기 말에 겪었던 것과 같은 불행한 역사가 되풀이될 수 있다.

미래 우리나라 운명은 우리 마음먹기에 달린 것 같다. 지금부터라도 위에서 말한 여러 위기 요소들을 확실하게 인식하고 이를 극복할 방안으로써 부국강병책을 마련해 추진하느냐, 그냥 이대로 민생 문제만 생각하면서 맘 편히 살아가느냐에 따라 미래 우리 운명이 극과 극으로 갈릴 수도 있다. 내가 지금 하는 말들이 조선 시대 서인들처럼 '괜한 위기의식을 만들어 국민들을 불안하게 하는' 것으로 비쳐질 수도 있지만, 그 당시 조선처럼 준비를 소홀히 했다가 끔찍한 참화를 입을 수도 있다는 점을 명심하지 않으면 안 될 것이다.

일체유심조(一切唯心造)

군사전문가들에 의하면 중국이 2049년까지 군사력에서 미국을 추월하는 것을 목표로 군사력 증강을 가속함으로써 2035년경에 서태평양 지역에서 미·중 양국의 해군력이 역전될 수도 있다고 한다. 지금 중국이 그나마 우리나라를 함부로 대하지 못하는 이유는 자국보다 군사력이 월등한 미국이 뒤에서 버텨주고 있기 때문인데, 서태평양에서 중국의 해군력이 미국을 추월하게 된다면 중국은 우리나라를 한참 더 내려다보게 될 것이다.

일본 또한 북한 핵개발과 중국의 군사력 증강에 위기의식을 갖고 2027년까지 방위비를 2배 늘리기로 하는 등 군사력을 계속 키워나갈 것으로 보인다. 이에 따라 한국은 앞으로 거대한 두 군사 강국 사이에 끼어 옴짝달싹 못 하는 처지가 될 수도 있다. 우리가 앞으로 방위력 개선 예산을 매년 20%씩 늘리는 것만으로는 부족할 수도 있다는 말이다. 앞으로 우리 안보에 위협이 될 나라는 북한 다음으로 중국이 있고 일본 또한 우리 안보에 큰 영향을 미칠 수 있는 나라이기 때문이다. 따라서 우리는 핵무기를 제외한 군사력에서 북한을 압도적으로 능가해야 함은 물론 중국·일본과의 군사력 격차를 최대한 줄여나가지 않으면 안 된다.

또 우리가 만일의 경우에 대비하여 군사력을 키웠는데 아무 일도 일어나지 않는다고 해서 큰일이 난다거나, 우리가 큰 손해를 보는 것도 아니지 않은가. 앞으로 동아시아에서 미·중, 중·일, 양안(중국과 대만) 또는 남북 간 전쟁이 일어나지 않는다고 할지라도, 지역 패권을 노려 계속 군사력을 키워온 강대국들이 힘으로 주변 국가들을 제압하고자 하는 행태는 사라지지 않을 것이다. 이러한 가운데 우리나라가 주변 강대국들에게 경제력이나 군사력에서 크게 밀리게 될 경우 매사에 기를 못 펴고,

심한 경우 특정 강대국의 속국으로 전락할 수도 있다. 우리 주도의 통일 과업을 제대로 수행할 수 없음은 물론이다.

중국의 시진핑 주석은 "싸움에 능해야만 전쟁을 막을 수 있고, 전쟁 태세를 갖추어야만 싸움이 일어나지 않는다"라고 말했다. 우리는 앞으로 남북 간 전쟁은 물론 동아시아에서 어떤 유형의 전쟁이 발발할 경우에도 버텨낼 수 있을 정도의 군사력을 확보한다는 목표를 세우고 목표 달성을 위해 매진해야 한다. 그렇게 하면 할수록 우리가 각종 전쟁에 휘말려 피해를 입게 될 가능성은 점점 줄어들게 될 것이다.

• 중국 위협

예나 지금이나 중국은 우리나라 국가 안보에 크나큰 영향을 미칠 수 있는 나라이다. 미국이 우리가 국가 안보를 유지하는 데 가장 큰 도움을 주는 나라라면 중국은 북한 다음으로 우리의 국가 안보를 가장 크게 위협할 수 있는 나라이다.

지금 중국 인민해방군은 무서운 속도로 첨단 무인 장비 보급률을 늘려가고 있다. 막대한 군사비를 투입하여 첨단 무인 장비를 생산함과 동시에 현역에서 퇴역한 구형 장비들을 간단한 개조를 통해 무인 장비로 개조함으로써 어마어마한 양의 무인 장비를 보유하게 될 것이라고 한다. 언젠가 한반도와 동아시아에서 미·중, 남·북 또는 한·중 간 충돌이 발생할 때 중국이 70여 년 전 6·25전쟁 때 사용했던 인해전술 대신 기해전술(機海戰術)을 펼치게 될 수도 있다는 것이다.

중국은 2025년까지 오키나와-타이완-남중국해를 연결하는 제1 도련선(島鏈線)의 서쪽 해상을 자국 통제하에 두겠다는 의지를 나타내고

일체유심조(一切唯心造)

있다. 물론 중국 전략의 직접적인 목표는 더 이상 미국의 동아시아 패권을 용인하지 않겠다는 것이지만, 우리로서는 동남아, 인도, 아프리카, 중동, 유럽 등지로의 수출입 항로가 중국의 통제하에 들어간다는 의미로 받아들일 수 있는 것이다. 만약에 우리가 미·중·일 간 각축을 벌이는 동아시아에서 중국 쪽에 서지 않을 경우 우리의 수출입 경로가 험난해질 수도 있다는 얘기다. 중국은 핵을 탑재한 중거리미사일을 이용해 한국과 일본에게 생명줄이나 다름없는 해상수송로(이어도~필리핀)를 2025년까지 장악한다는 목표를 세우고 있다.

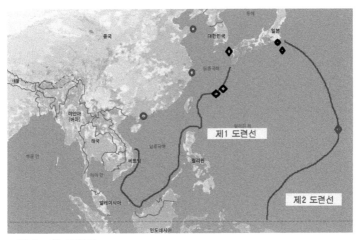

그림 3 제1 도련선

더욱이 중국은 일대일로 전략의 일환으로 이미 운영권을 확보한 파키스탄의 과다르항을 개발해 길이 3,000km의 중국-파키스탄 경제회랑(CPEC)과 연결함으로써, 우리가 인도, 아프리카, 중동, 유럽 지역 국가들과 교역을 하기 위해 반드시 거쳐야 하는 말라카 해협을 거치지 않고

위 지역들과 교역을 할 수 있는 길이 열리게 된다. 만약에 앞으로 서태평양에서 미·중 간에 주도권 쟁탈전이 벌어질 경우 중국은 미국의 방해를 받지 않고 우리나라의 말라카 해협 통과를 저지할 수 있게 되는 것이다. 다시 말해서 앞으로 한·중 간에는 지난번 사드 사태보다 우리에게 더 큰 위협이 되는 수많은 갈등 요인들이 잠재해 있는 셈이다.

사실 앞으로 한·중 간 사드 사태보다 훨씬 더 큰 갈등을 야기할 수 있는 문제가 발생할 수 있다. 미국이 주한미군 주둔지에서 극초음속무기인 다크 이글(Dark Eagle) 미사일을 발사해 베이징을 5분 내에 타격할 수 있는 제1다영역태스크포스 장거리 사격대대(MDTF)의 한국 배치를 추진할 가능성이 있어서다. 중국 베이징이 다크 이글 미사일 공격을 받게 될 경우 중국 당국이 손을 쓸 새도 없이 최고 지도자가 제거되는 상황이 전개될 수도 있기 때문에, MDTF의 한국 배치가 추진될 경우 중국으로서는 사드 사태 때와는 비교할 수 없을 정도로 강경하게 나올 것이다. 그렇다고 해서 우리가 미국의 MDTF 배치 계획에 대하여 반대 입장을 표명할 경우 가까스로 회복 단계에 들어선 한·미 관계는 다시 소원해지고 중국은 한국을 한참 더 내려다보는 악순환의 고리에 빠져들 것이다. 우리는 또다시 지난번 사드 사태 때와 같이 미숙한 대응을 되풀이해서는 안 된다.

지금부터 미국이 한국에 MDTF 배치를 추진할 경우에 대비한 우리의 대응 전략을 주도면밀하게 수립하고 지혜롭게 대처해 나가야 한다. 우선 그동안 진행되어 온 중국의 각종 도발 행위에 대하여 우리의 입장을 분명하게 표명할 필요가 있다. 즉, 중국이 산둥반도 등 한국과 가까운 곳에 한국을 겨냥한 대규모 전진 군사기지를 건설하고 단거리 탄

일체유심조(一切唯心造)

도미사일 수백 기를 배치하는 행위, 중국 군용기의 한국방공식별구역(KADIZ) 침범행위, 우리 영해에서 중국 어선들의 불법 조업 행위 등에 대하여 그때그때 당당하게 항의하는 태도를 보여줄 필요가 있다.

중국은 원래 강자에게 약하고 약자에게 강한 습성이 있다. 베트남이나 말레이시아는 중국 어선이 자국 영해를 침범할 경우 발포도 불사하며 나포한 선박을 불을 질러 격침시키는 등 강경하게 대처하기 때문에, 중국 어선들도 베트남이나 말레이시아 수역에서는 불법 조업을 자제하는 행동을 보인다고 한다.

미국이 미·중 패권 전쟁 과정에서 한국에 MDTF 배치를 추진하는 데 대하여 당사자인 미국에 직접 대항하는 대신 한국을 상대로 문제를 제기할 경우, 그 문제는 미·중 간 협상을 통해 풀어나가야 할 문제라고 분명한 입장을 표명해야 한다.

보다 확실한 대안은 우리 스스로 MDTF를 창설하는 것이다. 미국이 MDTF를 만든 이유는 중·러의 하이브리드 전쟁[18]과 반접근·지역거부(A2/AD) 전략에 대응하기 위해서다. 앞으로 동아시아에서 각종 분쟁이 발생할 경우 우리 안보를 보다 확실하게 지키기 위해서는 우리 스스로 북·중·러의 공조체제에 대응할 수 있는 실력을 갖추는 것 또한 필요하다. 이스라엘도 전방위 안보 위협에 신속 대응하기 위해 MDTF(98 유령 부대)를 만들었다.

---

18 군사적 수단과 전자전·사이버 공격 등 비군사적 수단이 결합된 형태의 전쟁.

• 북·중·러 공조 위협

중국은 산둥반도 등 한국과 가까운 곳에 한국을 겨냥한 대규모 전진 군사기지를 건설하고 단거리 탄도미사일 수백 기를 배치하는 등 유사시를 대비하고 있다. 북한 또한 중국과 국경을 접하고 있는 자강도 성간·전천·룡림 일대와 평안북도 신의주·철산 일대에 대규모 미사일 기지를 건설했다.

한편, 예상과 달리 우크라이나 전쟁이 1년 이상 끌게 되면서 무기와 탄약이 바닥난 러시아가 중국에 손을 벌리게 됨으로써 앞으로 점점 러시아가 중국에 밀착하는 상황이 전개될 것으로 보인다. 바야흐로 동아시아에서 한·미·일과 북·중·러의 대립 구도가 서서히 윤곽을 드러내고 있는 것이다.

최근 들어 러시아는 최신형 잠수함인 벨고로드(RFS Belgorod)와 하바롭스크(RFS Khabarovsk)의 태평양함대 배치를 추진하고 있다. 벨고로드와 하바롭스크는 '인류 종말의 무기'로 불리는 핵 추진 수중 드론인 '포세이돈(Poseidon)'을 탑재하기 위해 개발된 특수 임무 잠수함이다. 차세대 신무기인 포세이돈은 복합센서와 자율항법장치를 이용해 일반적인 잠수함이나 어뢰가 접근할 수 없는 깊은 바닷속을 스스로 항해하며 무제한의 사정거리를 가지고 있다. 이 수중드론은 목표 근처까지 스스로 항해한 뒤 해안에서 폭발해 500m가 넘는 초대형 해일을 만들어 냄으로써 어지간한 주(州) 하나 정도를 초토화할 수 있는 능력을 갖췄다고 한다. 러시아가 벨고로드와 하바롭스크를 동해에 배치할 경우 한국의 안보에도 심각한 영향을 미칠 수밖에 없다. 세계 2위의 군사대국이면서

일체유심조(一切唯心造)

도 그 역량을 제대로 발휘하지 못하고 있는 러시아가 중국과 손을 잡을 경우 그 시너지 효과는 우리가 생각하는 것보다 훨씬 클 수 있다.

이처럼 미래 한국의 안보는 북한의 핵위협에 대처하는 것만으로는 불충분하며 갈수록 첨단화되어가는 중국과 러시아의 막강한 군사력에 대하여도 만반의 대비태세를 갖추지 않으면 안 된다. 우리가 한·미·일 공조체제 내에서 입지를 강화하기 위해서라도 우리 스스로 중국과 러시아에 맞설만한 군사력을 점차적으로 키워나가지 않으면 안 된다.

경제 위기 해법

여러 가지 경제 지표에 나타나는 한국 경제의 모습은 매우 양호해 보인다. 그러나 그 속을 들여다보면 깊은 골병이 들어 통상적인 경기 부양책으로 회복이 불가능한 상태다. 마치 신체 건장하고 만능 스포츠맨인 젊은이가 중병에 걸려 있는 것과 같다. 다행히도 금방 죽을병은 아니고 적시에 수술과 약물치료 등 치료에 만전을 기한다면 자신의 재능을 살려 올림픽 금메달을 딸 수도 있을 것이지만, 차일피일 치료를 미루고 섭생을 소홀히 할 경우에는, 뒤늦게 병을 치유한다고 해도 원래의 체력을 회복하지 못한 채 평범한 삶을 누릴 수밖에 없다.

국제통화기금(IMF)은 주요 30개국 대상 2023년 세계 경제성장률을 3.0%로 전망한 반면, 한국 경제성장률은 1.4%로 전망했다. 경제협력개발기구(OECD)는 2023년 한국 경제를 전망하면서 "성장 동력을 잃었다"고 표현했다. OECD는 한국의 1인당 잠재 GDP 성장률이 2000~2007년에 연간 3.8%, 2007~2020년 2.8%로 계속 떨어져 왔으며, 2020~2030년 1.9%, 2030~2060년 0.8% 등으로 계속 떨어질 것으로 전망했다.

일체유심조(一切唯心造)

한국은행에 따르면 우리나라의 2023년 상반기 대중국 수출이 전년 대비 26%나 줄어든 것은 중국 자체의 수요 감소 등 경기적 요인에 기인(65%)하기도 하지만, 한국 제조업 경쟁력 저하에도 기인(35%) 한다. 유엔 산업개발기구(UNIDO)의 2021년 국가별 제조업 경쟁력 지수 순위를 보면, 중국은 2010년 6위에서 2021년 2위로 급상승한 데 비해 한국은 그때나 지금이나 계속 4위에 머물러 있는 실정이다.

경제 전문가들은 우리나라 경제가 침체된 근본 원인이 국내외 경기변동 추세에 따라 달라질 수 있는 순환적 현상이 아니라 각종 구조적 문제점과 기업하기 어려운 환경으로 인해 발생되는 필연적 현상이라고 한다. 우리나라에서 가파르게 진행되는 저출산·고령화, 과도한 규제, 강성노조와 경직된 노동시장, 눈덩이처럼 불어나는 복지 예산 등 각종 구조적 문제점과 기업하기 어려운 환경 때문에 우리 경제는 특단의 개혁 조치가 없는 한 깊은 침체의 늪 속으로 빠져들어 갈 수밖에 없는 구조이다. 그동안에 우리 경제가 그런대로 잘 굴러간 것은 반도체 등 일부 업종의 특수 효과에 기인한 것이라고 봐야 한다.

2023년 4월 2일 공개된 국제통화기금(IMF)의 208개 회원국 수출입 현황 조사 결과에 따르면 우리나라의 2022년(1~11월) 무역수지는 425억 4,200만 달러 적자로 회원국 중 198위를 기록했다. 2021년 18위(293억 700만 달러 흑자)에서 180계단 추락했으며 북한(85위)보다도 훨씬 낮다. 2년(2020~2021) 연속 세계 10위를 유지해오던 GDP 순위도 2022년 13위로 내려앉았다. 이는 우리나라 최대 수출 품목인 반도체 수출 격감이 크게 작용한 결과로서 우리 경제의 반도체 의존도가 그만큼 높다는 것을 의미한다.

　최근 들어 우리 경제의 버팀목인 반도체 경기의 극심한 침체로 삼성전자의 2022년 4분기 영업이익이 전년 동기 대비 69%나 줄어드는 등 경제위기의 심각성을 더해주고 있다. 미국, 대만, 일본 등이 반도체 패권을 유지 또는 탈환하기 위해 정치권과 정부가 혼연일체(渾然一體)가 되어 총력을 기울이고 있는데도, 우리나라는 그렇지 못해 더욱 걱정이 아닐 수 없다. 삼성으로서도 메모리 반도체 초격차 기술 유지, 미국이나 대만에 비해 한참 뒤처져 있는 팹리스(칩설계)와 파운드리(반도체 위탁생산) 같은 시스템 반도체 분야 따라잡기 등 난제가 산적해 있어 앞길이 녹록지 않은 데 말이다.

　최근 몇 년 동안 우리 경제는 코로나19 팬데믹에 가려 그 실상을 제대로 보기 어려웠으나 지금 코로나19 봉쇄 조치가 완화된 시점에서 미·중 패권 전쟁과 지난 문재인 정부 5년간의 역주행 및 코로나 여파 등으로 과거보다 훨씬 더 심하게 악화된 현실을 보여주고 있는 것 같다.

　이제부터 우리 경제에 닥친 위기 상황을 똑바로 인식하고, 우리 경제의 양 극단적인 요소들 가운데 장점은 살리고 단점은 보완·개선하는 등 현 위기를 대역전의 기회로 삼아 제2의 고속성장 신화를 반드시 달성하도록 해야 한다.

　　　　　　　　　　　　　　　　　일체유심조(一切唯心造)

첨단산업 육성 및 기술 혁신

• 반도체 굴기

월드컵이 8강전으로 좁혀질 때쯤이면 전 세계의 이목이 온통 "과연 어느 나라 축구팀이 세계 월드컵 4강을 거쳐 우승을 차지하게 될까?"에 쏠린다. 월드컵 8강이나 4강에 오른 당사국들은 말할 것도 없다. 바로 우리나라에서도 2002년 6월 22일 전후 수일 동안 이를 직접 체험했다.

바로 지금 벌어지고 있는 '세계 반도체 전쟁'도 월드컵 못지않게 지구촌을 뜨겁게 달구고 있다. 세계 반도체 패권을 놓고 치열한 전투를 벌이고 있는 당사국들인 한국과 미국, 대만은 말할 것도 없고, 막강한 발전 추동력과 광활한 내수시장을 무기로 뒤늦게 반도체 패권에 도전하는 중국, 1980년대 반도체 패권 회복을 노리는 일본 등 당사국들이 벌이는 사투와 응원전은 역사상 유례가 없을 정도이다. 우리 대한민국도 이미 4강전을 거쳐 우승 후보까지 노리는 경쟁자임에 틀림없는 것 같은 데 2002년 월드컵 때와는 완연히 다른 모습이다. 지나치게 조용하고 차분한 모습이다.

월드컵 4강에 오르고 한 걸음 더 나아가 우승 또는 준우승 국가가 됐을 때 누릴 수 있는 자긍심과 국위 상승효과는 대단한 것이다. 그렇지만 그게 다다. 시간이 갈수록 자연스럽게 자긍심과 관심도 점점 줄어들 수밖에 없다. 이에 비하여 우리나라가 메모리와 비메모리 분야에서 세계 1·2위 반도체 강국으로 자리매김하게 될 경우 우리에게 돌아오는 혜택은 한둘이 아니다. 국위 상승은 말할 것도 없고, 막대한 경제성장 기여

효과, 관련 산업 동반 성장, 일자리 증가, 미·중 패권 경쟁 속 한국 입지 강화 등 헤아릴 수 없이 많다. 게다가 그 성과는 지속 가능하고 눈덩이처럼 계속 불어나기까지 한다. 한국 반도체 신화는 결코 삼성전자와 SK 하이닉스만의 일이 아니다. 정치권과 정부, 기업체 그리고 전 국민이 지대한 관심을 기울이고 '반도체 패권'을 지키기 위해 힘을 모아야 한다. 2002 월드컵 8강전 때처럼.

"나는 국가 정책을 만들거나 집행하는 사람도 아니고 기업을 운영하는 사람도 아닌데 무슨 일을 할 수 있겠나?"라고 생각할 수 있겠지만 절대 그렇지 않다. 예를 들어 지금 우리 축구팀이 월드컵 8강에 올라 며칠 뒤 8강전을 치러야 하는데 지금 선수들이 제대로 먹지 못해 체력이 약해져서 그날 경기를 제대로 치를 수 있을지 걱정이라고 한다면 "나는 선수들을 관리할 위치에 있지 않아서 아무 일도 할 수 없다"라고 말할 수 있을까? 만약 이런 상황이 벌어진다면 우리 국민들은 똘똘 뭉쳐서 "선수들을 제대로 먹이지 않고 뭘 하느냐"고 호통을 칠 것이고 정부와 체육 당국은 선수 후생에 관심을 기울이지 않을 수 없을 것이다.

반도체 전쟁에서도 마찬가지다. 2018년도까지만 해도 세계 1위였던 우리나라 반도체 기업의 효율성이 2022년에 4위로 추락했다. 다행히 아직까지는 4강을 유지하고 있지만 이대로 가면 우승은커녕 8강 밖으로 밀려날 수도 있다.

미국의 대중국 반도체 제재에 대한 반작용으로 중국의 반도체 자립에 가속도가 붙고 있다. 중국은 반도체 굴기를 위해 정부와 민간이 손잡고 대대적인 투자에 나서고 있으며 3,000억 위안(약 55조 원) 규모의 반도체산업활성화 기금을 조성할 계획이라고 한다. 만약에 우리의 반도체

일체유심조(一切唯心造)

기술이 중국에 따라잡히는 순간 우리나라 경제가 치명적인 상처를 입게 될 것은 명약관화(明若觀火)하다.

일본의 반도체 기업 효율성(75%)이 한국(65%)을 앞서가는 것도 심상치 않은 징조다. 일본은 1980년대까지 세계 반도체 패권국이었지만 세계 경제 패권에 도전하는 데 대한 미국의 견제로 말미암아 일본의 반도체 산업은 사양길을 걷기 시작했고, 지금은 후발국인 한국에 한참 뒤처져 있는 실정이다. 그러나 일본이 세계 3위의 경제력을 무기로 반도체 패권을 되찾기 위해 심혈을 기울이는 데다가 반도체 기업 효율성까지 우리를 앞서간다는 것은 보통 심각한 일이 아니다.

지금 반도체 산업 관련 미국과 한국의 관계가 1990년대 초 미국과 일본 관계처럼 되지 않는다고 장담할 수도 없는 일이다. 미국이 자국 반도체 산업 굴기를 위한 반도체지원법(칩스법)을 시행하면서 삼성전자의 반도체 관련 정보 요청, 초과이익 환수, 중국에서의 반도체 시설 투자 제한 등을 요구하는 것이 1980년대 일본 반도체 산업 규제 당시 상황과 비슷해서다. 미국이 표면상으로는 중국 반도체 산업이 미국을 따라올 수 없도록 견제하는 데 올인하는 것처럼 보이지만, 내심으로는 한국 반도체 산업 또한 미국을 따라오지 못하도록 견제하고자 하는 의도가 있을 수 있다. 우리는 일단 그와 같은 가능성도 열어두고 우리나라 메모리 반도체에 대한 초기술격차 유지는 물론, 비메모리 반도체 기술 개발에도 박차를 가해야 한다.

우리에게 극일(克日)은 우리 마음속 깊은 곳에 응어리진 민족의 한(恨)을 푸는 일이고, 동아시아에서 우리의 입지를 강화하는 길이기도 하다. 우리는 이미 가전제품, 스마트폰, 배터리 등 산업 분야에서 일본을 추월한 지 오래고, 4차 산업혁명 시대 필수재인 메모리 반도체 분야에서 일본을 멀찌감치 따돌리는 등 이미 극일을 향해 힘찬 발걸음을 내딛고 있는 중이다. 하지만 지금 일본은 그 옛날 1980년대의 반도체 패권을 되찾기 위해 국력을 온통 쏟아붓고 있다. 특히 일본은 우리에게 취약한 분야인 비메모리 반도체 분야 기술 개발에 승부수를 던지고 있는 것 같다. 어쩌면 이번 반도체 전쟁에서 우리가 일본을 확실하게 앞서가느냐 다시 일본에게 뒤처지느냐에 따라 극일의 성공 여부에 큰 영향을 미칠 것 같은 생각이 든다.

우리나라 반도체 기업들이 미국과 대만을 뛰어넘고 중국과 일본을 멀찌감치 따돌리면서 메모리와 비메모리 분야 모두 우승을 향해 돌진할 수 있도록 정치권, 정부, 기업체 그리고 전 국민이 나서서 힘차게 지원하고 응원하지 않으면 안 된다. 정치권과 정부에서 한순간 마음을 돌려 국내 반도체 대기업들에 힘을 모아주기만 하면 그보다 몇 배 아니 몇십 배의 이익이 틀림없이 돌아오는 일이기도 하다.

• 포스트 반도체 키우기

2021년 삼성그룹의 매출액이 417조 9,235억 원으로 한국 GDP의 20% 수준에 이르렀다. 삼성과 반도체가 우리 경제에 커다란 버팀목이 되어 대내외적으로 힘든 시기에 이만큼 버틸 수 있게 해주고, 대한민국의 위상까지 크게 높여준 것은 매우 고맙고 다행스러운 일이다. 그렇지만 우리가 터를 잡아 살고 있는 이곳 한반도는 땅기운이 엄청나게 드센 곳이어서 지금처럼 국력을 현상유지 수준으로 이어가서는 지속 가능하기 어렵고, 부국강병 정책을 통해 국력을 최대한으로 키워나가야만 동아시아

일체유심조(一切唯心造)

에서 제대로 대접받고 사는 글로벌 중추국이 될 수 있다. 따라서 삼성의 세계시장 경쟁력을 계속 키워나가는 것은 물론 삼성 같은 글로벌 대기업이 몇 곳 더 나와야 하고 한층 업그레이드된 차세대 반도체 또는 반도체 이외의 최첨단 신기술을 계속 개발해 내는 등으로 우리 국력을 계속 키워나가야 한다. 중국은 미국의 제재로 뒤처진 반도체 기술을 단시일 내 만회하기 힘들 것으로 보고, 기존 반도체보다 성능과 속도 등이 뛰어난 차세대 반도체 기술 개발에 이미 뛰어들었다고 한다. 일단 착수했다 하면 끝장을 보고야 마는 중국이다. 일본 대표기업 8곳이 모여 만든 반도체 회사 '라피더스'가도 최근 미국 IBM과 유럽 최대 반도체 연구소와 손잡고 차세대 반도체 공동 개발에 착수했다.

SK·LG·현대 등 글로벌 대기업과 그들이 만들어내는 전자제품, 배터리, 선박, 자동차들도 세계 선두를 달리는 우리의 보배들이다. 이들 또한 세계시장에서 최상의 경쟁력을 유감없이 발휘할 수 있도록 최대한의 지원과 응원을 아끼지 말아야 한다.

우리 경제의 문제점 가운데 하나는 반도체, 전자, 배터리, 조선, 자동차 등 특정 품목에 대한 수출의존도가 너무 높다는 것이다. 산학협력과 국가 연구·개발(R&D) 혁신을 통해 세계시장에서 두각을 나타내는 품목 수를 크게 늘려야 한다.

아울러 아직은 두각을 나타내지 못하고 있으나 투철한 기업가 정신과 기술혁신 역량 그리고 무한한 성장 잠재력을 지닌 유망 벤처 기업을 엄선해서 미래 글로벌 대기업으로 키워나가야 한다. 그러자면 우리나라에서 창의적인 아이디어와 신기술을 보유한 유망 스타트업 다수가 유니콘 기업을 거쳐 신생 글로벌 대기업으로 도약할 수 있는 혁신적 기업 환경을 만들어줘야 한다.

아무쪼록 우리나라가 세계 선두를 달리는 분야에서는 세계 1등 지위를 탈환 또는 유지하고, 나머지 부진 분야에서는 선두 그룹으로 도약할 수 있도록 기술 혁신 노력을 아끼지 말아야 한다. 보스턴 컨설팅 그룹(BCG)이 발표한 2023년 세계 50대 혁신 기업에 미국 25개, 중국 8개, 독일 5개, 일본은 3개가 포함된데 비해 한국은 삼성전자(7위) 단 한 곳뿐이다. 특히 정부에서는 기술 혁신과 기업 활동에 걸림돌이 되는 각종 규제를 철폐 또는 완화해줘야 한다.

• 핵심 원천기술력을 기술 선진국 수준으로 끌어올려야

이정동 교수를 비롯한 서울대학교 공대 교수 26명은 2015년에 발간된 『축적의 시간』을 통해 지금껏 한국 산업의 발전 모델이 선진국이 제시한 개념설계[19]를 기초로 빠르게 모방·개량하면서 생산하는 모방적 실행 전략에 의존해 왔지만, 이제는 그와 같은 성장모델이 한계에 도달했다고 진단한다[20]

우리나라는 주요 선진국들처럼 오랜 기간 정상적인 절차를 밟아 경제성장과 기술 발전을 이룩한 것이 아니라, 선진국들의 앞선 기술을 신속하게 받아들여 응용 제품을 만들어 파는 등 패스트 팔로어(Fast

---

19 설계란 누군가의 머릿속에 들어있는 아이디어를 실현 가능한 형태로 나타내는 것을 의미하는데, 개념설계란 설계 과정에서 첫 단계로 이루어지는 최초 행위로서 그 후에는 기본설계→상세설계의 순서로 진행된다. 다시 말해서 이는 자신이 직접 개발한 원천기술을 이용하여 새로운 제품을 만들거나 대형 공사 또는 플랜트 건설 등을 수행하기 위해 작성하는 최초 설계를 말한다.

20 서울대학교 공과대학, 『축적의 시간』, 지식노마드, 2015, 43쪽.

follower) 전략을 통해 급속한 성장을 이룩하였다. 그런데 중국 등 신흥 개발국이 같은 전략으로 무섭게 추격해 와 얼마 안 있어 우리나라를 추월할 것이 확실한 마당에 더 이상 지금까지와 같은 방식으로 우리 경제의 성장 기조를 유지하기는 어렵게 됐다. 이제는 과거 성장모델이었던 추격형 성장 전략에서 완전히 벗어나 퍼스트 무버(First Mover) 전략으로의 대전환이 이뤄져야 한다. 다시 말해 미국 등 기술 선진국들이 그래왔던 것처럼 '최초의 질문', 즉 '도전적 문제 제기'와 무수한 시행착오의 과정을 거쳐 '독창적 개념설계' 기반의 원천기술을 창조해 내는 혁신 생태계를 구축해야 한다.

우리는 국제사회의 인정을 받아 이제 막 선진국의 문턱을 넘어섰지만 아직도 반도체 등 일부 산업 분야를 제외하고는 핵심 원천기술 수준이 기술 선진국들에 한참 못 미치는 실정이다. 하루속히 우리의 핵심 원천기술력을 주요 선진국 수준으로 끌어올려 놓겠다는 목표를 세우고 이를 실현하기 위해 총력을 기울이지 않으면 안 된다.

우리는 6·25전쟁의 폐허 속에서 절망과 빈곤을 딛고 일어선 지 반세기만에 세계 10~13위의 경제대국으로 도약할 만큼 무서운 저력을 지닌 국민이다. 그리고 지금 우리나라는 경제개발 착수 당시인 1960년대보다는 제반 사정이 훨씬 양호하다. 적어도 1960년대 이후 20여 년간 우리 정부와 국내 기업들이 보여준 기술 개발 의지와 실천력만 발휘한다면 우리가 추구하는 목표를 달성하고도 남을 것이다. 이제 우리는 1960~70년대에 그랬던 것처럼 강인한 도전 정신과 기술 개발 의지를 되살려 기술 선진국들에게 뒤처져 있는 핵심 원천기술력을 끌어올리는 데 온 힘을 기울여야 한다.

이 시대 기술 혁신의 전도사인 서울대학교 이정동 교수는 '앞선 이의 발자국이 보이지 않는 설원(雪原), 즉 화이트 스페이스에 첫 발자국을 찍어내듯이 우리 산업계에서 최초의 질문이 많이 쏟아져 나와야 한다'고 강조한다.[21] 당분간 우리 사회에서 '최초의 질문'이라는 멋진 화두가 유행어처럼 널리 퍼져나갔으면 한다. 미·중 기술 패권 전쟁 와중에 우리와 미국, 중국, 일본, 유럽 등 기술 강국들 간에 벌어지고 있는 반도체 등 첨단기술 전쟁에서 살아남기 위해서는 우리 모두 이 멋진 화두를 입버릇처럼 되뇌면서 이 땅에 기술 혁신의 열풍을 불러일으켜야 한다.

• 효율적인 연구·개발(R&D) 시스템 구축

2021년 기준 한국의 GDP 대비 연구·개발(R&D) 투자 비율은 4.96%로 이스라엘에 이어 세계 2위지만, R&D 생산성은 미국의 30% 수준에 불과하다고 한다. R&D 투자 금액도 절대액으로 보면 일본의 절반, 중국의 5분의 1 수준에 불과하다. 장기적인 관점에서 우리의 기술력을 주요 경쟁국 수준으로 끌어올리기 위해서는 GDP 대비 R&D 투자 비율이 아니라 R&D 투자 금액 자체를 경쟁국에 근접하는 수준으로 끌어올리고, R&D 생산성 또한 이들 수준으로 끌어올리지 않으면 안 된다. 기술 그 자체는 GDP 수준과는 별로 상관이 없기 때문이다. 다만, 한 가지 신기술이 개발될 경우 그 나라 경제력 수준에 비례해서 당해 기술의 파급 효과가 커질 뿐이다.

그런데 문제는 지금 우리나라는 일본의 절반, 중국의 5분의 1수준에

---

21 이정동, 『최초의 질문』, 민음사, 2022, 42쪽

일체유심조(一切唯心造)

불과한 R&D 투자 금액마저도 그다지 효율적으로 쓰이지 못해 기술 혁신 성과와 속도가 미국·중국 등 경쟁국에 비해 한참 저조한 실정이다. 중국은 R&D 실적이 뛰어난 기업에 우선 지원하는 시스템을 운영하는 반면에 우리는 R&D 실적에 관계없이 골고루 나눠주기식으로 운영하기 때문이다.

국내에서 일부 글로벌 대기업 및 기술 혁신적인 기업을 제외한 나머지 기업들과 정부 R&D 투자는 국가 기술력 향상에 큰 도움이 안 되는 단순 연구 위주 또는 저(低) 기술 산업 관련 R&D 비중이 높은 실정이라고 한다. 우리나라에서 디지털 산업 분야의 기술 혁신이 반쪽 성공을 거둘 수밖에 없는 이유도 삼성 등 R&D투자 금액 및 투자 효율성이 높은 일부 대기업은 기술 혁신에 성공을 거두었지만, 나머지 대부분의 기업들은 그렇지 못하기 때문이다. 정부 부문의 경우 R&D 예산 지원을 받아 취득한 특허의 70% 정도는 생산적으로 쓰이지 못해 사장(死藏)되고 있다고 한다. 우리가 경쟁국들보다 훨씬 적은 R&D 금액을 투자하면서 투자 효율성마저 저조하다면 기술 격차는 점점 더 벌어질 수밖에 없다.

우리나라 R&D 사업의 취약점은 민·관 R&D 사업 주체인 정부와 대학 그리고 기업들이 가지고 있는 고정 관념과 고유의 약점들로 인해 각자의 기능을 충분히 발휘하지 못하거나 상호 원활한 협력 관계를 유지하지 못하는 데 있다. 즉, 정부는 지시·통제에만 익숙하여 연구·개발의 큰 흐름을 파악하는 데 미흡하고, 대학은 R&D 정책에 대한 영향력과 사명감이 부족하며, 기업은 당장 필요한 기술 개발에 집착하여 중·장기 연구·개발 과제에 대한 관심이 적다. 따라서 정부, 대학, 기업 간의 긴밀한 R&D 사업 공조체제를 통해 각자가 지니고 있는 약점을 극복하고 국가 R&D 사업의 시너지 효과를 높이는 것이 필요하다. 그리고 이를 위해 정부와 민간 부문 R&D 사업을 총괄하는 '빅데이터 시스템'을 구축하고 상호 교류와 협력을 강화해야 한다. 이와 같이 정부와 민간 부문을 아울러 국가 R&D 사업 총괄 시스템을 구축하고 민·관 협조 체제를 강화한다면 정부 예산을 보다 효율적으로 사용하면서 국가 R&D 생산성도 크게 향상시킬 수 있게 될 것이다.

한편, 정부는 정부와 민간 부문 각각의 R&D 과제별 기술 개발 및 상용화 실적 평가 시스템을 구축하고, 실적 평가 및 분석 결과를 실적 부진 과제에 대한 구조조정 등 R&D 정책에 반영함으로써 민·관 R&D 생산성을 다 함께 끌어올릴 방안을 마련해야 한다. 특히 민간 부문 R&D 성공 사례를 정부 부문이 따라 하도록 함으로써 상대적으로 저조한 정부 부문 R&D 생산성을 끌어올릴 필요가 있다.

정부 예산으로 수행하는 R&D 사업의 최대 약점은 연구·개발 결과가 실패로 끝나지 않도록 처음부터 성공 가능성이 높은 과제에 지나치게 집중하는 것이다. 그 결과 정부 R&D 사업의 과제별 성공률은 평균 90%나 되지만, R&D 결과물이 상용화되어 국내 기업들의 글로벌 경쟁력 향상으로 이어지는 경우는 매우 드문 실정이다.

이처럼 정부 R&D 사업이 기술 혁신으로 이어지지 못하는 현상을 해소하기 위해서는 R&D 사업 성공률에 대한 개념을 새롭게 정의하는 것이 필요할 것으로 보인다. 응용연구[22] 과제의 경우 단순히 특정 R&D 과제를 차질 없이 수행하였는지 여부가 아닌, R&D 결과물의 상용화 여

---

22 기초연구는 응용연구의 기초가 되는 기본 원리에 대한 연구를, 응용연구는 상업적·기술적인 활용을 목적으로 하는 연구를 말한다.

일체유심조(一切唯心造)

부를 기준으로 성공률을 측정하는 것이다. 1~2단계는 기초연구, 3~4는 실험, 5~6은 시작품, 7~8은 실용화, 마지막 9는 사업화 단계로 구분되는 기술성숙도(TRL)를 엄격하게 구분해서 R&D 사업 성공률을 정의해야 한다는 말이다. 그 대신 특정 R&D 과제 수행에 실패한 경우에도 연구자가 창의적인 사고를 가지고 열심히 노력한 것으로 인정되는 경우에는, 이후 과제의 성공적 수행을 위한 경험 축적과 새로운 접근 방법 개발 등 가치 측면에서 과제 성공자에 못지않은 평가를 내릴 수도 있어야 한다.

국가 R&D 사업 총괄본부에서는 고난도 또는 실패할 위험이 큰 과제들을 포함해서, 국가 안보와 첨단 신기술 개발 및 기업 경쟁력 향상을 위해 꼭 필요한 중장기 연구·개발 과제들을 총망라하여 이를 유형별로 분류하고 우선순위를 정해 놓아야 한다. 그리고 각 유형별로 출연기관, 대학연구소, 기업연구소 등에 배분하는 것이다.

R&D의 산실이라고 할 수 있는 대학 연구실의 창업을 장려하고 활성화하는 것도 R&D 투자 효율성을 높일 수 있는 방안이 될 수 있다. 해당 분야 권위 있는 전문가인 대학교수가 직접 창업에 뛰어들 경우 시장화에 성공할 확률이 매우 높기 때문이다. R&D 결과 생성된 기술이 민간기업에 바로 이전되는 것보다는 개발자가 직접 창업해 상용화까지 이끌어 가는 게 성공률이 더 높다는 얘기다.

우리나라에서도 최근 들어 교수 창업이 증가하는 추세라고는 하지만, 미국은 물론 중국의 주요 대학들에 비해서도 형편없는 수준이다. 우리나라 대학들은 학술지에 발표되는 논문 연구에만 지나치게 치중한 나머지, 과학적 연구의 성과물이 상업화 과정을 거쳐 경제적 부가가치 생성으로 이어지지 못하고 있다.

우리나라는 아직도 교수 창업을 '연구에 전념하지 않고 돈벌이에 나서는' 것으로 인식해 내부 시선이 곱지 않고, 승진이나 고과 평가에 '창업' 실적을 반영하지 않는 등 제도적 요인으로 인해 교수 창업이 활성화되지 못한 것이다. 따라서 대학교수의 승진 및 고과 평가 시 창업을 했느냐 여부, 비즈니스 성공 여부 등을 반영하고, 겸직 허용 및 일정 기간 휴직도 가능하도록 제도개선을 통해 교수 창업을 활성화시키는 것이 필요하다.

교수 창업이 활성화될 경우 제자인 대학원생들이 창업기업의 일원이 되고, 나머지 학생들도 졸업 후 창업을 준비하거나 결심하는 데 동기부여가 됨으로써 자연히 졸업생 창업도 늘어나게 된다. 피터 코핸(Peter Cohan) 뱁슨 칼리지 교수는 자신의 저서에서 "교수들이 창업에 나서야 학생들이 이를 보고 창업을 할 가능성이 높아진다"라고 말했다.

미국 매사추세츠공과대학(MIT)에서는 2015년 기준 3만 명이 창업해 연 매출 2조 달러를 달성했으며 일자리 460만 개를 창출했다. 2019년 6월 한국무역협회 발표에 따르면 2018년에 중국은 대학졸업생의 8%인 63만 7천 명이 창업을 선택한 반면, 우리나라 대학졸업생은 0.8%인 4,740명만이 창업을 선택했다.

• 인공지능(AI) 개발

4차 산업혁명의 핵심 기술인 AI는 모든 산업 분야와 군사 분야에 미치는 영향이 막대하고 갈수록 커지고 있다. 따라서 우리나라가 현 안보와 경제 위기를 벗어나 세계 주요 강대국으로 도약하기 위해 자체 AI 기

일체유심조(一切唯心造)

술을 미국 등 AI 선진국 수준으로 키워야 하는 것은 필수다.

정보통신기획평가원에 따르면, 2021년 기준 미국 대비 AI 기술 격차는 중국(0.8년), 유럽(1년), 한국(1.3년) 순이다. 특히 2016년 2.3년이던 미·중 격차가 5년 만에 0.8년으로 줄어드는 등 중국의 성장이 괄목할 수준이다. 영국 데이터 분석 미디어 '토터스 인텔리전스'의 2022년 글로벌 AI 지수 조사에 따르면 한국은 미국, 중국, 영국, 캐나다, 이스라엘, 싱가포르에 이어 7위 수준이다. 지난해(2021년) 앞섰던 이스라엘(5위)과 싱가포르(6위)에 추월당하면서 순위가 두 계단 내려갔다. 특히 한국은 AI 인재(28위), 데이터 관련 규제 등을 포함하는 운영 환경(32위) 부문에서 낮은 점수를 받았다.

위 조사 결과에 나타난 것처럼 우리나라에서 AI 기술 수준을 높이기 위해 가장 시급하게 해결해야 할 과제는 우수한 AI 인재 확보와 데이터 생성 및 운영 능력 향상이다.

우리나라 모든 산업 분야에서 기술 혁신이 활발하게 일어나기 위해서는 국내에 AI 인력이 넘쳐나 주요 산업 구석구석에 흘러 들어가야 하는데, 우리나라에서는 AI 개발을 위한 인력이 턱없이 부족하고 갈수록 심화될 것이라고 한다. 따라서 국내 대학의 컴퓨터공학과 정원을 획기적으로 늘리고 무크(MOOC) 같은 대규모 온라인 공개강좌(실험·실습 등 대면수업 병행)를 통해 AI 인재를 필요한 만큼 충분히 길러낼 수 있는 교육시스템을 구축해야 한다.[23] 미국 스탠포드대는 지난 15년간 컴퓨터 전공 입학 정원이 430%나 늘었는 데 비해, 우리나라에서는 같은 기간 서울대

---

23   제3부 '교육 개혁 중 고등교육 개선' 참조

컴퓨터공학과 정원이 45%(55명→80명) 증가에 그쳤다. 아울러 해외 AI 인재 유치를 위해 국내에서 좋은 조건으로 일할 수 있도록 파격적인 대우를 해주는 것은 물론, 비자·이민 정책 또한 획기적으로 개선해야 한다.

한편, AI 개발 경쟁이 모델 경쟁에서 데이터 경쟁으로 변환되어가는 추세에서 국내 기업들의 '데이터 파워' 확보를 위해 정부와 기업 모두 노력을 아끼지 말아야 할 것이다. 챗GPT로 수억 명의 사용자를 확보한 오픈 AI는 값비싼 명령어 학습 데이터를 실시간으로 끌어모으고 있다. 이런 서비스 플랫폼이 없는 기업들은 갈수록 데이터 얻기가 어려워진다.

우리나라 AI 기술을 AI 선진국 수준으로 끌어올리기 위해서는 대기업과 스타트업 간 교류 활성화를 촉진하는 것 또한 반드시 필요하다. 해외 빅테크 기업들은 우리나라를 비롯한 세계 각국의 유망 AI 스타트업에 대한 투자를 활발하게 이어가는 데 비해 국내 대기업의 스타트업 투자 및 인수 사례는 보기 드문 실정이다. 국내 대기업들은 기업 내 AI 인력들을 중심으로 '우리가 다 할 수 있다'는 자만심에 빠져 대기업과 스타트업 간 융합·협력을 위한 노력이 소홀해지는 것 같다. 해외 빅테크 기업들이 국내외 유망 스타트업을 통해 내부 AI 경쟁력을 단숨에 끌어올리는 것과 대비된다.

천문학적인 투자를 통해 이미 AI 강자로 올라선 국가와 기업들은 '사다리 걷어차기'식 규제를 거론하면서 후발국가들의 기술 굴기를 견제하고자 한다. 이럴 때일수록 우리는 오히려 AI 선진국들을 뛰어넘겠다는 목표를 세우고 첨단 AI 기술 개발에 매진해야 할 것이다. 한국에 강점이 있는 K-콘텐츠, 제조업, 교육, 의료 등 산업 분야에 AI 기술을 접목해 산업별로 특화된 AI 기술을 만들어 끊임없이 세계시장에 내놓아야 한다.

• 우주개발 가속

바야흐로 우주 시대가 활짝 열리고 있다. 세계 주요 강대국들의 경쟁 무대가 좁은 지구를 벗어나 광활한 우주를 향해 성큼성큼 다가가고 있는 중이다. 앞으로 도래할 우주시대는 인류에게 여러 가지 새로운 의미를 부여할 것 같다.

안보 분야에서는 우주 공간이 군 정찰위성의 감시 활동, 유·무인 우주선 간 전투 등 미래 전장의 핵심 영역이 될 수 있고, 경제 분야에서는 다양한 광물 자원의 취득원이 될 수 있다. 미 국방부에 따르면 중국과 러시아가 미국 위성을 타격할 수 있는 첨단 레이저 무기를 개발 중이라고 한다. 또 달에는 전 세계인이 최소 1만 년 동안 사용할 수 있는 양의 희토류 등 다양한 광물과 차세대 연료로 평가받는 '헬륨-3'이 매장돼 있다고 한다. 또 중국은 우주 기반 태양열 발전 프로그램도 추진하고 있다. 지구 정지궤도에 거대한 위성을 설치함으로써 희석되지 않은 태양 광선을 포착하고 태양 에너지를 전파로 변환한 다음, 이를 지구에 설치된 공장으로 보내고 그 공장에서 전기로 변환시키는 것이다. 또 장기적으로는 언젠가 도래할 수 있는 지구 대재난 발생 시 인류가 이주해 살 수 있는 공간을 확보한다는 점에서도 의미를 부여할 수 있을 것 같다.

우리나라가 2021년 10월 21일 누리호 2차 발사에 성공함으로써 세계 7대 우주 강국이 되었다고 하지만, 현재 우리나라 우주개발 수준은 미국, 러시아, 중국 등 우주 강국들에 비해 초라하기 짝이 없는 수준이다.

언젠가 본격적인 우주 시대가 열리기 전에 우리의 우주개발 수준을 세계 3~4위 정도로 올려놓아야 하고, 무엇보다 미국 등 우주 강국들과의 격차를 줄여나가야 한다. 저들과의 격차가 너무 벌어져 있으면 본격적인 우주 시대가 도래할 때 우리가 끼어들 공간이 처음부터 제한될 것이기 때문이다.

우리는 무게 3t 이상의 통신위성을 고도 3만6천km 정지궤도에 쏘아 올릴 수 있는 국산 로켓을 개발하지 못해 외국산 로켓에 의존해야 한다. 하루 속히 고도 3만6천km 정지궤도에 인공위성을 쏘아 올릴 수 있는 국산 로켓을 개발해 모든 인공위성을 우리 힘으로 발사함은 물론 외국 인공위성도 돈을 받고 쏘아 올려주는 수준으로까지 끌어올려야 한다. 아울러 6G 시대 핵심 인프라인 '저궤도 인공위성'도 최대한 많이 쏘아 올림으로써 6G 시대 글로벌 경쟁력을 미리미리 확보해 놓아야 한다. 일론 머스크의 SpaceX 한 회사가 쏘아 올린 저궤도 인공위성만 2,000개라고 한다.

머지않은 장래에 15세기 이후 서구 강대국들을 중심으로 펼쳐졌던 식민지 쟁탈전과 같은 상황이 우주에서 벌어질 때 우리도 당당하게 그 일원으로 참여할 수 있도록 지금부터 세계 우주 강국들과의 격차를 조금씩이라도 좁혀나가야 한다.

규제개혁

영국에서 1865년에 제정된 '적기조례(Red Flag Act)'는 불합리한 규제 정책의 대표적인 사례다. 이 조례는 당시 자동차의 등장으로 폐업 위기에

일체유심조(一切唯心造)

몰린 마차업자들의 청원으로 제정된 것인데, 1대의 자동차를 운전하기 위해 운전수·기관원·기수 등 3명의 기사가 있어야 했다. 기수는 55m 전방에서 낮에는 붉은 깃발, 밤에는 붉은 등을 들고 자동차를 선도해야 했고, 시간당 속도는 시내 2마일(3.2km), 시외 4마일(6.4km)로 제한했다. 이 조례를 제정한 취지는 영국에서 자동차 운행을 금지하는 것과 다름없었다. 이 조례는 30년이 지난 1896년 폐지됐지만, 그 사이 영국 자동차 산업은 경쟁국인 독일과 프랑스에 한 참 뒤처지게 되었고 마부 일자리 또한 결국 사라졌다. 어처구니없는 이야기로 들릴 수도 있지만 지금 우리나라에서 진행되고 있는 상황도 그때와 별반 다르지 않다.

세계 최대의 전자상거래 업체인 아마존은 '세상의 모든 것을 취급하는 점포'로 알려졌지만, 아마존이 한국에 있었다면 세계 최대의 전자상거래 업체로 성장할 수 있었을까? 만약에 아마존이 한국 기업이었다면 거미줄처럼 얽히고설킨 각종 규제로 인해 취급할 수 있는 품목과 원활한 상거래가 제한되고, 드론 배송 등 첨단기술을 이용한 서비스도 제공할 수 없게 될 것이다.

2022년 9월 7일 아산나눔재단에서 내놓은 '2022 스타트업코리아' 보고서에 따르면, 글로벌 100대 유니콘(기업가치 1조 원 이상의 비상장기업) 가운데 12곳은 온갖 규제와 절차에 묶여 한국에서 사업이 아예 불가능하고, 43곳은 제한적으로만 사업을 진행할 수 있는 것으로 나타났다. 국내 유망 스타트업들은 똑같은 기술력을 갖고도 불합리한 각종 규제 때문에 유니콘 기업으로 성장할 기회를 갖지 못하게 되는 것이다.

우리나라에서 지금과 같은 규제 실태가 지속된다면 스타트업의 무덤이 돼서 신생 유니콘과 글로벌 대기업을 거쳐 빅테크 기업으로 성장하는 모습을 좀처럼 볼 수 없게 될 것이다. 미국의 종합 경제지 포춘 (FORTUNE)이 매년 선정하는 글로벌 500대 기업 중 중국은 1997년 3개에서 2022년 136개로 크게 늘어난 데 비해, 우리나라는 같은 기간 14개에서 16개로 제자리걸음 수준인 게 충분히 이해가 간다.

• 역대 정부의 규제개혁 추진

역대 정부 가운데 규제개혁을 가장 성공적으로 추진했던 것은 김대중 정부가 아니었던가 싶다. 김대중 정부는 출범 9개월 만인 1998년 11월 중앙정부 기존 규제 1만1,000여 건 중 48%인 5,300여 건을 없애고, 2,400여 건은 완화 또는 개선하겠다는 의지를 밝히고 그대로 밀어붙였다. 그러나 그 후에도 우리나라에서 규제 환경이 나아졌다는 증거는 어디에서도 찾아볼 수 없다. 칡넝쿨처럼 얽히고설킨 국내 규제 실태 전반에 대한 실태 파악과 화학적·수술적 요법의 강력한 처방이 아니고서는 규제개혁의 성과를 거두는 것이 불가능하다는 것을 보여주는 첫 사례였다.

그 다음 박근혜 정부에서도 대통령이 직접 나서서 규제개혁을 위해 전력투구하는 모습을 보여줬다. 당시에는 '규제정보 포털'에 개혁 대상 규제 목록을 등재한 후 일정 기간 동안의 규제개혁 실적을 공개하기도 했는데, 여기 등록된 규제 건수가 2013년 12월 기준 15,269건에서 2015년 7월 기준 14,688건으로 3.8% 정도 감소한 것으로 발표되었다. 지난 이명박 정부에서는 규제를 '전봇대'에 비유하고, 박근혜 정부에서는 '손톱 밑 가시'에 비유하며 수많은 '규제 전봇대'와 '손톱 밑 가시'를 뽑아냈지만, 그 당시에도 일반 기업인들이 느끼는 규제개혁 체감도는 미미한 것으로 나타났다.

일체유심조(一切唯心造)

그나마 그 후 언제부턴가 규제개혁은 흐지부지되고 정부가 규제 건수를 공시하는 것 자체를 금지하는 것 같았다. 그러다가 문재인 정부 들어서 각종 규제 법안, 특히 타도 대상인 대기업 규제를 봇물처럼 쏟아내기 시작했다. 규제정보포털에 따르면 2017.5.10~2021.11.14 기간 중 국회에서 의원 입법으로 발의된 규제 관련 법안이 총 3,919건으로, 박근혜 정부 시절 발의된 1,313건의 3배에 달한다. 그 중에서도 상법 개정안, 공정거래법 개정안, 금융그룹 감독법, 중대재해처벌법, 노조법 개정안 등 굵직한 기업 규제 법안들이 한꺼번에 통과됨으로써, 미·중 경제 전쟁과 코로나19 팬데믹 등으로 침체에 빠진 국내 기업들에게 어려움을 가중시키고 있다.

이 시점에 국내외 기업 활동을 옥죄는 각종 규제 건수가 얼마나 되는지 알 길이 없지만 아마 2015년 당시보다 질적·양적으로 엄청나게 증가했을 것으로 짐작된다. 현 정부에서도 여느 보수 정부와 마찬가지로 규제개혁에 많은 공을 들이고 있으나 여러 가지 대내외적인 복합 위기로 어려움을 겪고 있는 국내 기업들에게 숨통을 열어줄 규제개혁에 얼마만큼 기여를 할 수 있을지 두고 봐야 할 것 같다.

• 규제개혁 추진 방안

국내 규제 가운데 기업 활동에 치명적인 악영향을 미치는 덩어리 규제 또는 핵심 규제일수록 해당 규제를 철폐 또는 완화하기 위해서는 반드시 관련 법률 제·개정을 위한 국회 통과가 필요하다. 그런데 우리나라 진보의 경우 태생적으로 대기업 규제 등 각종 기업 활동을 옥죄는 규제 법률 제정에 주력하고, 기존 규제의 철폐 또는 완화에는 대부분 반대 입장이다. 그래서 지금까지 각종 규제개혁 법안들이 국회 문턱을 넘지 못해 무산되는 일이 계속 반복되었다.

서비스산업발전기본법은 2012년 7월 정부 입법으로 발의된 후 지금까지 10년 넘게 장기 표류 중이다. 기획재정부에 따르면 서비스산업은 2021년 기준 우리나라 전체 고용의 71%, 부가가치의 63%를 차지할 정도로 우리 경제에서 차지하는 비중이 높은데, 국내 서비스산업 생산성은 경제협력개발기구(OECD) 회원국 평균의 70%에 불과한 실정이다. 전 세계적으로 한류 열풍이 거세게 불고 있는 이때가 우리 서비스업의 생산성과 국제 경쟁력을 높일 절호의 기회인데, 우리나라 서비스업은 뿌리 깊이 퍼져 있는 각종 규제로 인해 날개를 제대로 펴지 못하고 있다.

그렇다고 언제까지 갈라파고스적 사고에 매몰된 진보에 나라 운명을 내맡겨둘 수는 없는 일이다. 정치권, 정부, 전문가 집단 그리고 국민들이 함께 참여하는 '국가 담론의 장'을 통해 막강한 국민 여론의 힘으로 정치권을 설득 또는 압박해서 국가 발전에 꼭 필요한 주요 규제개혁 법안들이 국회를 통과해 시행될 수 있도록 해야 한다.

아울러 정부에서는 국내 산업계에 존재하는 모든 규제를 담은 인공지능(AI) 기반 '빅데이터 플랫폼'을 만들고, 먼저 국내 산업 현장에 존재하는 모든 규제의 실상과 의미들을 입체적으로 정밀하게 파악해야 한다. 이렇게 모든 규제의 실상과 의미들을 입체적으로 정확하게 파악해야만 정치권과 국민에게 왜 규제개혁이 필요한지 설득력 있게 설명할 수 있으며, 정부에서도 규제개혁 업무를 보다 효율적으로 처리할 수 있게 될 것이다.

기업들에게 막대한 영향을 미치는 각종 규제는 엄청나게 많은, 크고

일체유심조(一切唯心造)

작은 규제들이 칡넝쿨처럼 얽히고설켜 그 실상을 제대로 파악하기가 쉽지 않다. 이러한 가운데 산발적으로 그때그때 특정 상황에서 표출되는 규제 사항들을 단편적으로 파악해서 쳐내는 방식으로는 소기의 성과를 거두기 어렵다. 마치 이솝우화에 나오는 '장님 코끼리 만지기' 같은 상황이 되기 쉽다.

'규제 빅데이터 플랫폼'에서 전체 규제를 정책 목적에 따라 여러 가지 유형으로 분류하고 다양한 분석이 가능하도록 설계해야 한다. 또한 정치권-정부-기업-국민 간 정보 교류 및 소통을 통해 규제개혁정책을 수정·보완해 나가는 등 피드백 절차가 원활하게 이뤄지도록 하는 것도 필요하다.

이와 같이 규제개혁을 종합적 차원에서 일사불란하게 추진하기 위해서는 정부 내에 규제개혁을 총괄하는 독립기관을 신설하는 것이 필요하다. 대통령 직속으로 부총리급을 수장으로 하는 규제개혁 컨트롤타워를 설치하고, 각 부처 소관 규제 항목들에 대한 존폐 여부를 범정부 차원에서 종합적으로 심의·결정하도록 전권을 주어야 한다. 암세포처럼 모든 산업 현장에 얽히고설킨 상태로 퍼져 있는 악성 덩어리 규제들을 척결하기 위해서는 각 부처별·부서별 이해관계를 초월해서 전 정부적 차원의 강력한 정책 추진이 필요하기 때문이다.

정부 규제개혁 총괄기관(컨트롤 타워)에서는 국내 모든 기관에 남아 있는 각종 규제를 계속 존치 대상, 완화 또는 개선 대상, 철폐 대상 등으로 확실하게 분류한 후 계속 존치 이외의 규제 항목들을 개혁 대상 규제 항목으로 입력·관리해야 한다. 다음으로, 거시적으로는 현존 규제들이 기업 활동에 어떤 영향을 미치는지, 이로 인한 경제적 손실은 어느 정도인지, 규제개혁이 성공적으로 이뤄질 경우 얻게 될 경제적 효과는 어느 정도인지 구체적으로 파악할 수 있는 시스템을 구축한다. 미시적으로는 각각의 규제 항목별로 규제개혁 저해 요인을 파악하고, 이에 대한 대처 방안을 마련할 수 있는 시스템을 구축해야 한다. 아울러 각 규제 항목별 중요도 및 국제 비교, 규제개혁 업무 담당자별 성과 분석 등 다양한 소프트웨어 시스템을 구축해야 한다.

기업과 국민들이 국내 규제의 실상을 한눈에 알아볼 수 있도록 일목요연하게 정리해서 인터넷과 홍보 매체를 통해 실시간으로 공지하는 것 또한 빼놓을 수 없이 중요한 일이다. 지금까지 역대 정부에서 각종 규제를 철폐 또는 완화했다고 거듭 발표했는데도 기업 활동에 미치는 각종 규제의 폐해가 조금도 줄어들지 않은 이유는 국내 규제 전체의 모습이 베일에 감춰진 채 지극히 일부에 불과한 규제 완화 실적만을 '장님 코끼리 만지기' 식으로 보여주었기 때문이다. 더욱이 일부 규제완화 실적에도 불구하고 또 한편으로는 더 많은 새로운 규제들이 우후죽순처럼 자라나곤 하는 일이 반복되었기 때문이기도 하다. 따라서 이제는 국민들에게 국내 전체 규제의 모습이 이러한 데 그중에서 이만큼의 규제가 사라졌고 또 이만큼의 규제가 생겨났다는 식으로 종합적·입체적인 정보를 실시간으로 제공함으로써, 국내 규제의 실상과 변화 추이를 정확하게 인식할 수 있도록 해야 한다.

• 포지티브 방식에서 네거티브 방식으로

우리나라에서 대부분의 규제관련 법령과 정책은 포지티브(positive) 방식을 적용하고 있다. 다시 말해서 법령 또는 정책상으로 행위가 가능한

일체유심조(一切唯心造)

것들을 구체적으로 나열하고, 나머지는 하지 못하도록 모두 금지하는 방식이다. 반면에 미국, 영국, 중국 등 경쟁국들은 법령 또는 정책상으로 금지하는 것만 정해놓고, 나머지는 모두 시장에서 자율적으로 할 수 있도록 허용하는 네거티브(negative) 규제방식을 적용한다. 공산주의 국가인 중국에서도 네거티브 규제방식을 적용하는데 자유민주주의 시장경제 시스템을 유지하고 있는 우리나라에서 아직까지 포지티브 규제방식을 적용한다는 것은 말이 되지 않는 일이다.

4차 산업혁명 시대를 맞이하여 주요 선진국들을 중심으로 자율주행차, 지능형 로봇, 상업용 드론 등 신산업 분야에서 국가 간, 기업 간 경쟁이 치열하게 이뤄지는 가운데, 우리나라는 각종 규제에 치여 이들 신산업 분야 육성 및 기술 개발이 지지부진한 실정이다. 얼마 전까지만 해도 주요 선진국들 못지않게 상당한 경쟁력을 갖고 있던, 4차 산업혁명의 총아인, 생명과학 분야에서도 그동안 인간배아를 이용한 유전자 연구에 족쇄를 채운 것처럼 꽁꽁 묶어놓은 각종 규제 때문에 저들 선진국들에게 자꾸만 뒤처지고 있는 실정이다.

우리나라가 이제 막 태동하기 시작한 4차 산업혁명의 선도 국가로 굴기하기 위해서는 지금부터라도 현행 포지티브 규제방식을 네거티브 규제방식으로 과감하게 전환함으로써 각종 신산업 분야 육성 및 기술 개발이 원활하게 추진되도록 해야 한다. '국가 담론의 장'에서는 '왜 미국, 영국, 중국 등에서는 네거티브 규제방식이 적용되는데 우리나라에서는 안 되는지' 찬·반 양론을 세밀하게 분석한 결과를 정리해서 공론에 부쳐야 한다. 다수 여론과 국민의 뜻에 따라 국내 모든 규제를 네거티브 방식으로 바꿔나감으로써 대한민국을 세계에서 가장 기업하기 좋은 나라로 만들어야 한다.

• 정부 독자(獨自) 규제부터 우선 처리해야

정부의 규제개혁 추진을 저해하는 요인으로는 정부 자체의 개혁 의지 미흡, 국회의 규제입법 양산(量産)과 개혁입법 반대, 각계 이해관계자들의 규제개혁 반대 등 세 가지를 들 수 있다. 그런데 근본적으로 국가 경제를 살리기 위해 규제개혁 프로젝트를 입안하고 실행해야 하는 주체는 바로 정부이다.

또 국내외 기업들을 괴롭히는 각종 규제 가운데는 별도의 입법 조치 없이 정부 권한만으로 완화 또는 철폐가 가능한 규제(정부독자규제)들이 엄청나게 많다. 박근혜 정부 시절 서울반도체 안산공장의 경우 불합리한 규제 때문에 7년 동안 두 공장을 잇는 연결 통로를 개설하지 못하다가 대통령의 직접 지시로 규제가 풀려 운송 시간(45분) 및 생산비(연간 50억 원)를 절감할 수 있게 되었다. 이처럼 정부에서 마음만 먹으면 완화·철폐가 가능한 불합리한 정부 독자규제들이 전체 규제 가운데 30%가 넘는다고 한다. 그리고 비록 법률로 정해야 할 만큼 중요하지 않은 규제 사항이라도 기업 입장에서는 연간 수십억 또는 수백억 원의 영업 손실을 가져오거나 기업 경쟁력을 크게 떨어뜨릴 만큼 치명적 약점이 될 수 있다.

정부는 경제 활성화를 위한 규제개혁 추진 주체로서 정부 독자규제 항목들에 대한 개혁 프로젝트를 먼저 처리하여 괄목할 성과를 거둔 후,

일체유심조(一切唯心造)

국회에 대하여 기업 활동을 저해하는 규제 입법을 자제함과 동시에 규제개혁 입법을 활성화하도록 협조를 구해야 한다.

우선, '규제개혁 플랫폼'을 통해 정부 독자규제 항목들에 대한 리스트와 항목별 완화·철폐 시기를 분야별·유형별로 완벽하게 정리하여 공시해야 한다. 다음으로, 소관별 규제개혁 업무처리 담당자와 책임자를 지정하고 기한 내 처리 실적에 대한 인사 고과 및 상벌(賞罰)을 엄격하게 시행하도록 해야 한다.

• 핵심 규제부터 과감하게 풀어야

그동안 정부의 규제개혁이 가지치기식 건수 위주로 처리되어 국가 경제에 파급 효과가 큰 핵심 규제보다는 고만고만한 단순 규제 항목들에 치우치는 등 규제개혁의 실효성이 미흡하다는 지적을 받아왔다. 정부는 '규제개혁 플랫폼'을 통해 규제 완화·철폐 시 경제적 효과가 큰 항목들의 개혁 추이를 실시간으로 파악·관리함으로써, 굵직한 규제 항목들이 개혁 추진 대상에서 제외되거나 후순위로 밀리는 일이 없도록 해야 한다.

특히 수도권, 대기업, 토지,[24] 서비스업 등 분야의 핵심 규제에 대한 개혁 필요성과 개혁 방안을 일목요연하게 정리하여 국민에게 알리고, 국민 지지를 바탕으로 이들 불합리한 핵심 규제부터 과감하게 풀어야 한다. 우리 경제가 깊은 골병이 들어 통상적인 경기 부양책이 먹혀들지 않는 상황에서 핵폭탄급의 규제 완화 등 강한 충격 요법이 아니고서는 우

---

24 농지, 개발제한구역, 산지 등에 대한 규제가 포함되어 있다.

리 경제를 살릴 방법이 없다. 이어서 핵심 규제 가운데 수도권 규제에 대하여만 간단히 검토해보기로 한다.

　수도권의 과도한 인구 집중을 억제하기 위해 1983년부터 시행된 수도권 규제 정책은 지난 40년 동안 각종 여건 변화로 인해 전면적인 재검토가 필요한 실정이다. 그런데도 그동안 지역 균형발전 차원에서 수도권에 산업시설이 들어서는 것을 최대한 억제하는 정책 기조를 유지하다 보니 우리나라에서 본격적인 수도권 규제 완화를 논의하는 것 자체가 금기시되어왔다고 볼 수 있다.

　그런데 그동안 수도권 규제 정책의 시행으로 지역 균형발전이라는 바람직한 목표는 달성하지도 못한 채 오히려 국가 경제 발전을 저해하는 부작용만 가져오게 되었다는 점을 주목할 필요가 있다. 즉, 국내외 기업들이 입주를 선호하는 수도권 지역에서 각종 개발이 엄격한 제한을 받게 됨으로써 국가 경제성장에 커다란 걸림돌이 되는 것이다. 수도권 면적(11,820㎢)의 83%에 해당하는 성장관리·자연보전권역(9,788㎢)은 인구와 산업이 과밀하지 않아 개발 여지가 많은데도 불합리한 규제로 인해 개발이 안 되는 실정이다.[25] 수도권 규제는 갈수록 부족 사태를 겪고 있는 반도체 인력 확보에도 지장을 초래한다. 수도권정비계획법 시행령에 따라 대학 입학 정원이 '학교 총량규제'에 묶여 있어 일류 대학이 몰려 있는 수도권 지역에선 대학을 새로 지을 수도, 정원을 늘릴 수도 없기 때문이다.

25　수도권정비계획법 제6조의 규정에 따라 수도권을 과밀억제권역(2,032㎢), 성장관리권역(5,958㎢), 자연보전권역(3,830㎢)으로 구분하는데, 수도권 면적의 83%를 차지하는 성장관리·자연보전권역의 인구는 543만 명으로 수도권 전체 인구의 22%에 불과하다.

　　　　　　　　　　　　　　　　　일체유심조(一切唯心造)

반면에 일본, 영국, 프랑스 등 다른 선진국에서는 일찌감치 수도권 규제가 경제 발전을 저해한다는 사실을 깨닫고, 1980년대와 2000년대에 각각 수도권 규제를 풀고 오히려 수도권 개발에 박차를 가하고 있다. 중국도 수도인 베이징시와 톈진시 및 허베이성을 통합 개발하여 초대형 도시(megalopolis)를 조성하고자 '징진지(京津冀) 프로젝트'를 추진하고 있다. 위 프로젝트에 따라 조성되는 중국 수도권의 면적은 한반도 전체 면적과 비슷하고(21만6,000㎢) 인구는 남북한 전체 인구의 약 2배(1억 5천만 명)에 달한다.

　이제는 우리도 지역 균형발전을 위해 수도권 규제를 지속해야 한다는 억지 논리에서 벗어나 주요 경쟁국들처럼 수도권 규제를 확실하게 풀어 꺼져가는 성장 동력을 되살리는 계기로 삼아야 한다. 수도권은 수도권대로 발전시키고 지방 도시들은 각각 그 특성에 따라 글로벌 대도시로 키워나가는 등 수도권과 지방이 다 함께 윈-윈할 수 있게 국가 발전 전략의 방향을 틀어야 한다.

　정부는 수도권 규제 완화로 인해 발생되는 경제적 효과를 정밀하게 분석한 결과를 국가 담론의 장을 통해 국민에게 알리고, 국민 지지를 통해 관련 법 제·개정이 이뤄지도록 해야 한다. 아울러 수도권 규제 완화로 생기는 이익을 수도권과 비수도권이 공유하는 시스템을 만들어 시행함으로써 궁극적으로는 지역균형발전이 이뤄지도록 해야 한다. 지역균형발전만을 추구하다가 성장의 기회를 놓치고 주저앉기보다는 수도권을 통해 제2의 경제성장을 이루고 성장의 과실을 나눔으로써 다함께 윈-윈하는 것이 더더욱 현명한 방법이 아닐까 생각한다.

노동 개혁

우리나라에서 기업 활동을 옥죄는 양대 산맥으로 각종 규제와 함께 세계 최강의 강성노조가 있다. 우리나라에서 강성노조와 경직된 노동시장 구조는 기업 경영상 고비용·저효율을 가져와 국내 기업들의 글로벌 경쟁력을 떨어뜨리는 중요한 요인으로 작용한다. 한국의 강성노조 폐해는 이미 세계적으로 널리 알려져 있어 외국인 투자 유치에 커다란 장애 요인으로 작용할 뿐 아니라, 국내 기업들까지 줄줄이 해외로 빠져나가는 원인을 제공하기도 한다. 이는 국내 일자리 감소를 가져와 민생 문제에도 악영향을 끼치고 있는 실정이다.

지난 박근혜 정부에서 노동 개혁 추진을 시도하였지만 국내 노동운동의 양대 축인 민주노총과 한국노총의 반대에 부딪혀 핵심적인 골자가 다 빠져버린 노동 개혁 법안을 내놓았는데, 이마저도 당시 진보 야당의 반대에 부딪혀 국회 통과가 이뤄지지 않았다.

침체된 우리 경제를 살리기 위해서는 강성노조 활동 억제, 노동시장 유연화, 성과 중심의 임금체계 도입 등 제대로 된 노동 개혁이 필요한데, 정녕 우리는 지난날 영국과 독일이 했던 것처럼 제대로 된 노동 개혁을 추진할 수 없다는 말인가.

• 다른 선진국들은 노동 개혁 가속화, 한국은 제자리걸음

미국, 일본, 독일, 영국, 프랑스 등 다른 선진국들은 2000년 이후 지금까지 자국 기업의 글로벌 경쟁력을 높이기 위해 정부 또는 대기업 노조를 중심으로 노동 개혁을 끊임없이 추진해오고 있다. 저들 선진국들

일체유심조(一切唯心造)

은 2000년대를 전후해 강도 높은 노동 개혁으로 위기에 처한 국가 경제를 일으켜 세웠으나, 2010년대에 시작된 4차 산업혁명에 대응하기 위해 또다시 2차 노동 개혁을 추진하고 있다.

그 결과 이들 선진국에서는 직무와 성과 중심의 보수체계, 근로시간의 탄력적 운용, 해고 요건 완화, 파업 조건 강화 및 파업 시 대체근로 허용, 사업장 내 전환 배치 및 공장 간 물량 조정 같은 사용자의 고유권한 인정 등 생산적이고 협조적인 노사 관계를 유지하고 있다. 반면에 우리나라는 연공서열 중심의 보수체계, 해고 요건 강화, 사업장 경영에 대한 노조 입김 강화 및 사용자 측 고유권한 축소, 파업 조건 완화 등 노조 측에 우월한 지위가 보장되는 제도를 그대로 유지하고 있어 국내 기업의 글로벌 경쟁력을 떨어뜨리는 요인이 되고 있다.

우리나라에서 현행 노동관계 법령은 1980년대 후반기 정치·사회적으로 민주화 열기가 한창일 때 제·개정이 이뤄졌다. 그 당시만 해도 우리나라에서 근로자의 임금은 형편없는 수준이었고 사용자와의 관계도 전형적인 '을'의 입장에서 매우 약자적인 위치에 놓여 있었기 때문에, 이에 대한 반작용으로 근로자와 노조의 권익을 최대한 보장하는 노사관계가 정립된 것이다. 그런데 그로부터 30여 년이 지난 지금 우리 경제가 글로벌 경제 체제에 완전히 편입되어 경쟁국 기업들과 치열한 경쟁을 치러야 하는 상황에서, 경쟁국들에 비해 근로자와 노조의 권한이 지나치게 비대해진 노사관계로는 더 이상 글로벌 경쟁에서 살아남을 수 없다.

• 우리나라에서 노동 개혁이 지지부진한 이유

우리나라에서 노동 개혁이 이뤄지기 위해서는 이해관계 집단인 노동계와 정치권이라는 거대한 두 관문을 통과해야 한다. 그런데 정치권, 즉 진보에서는 자신들의 지지기반이라고 할 수 있는 노동계를 의식하여 노동 개혁을 반대하는 입장이므로 노동계를 대표한다고 하는 양대 노총의 동의를 얻기만 하면 각종 '노동개혁법안'의 국회 통과도 쉬워질 것이다. 이런 이유로 역대 정부에서는 양대 노총이 참여하는 경제사회노동위원회(경사노위)에서 정부의 노동 개혁안에 대한 합의가 이뤄질 수 있도록 그렇게 많은 노력을 기울였던 것이다. 그런데 사실 우리나라에서 노동 개혁이 지지부진하게 된 원인은 이 문제를 정부와 양대 노총 간의 줄다리기 방식으로만 추진한 데 있다고 볼 수 있다.

노동 개혁의 목적은 국내 기업의 고비용·저효율 구조를 저비용·고효율 구조로 전환함으로써 기업의 생산성과 글로벌 경쟁력을 높이고 우리 경제를 침체의 늪에서 건져내는 데 있다. 이렇게 국내 기업과 국가 경제의 동반 성장이 이뤄지는 가운데 정부와 기업이 힘을 합쳐 전체 근로자의 30%가 넘는 비정규직과 저임금 근로자의 권익과 처우를 점진적으로 개선하는 것 또한 필요하다. 그런데도 전체 근로자 가운데 노동 개혁으로 잃을 것이 가장 많은 소수 대기업 등 근로자 중심의 양대 노총과 협상으로 날을 지새우다 보니 우리나라에서 노동 개혁이 이뤄지는 것은 백년하청이 될 수밖에 없었다.

우리나라에서 민주노총과 한국노총은 전체 근로자의 11%[26]에 불과한 대기업과 공기업 노조원들로만 구성되어 있을 뿐 아니라 처우와 근무 환경 면에서도 독보적인 상위 그룹에 속해 있어 사실상 그 어느 쪽도 국내

26　2020년 기준 전국 근로자 총수는 2,044만여 명이며 민주노총 조합원 수는 113만여 명, 한국노총은 115만여 명이다.

　일체유심조(一切唯心造)

노동계를 대표한다는 명분을 인정하기 어렵다. 그렇지만 현실적으로 국내 노동계를 실질적으로 장악하고 있는 양대 노총의 세력을 무시할 수는 없는 일이다. 따라서 처음부터 양대 노총과 직접 대결을 벌이는 것보다는 정부 내공(內工)을 쌓아가면서 일반 근로자들과 국민의 힘을 빌려 양대 노총의 세력을 약화시키는 전략을 구사하는 것이 좋을 것 같다.

• 노동 개혁에 대한 발상의 전환

정부는 본격적인 노동 개혁 추진에 앞서 기업 경쟁력 향상, 국가 경제 성장 그리고 전체 근로자의 복지 증진이라는 세 가지 목표를 향해 담대하고 혁신적인 중·장기 노동 개혁 추진의 발동을 걸어야 한다. 이를 위해 정부는 노동 개혁 추진 과정에서 국내 전체 근로자의 밝은 미래를 보장할 수 있는 중·장기 근로자 복지 증진 프로젝트를 작성·공표하고, 이를 연차적으로 내실 있게 추진하는 모습을 보여줘야 한다. 아울러 노동 시장 이외의 열악한 기업 환경과 우리 경제의 구조적 문제점을 개혁하는 일에도 박차를 가함으로써, 경제 활성화 목표의 조기 달성으로 기업 실적 개선에 가속도가 붙도록 해야 한다.

국내 기업들은 연구·개발(R&D)과 실물 투자를 늘리고 경영 효율을 높이는 등 글로벌 경쟁력 강화를 위해 한층 더 노력을 기울여야 한다. 아울러 '기업이 어려울 때는 노사가 합심하여 기업 경쟁력 제고를 도모하고, 기업이 이익을 많이 내면 근로자 복지 증진을 위해 배려하는 기업 풍토를 조성해 나가자'는 캐치프레이즈를 내걸고, 우선 기업 측의 본분을 이행하기 위해 노력하는 모습을 보여주어야 한다. 사용자와 근로자 모두 기업 경쟁력을 지금보다 두 배 이상으로 키우겠다는 포부를 가지고 상생 노력을 기울임으로써 괄목할 성장이 이뤄진다면, 노조가 임금 투쟁을 통해 얻는 것보다 더 큰 혜택을 누릴 수 있다는 인식이 정착되도록 해야 한다.

이렇게 순수한 대부분의 근로자들로부터 신뢰를 얻기 위한 노력을 기울이는 한편, 양대 노총이 야기하는 각종 폐해를 일목요연하게 정리해서 국민과 순수한 일반 근로자들에게 알림으로써 양대 노총이 설 자리가 점점 사라지도록 해야 한다.

노·사·정 협의체인 '경사노위'의 근로자 대표 위원 자리를 양대 노총이 독점하게 되어 있는 '경사노위법'을 개정하여 MZ세대·여성·비정규직 노조 등이 다 함께 참여할 수 있도록 하는 것도 필수다. 이렇게 해서 터무니없이 비대해진 양대 노총의 세력을 어느 정도 정상화한 뒤에 본격적인 노동 개혁을 추진해야 한다.

• 지금이 노동 개혁 추진을 시작할 기회

2017년 문재인 정부 들어 한국 노동계는 그야말로 전성기를 맞이한 것 같았다. 친노동 정책을 표방하는 진보 여당과 정부의 비호를 받아 강성노조 활동에도 전혀 정부의 견제를 받지 않았기 때문이다. 그러다가 2022년 윤석열 정부가 들어서면서 한국 노동계에는 훈풍이 사라지고 매서운 찬바람이 불기 시작했다.

화물연대노조가 안전운임제에 대한 일몰제 폐지를 주장하면서 2022년 6월에 이어 11월 총파업에 들어가자 정부에서는 화물자동차운수사업법 제14조의 규정에 따라 업무개시명령을 발동했으며. 화물노조는 결국 파업을 철회했다. 그동안 기고만장했던 노조의 위세가 그동안 겪어

일체유심조(一切唯心造)

보지 못했던 정부의 강경 대응과 싸늘한 민심에 의해 한풀 꺾이는 보습을 보인 것이다.

이번에 철옹성 같았던 노조 위세에 결정타를 날린 화물자동차운수사업법 제14조는 2003년 12월 22일 노무현 정부 당시 신설된 조항이다. 2003년 5월에 발생한 화물연대노조 파업으로 5,400억 원 상당의 산업피해가 발생하자 16대 국회에서 여·야 합의로 '업무개시명령' 조항을 신설한 것이다. 우리나라에서 노동 개혁이 순탄하게 이뤄지기 위해서는 진보의 전향적인 의지가 반드시 필요하다는 것을 보여주는 드문 사례였다.

최근 노동계에 신선한 변화의 바람을 일으키고 있는 'MZ 노조'의 부상도 한몫을 했다. 노조 내에서 20~30대에 속하는 이들은 586세대가 주축인 민주노총의 정치적이고 강경한 투쟁 방식 대신 탈이념적이며 실용적·합리적인 방식을 선호한다. 이들은 그동안 '한미연합훈련 반대' 같은 민주노총의 정치 투쟁에도 반대 목소리를 내왔으며, 명분 없는 파업에도 동참하지 않았다. 아직은 수적 열세로 인해 교섭 주체로 나설 입장이 안 되지만 갈수록 노조원 수가 급증하는 추세이기 때문에 머지않아 노동계에서 제 목소리를 낼 수 있는 날이 올 것이다.

그동안 정의의 투사라도 되는 것처럼 기고만장하던 양대 노총을 중심으로 하는 노동계의 민낯이 최근 들어 서서히 드러나기 시작하는 것 같다. 현 정부 들어 건설교통부의 건설 현장에서 벌어지고 있는 소위 '노조 갑질' 실태에 대한 조사 결과 전국 건설 현장에서 노조가 '월례비' 등의 명목으로 월 100~600만 원씩 최근 3년간 총 1,686억 원을 수취한 사실이 밝혀졌다. 양대 노총에서 각각 1,000억 원이 넘는 예산을 외부 공개 없이 깜깜이로 집행하면서 노총 간부들이 수억 원에서 10억여 원의 조합비를 횡령하는 등 회계 부정을 저질러 온 사실도 밝혀졌다.

이제 우리나라에서 역대 정부의 숙원 사업이라고 할 수 있는 노동 개혁을 본격적으로 시작할 기회가 도래한 것으로 보인다. 단, 그렇다고 너무 서둘러서는 안 된다. 지금까지 수십 년을 견뎌왔는데 너무 서두르다가 모처럼 찾아온 기회를 망쳐 버릴 수도 있기 때문이다. 그동안 켜켜이 쌓인 고질적 병폐를 그리 쉽게 치유할 수는 없는 일이다.

'월례비'만 해도 반드시 근절해야 할 폐단인 것은 틀림없지만 그동안 건설업계에서 잦은 초과 근무와 위험 작업을 감수해야 하는 타워크레인 기사와의 묵계에 의해 웃돈을 주던 관행이 수십 년간 이어져 온 것으로, 법원에서도 '월례비는 임금'이라는 취지의 판결을 했다. 그런데 정부에서 월례비 수취 행위를 단칼에 근절하려고 하다 보니 대부분 양대 노총에 가입해 있는 타워크레인 기사들의 태업으로 일부 건설 현장에서 작업 차질 및 안전사고가 발생하는 등 부작용이 속출하고 정부의 노동 개혁도 초기 단계부터 약간의 혼선을 초래할 수 있게 됐다.

MZ 노조가 민주노총 등 기득권 세력과 결이 다르다고 해서 무조건 정부에서 추진하는 노동 개혁에 동참하리라고 성급한 판단을 내려서도 안 된다.

앞에서 말한 것처럼 정부와 기업 그리고 순수한 일반 근로자 모두 함께 상생하면서 윈-윈 할 수 있는 길을 찾아 노력하는 가운데 갈수록 명분을 잃어가는 양대 노총의 세력을 약화시킨 뒤 본격적인 노동 개혁을 추진해야 한다. 그리하여 우리나라 경제성장을 저해하는 거대한 둑 가운데 하나를 완전히 무너뜨려야 한다.

일체유심조(一切唯心造)

• 노동 개혁을 실효성 있게 추진해야

지난 박근혜 정부에서 추진했던 노동 개혁 과제들을 보면 노동시장 유연화 정책처럼 관련법 개정이 필요한 사항인데도 법 개정 없이 행정 지침만으로 정책을 추진하려다 보니 계속해서 마찰음만 생기고 개혁성과도 기대하기 어려운 실정이었다.[27] 또 일부 법 개정을 추진하는 과제들도 고비용·저효율 구조를 획기적으로 바꿀 만큼 강력한 효과를 발휘하기에는 미흡한 사항들뿐이었다.

이제는 우리도 1980년대 영국[28]과 2000년대 독일[29]처럼 각종 노동 관련법 제·개정을 통해 제대로 된 노동 개혁을 추진함으로써, 국내 기업들의 고비용·저효율 구조를 저비용·고효율 구조로 완전히 바꿔놓아야 한다. 우선 독일의 '하르츠위원회(Hartz Committee)'처럼 민간 전문가들만으로 구성된 사회적 합의 기구를 통해 노동 개혁안을 작성하고, 그 내용을 일목요연하게 정리하여 대국민 홍보에 전력을 기울여야 한다. 그리하여 국민적 지지를 바탕으로 관련 법안들의 국회 통과를 이뤄내야 한다. 정치권 또한 경제 위기를 극복하는 일에 여·야가 따로 없고 보수와 진보가 다를 수 없다는 점을 깊이 명심하여 통 큰 결단을 내려야 한다.

프랑스의 프랑수아 올랑드(Francois Hollande) 대통령은 2016년 5월 헌

---

27 노동시장 유연화 정책은 박근혜 정부에서 미온적으로 추진하였으나 성과를 거두지 못했고, 문재인 정부에서는 아예 추진을 하지 않았다. 문재인 정부에서는 박근혜 정부 때인 2017년 9월에 도입된 저성과자 해고 및 각종 근로조건의 변경을 쉽게 하는 내용의 양대 지침(공정인사 지침과 취업규칙 해석 및 운영에 관한 지침)까지도 폐기하였다.

28 영국은 1980년부터 1988년까지 수차례에 걸친 고용법과 노동조합법의 개정을 통해 강성노조의 힘을 누그러뜨리고 노동시장이 공정한 게임의 법칙으로 움직이도록 만들었다. 제2부 '개혁의 허와 실' 참조.

29 독일은 2002년부터 민간 전문가들만으로 구성된 하르츠위원회를 통해 작성된 노동 개혁안을 시행함으로써 위기에 처한 경제를 살리는 데 성공했다. 제2부 '개혁의 허와 실' 참조.

법상 긴급 명령권을 발동하여 노동시간 연장과 해고 요건을 쉽게 하는 내용의 노동법 개정안을 통과시켰다. 프랑스는 우리와 비슷한 상황의 경제 위기를 극복하기 위해 좌파 사회당 정부임에도 긴급 명령권 발동이라는 초강수를 둔 것이다. 올랑드에 이어 2017년 5월 대통령에 취임한 중도 우파의 에마뉘엘 마크롱(Emmanuel Macron) 역시 강성노조의 반개혁적 집단행동에 단호히 대처하면서 노동 개혁 추진에 총력을 기울임으로써 새로운 일자리 창출과 해외자본 투자유치 활성화 등 가시적인 성과를 거둔 바 있다. 국가 위기를 극복하는 일에 보수와 진보가 따로 없다는 것을 다시 한번 보여주는 유럽 선진국의 사례가 아닐 수 없다.

▌저출산 대책

우리 경제를 중·장기적 관점으로 고찰할 때 가장 큰 문제로 떠오르는 것이 저출산 문제라고 할 수 있다. 인구수가 14억이 넘는 중국도 출산율이 갈수록 낮아져 생산가능인구 감소로 성장 동력이 떨어질 것을 두려워하고 있다. 그래도 중국의 합계출산율은 2021년 기준 1.15명으로 한국(2022년 기준 0.78명)에 비해 양호한 편이다. 정말로 심각한 것은 우리나라다.

세계적인 경제 석학인 조지 매그너스 옥스퍼드대 교수는 "생산가능인구 변화와 경제성장은 정확히 비례한다. 중국에서 이민자, 여성 및 고령인구의 노동 참여 등으로 생산성 향상이 따라주지 않는다면 중국 GDP 성장률은 매년 낮아질 것"이라고 말했다.

일체유심조(一切唯心造)

• 우리나라 출산 장려 정책

그동안 역대 정부에서는 저출산 문제 해결을 위해 지난 16년간 280조 원이 넘는 예산을 쏟아부었지만, 오히려 합계출산율이 더 떨어지는 결과를 가져왔다. 2016년 1.17명에서 2022년 0.78명으로 매년 꾸준히 감소된 것이다. 이렇게 매년 막대한 예산을 쓰는데도 정책 효과가 뒷걸음질 치는 것은 정부 정책이 문제의 핵심을 제대로 파고들지 못한 데 있다고 볼 수밖에 없다.

2021년 저출산 예산으로 관광호텔 지원 126억 원, 게임·만화산업 육성 118억 원이 계상된 것이 대표적 사례이다. 저출산 예산 중 60% 상당이 이렇게 나눠먹기식으로 여러 부처 예산에 흩어져 계상된다고 한다. 이는 어떻게든 출산율을 조금씩이라도 높여보겠다는 일념보다는, 상대적으로 우선순위가 떨어지는 분야의 예산을 늘리기 위해 국민 관심도가 높은 저출산 분야 예산으로 둔갑시켜 예산을 쉽게 확보해보고자 하는 얄팍한 계산이 깔려있다고 볼 수밖에 없다. 일종의 눈속임이고 국민을 기만하는 행위이다. 또 이렇게 해서 편성된 관광호텔 지원이나 게임·만화산업 육성 예산 또한 큰 틀에서 국가 경제 발전에 도움이 되는 방향으로 제대로 집행되었을 리 만무하다.

저출산은 당장 국가 경제에 영향을 미치지는 않는다. 그렇기 때문에 정부에서도 겉으로는 주요 국가 정책 과제로 선정해서 비중 있게 다루고 있지만, 내심으로는 당장 발등에 떨어진 불이 아니기 때문에 긴박감이 떨어질 수도 있다. 하지만 계속 이런 식으로 안일하게 대처하다가는 몇십 년 후, 미래세대에 커다란 재앙으로 닥쳐올 것이 불을 보듯 뻔한 일이다. 2019년 유엔 경제사회국의 발표에 따르면, 출산율이 지금과 같은 상태를 계속 유지한다는 전제하에 2100년 한국 인구는 2,678만 명으로 반 토막이 날 것이라고 한다. 이 문제는 더 이상 미뤄서는 안 될 일이다. 지금부터 매년 0.1%씩이라도 합계출산율을 반드시 높여야 한다는 사명감을 가지고 매일 벽돌 한 개씩을 올려놓는다는 자세로 착실하게 정책을 입안해서 실천해 나가야 한다.

먼저, 우리나라에서 저출산 현상이 지속될 수밖에 없는 근본 원인이 무엇인지 문제의 실상을 정확하게 파악할 필요가 있다. 항상 원인 없는 결과는 없는 법이다. 그리고 그 원인을 찾아서 올바른 처방을 하지 않고서는 문제를 해결할 수 없다.

• 저출산 원인

우리나라에서 저출산 추세가 지속되는 원인은 첫째, 보편적 무상보육 정책 시행으로 보육시설에 대한 수요는 폭증하는 데 비해, 맞벌이 부부들 각각의 조건에 맞는 맞춤형 보육시설을 구하기 힘들거나 비용이 많이 드는 등 직장생활과 양육을 병행하기 힘든 상황이 지속되고 있다. 천편일률적인 무상보육 정책이, 정작 아이를 믿고 맡길 수 있는 양질의 보육시설이 절실한 맞벌이 부부들에게는 출산 장려 효과를 제대로 발휘하지 못하고 있는 것이다.

둘째, 우리나라에서는 기업체에 다니는 직장 여성이 직장에 임신한 사실을 알리는 순간부터 최하 등급의 인사 고과를 받게 되고 출산휴가와 육아휴직도 자유롭게 사용할 수 없는 실정이라고 한다. 특히 대기업보다는 중소기업이 더 심하고 비정규직이나 5인 미만 사업장 근로자의 경우는 말할 것도 없다. 이와 같은 기업 문화가 바뀌지 않는 한 우리나라

일체유심조(一切唯心造)

에서 출산율이 올라가는 것은 기대하기 힘들 것으로 보인다. 셋째, 여성의 사회적 지위 및 참여도가 높아지면서 출산이 자신의 꿈을 실현하는 데 방해된다고 생각해 출산을 기피하는 풍조가 늘어나고 있다.

넷째, 건강보험심사평가원에 따르면 의학적으로 아이를 가지기 어려운 난임(難姙) 부부가 2021년 기준 25만 명에 이르러 연간 출생아 수(26만 500명)에 육박한다. 난임 시술 비용은 한 번에 150~400만 원이 발생하는 데 실패할 경우 수차례 반복 시술을 해야 하므로 수천만 원까지 비용이 들어갈 수 있다. 정부는 중위소득 180%(월 622만 원) 이하의 난임 부부를 대상으로 20~110만 원의 난임 시술비를 지원하는데, 2022년부터 동 사업이 지자체로 이관되면서 지자체 추가 지원 금액과 횟수 제한도 지자체마다 달라 시술비 부담 때문에 중도 포기하는 사람들이 많다고 한다.

다섯째, 대부분의 샐러리맨 부부들이 내 집 마련의 꿈을 이루는 과정에서 많은 비용이 들어가는 자녀 양육비와 미래 교육비에 대해 커다란 중압감을 느끼기 때문이다. 웬만한 직장인 부부들이 매월 수입의 절반 이상을 20년 정도 저축해야 내 집 마련의 꿈을 이룰 수 있는 상황에서, 또다시 월 소득 500만 원 정도의 절반 이상이 자녀 2명의 사교육비로 나가는 실정이다. 신한라이프가 2023년 6월에 발표한 만 25~39세 남녀(미혼 및 무자녀 기혼)를 대상으로 한 조사 결과에서 이들 중 34.3%가 출산 의향이 없는 것으로 나타났다. 만 25~29세 여성의 경우에는 52.2%나 된다. 한국경제연구원이 2018년에 20~40대 여성 직장인 516명을 대상으로 실시한 설문조사 결과에서는 출산을 망설이는 원인으로 '소득 및 고용 불안'(30.6%)에 이어 '사교육비 부담'(22.3%)을 꼽았다.

그런데도 그동안 역대 정부에서 시행해 온 저출산 대책들은 출산장려금, 무상보육, 아동수당 등 현금 지원 위주의 대중요법에 치우쳐 정책 효과가 아주 미미했던 것으로 보인다. 다시 말해서 지금까지 정부에서 시행해 온 출산 장려 정책들이 저조한 출산율을 조금이라도 끌어올릴 만큼 동기부여가 되지 못했다고 볼 수 있다. 현행 출산장려금이나 무상 보육 지원은 자녀를 둔 가정에 양육비 부담을 조금 덜어주는 데 불과하고, 한 자녀 이상 더 낳도록 하는 유인책은 되지 못한다는 것이다.

• 저출산 문제 해소 방안: 기존 사업 방식 개선

출산 장려 정책을 지금처럼 천편일률적인 시혜 차원에서 무상복지 정책의 일부로 추진할 것이 아니라 각각의 출산 기피 유형에 대한 맞춤형 정책을 추진하는 것이 좋을 것 같다. 먼저 '저출산 대책 빅데이터 시스템'을 이용해 우리나라 여성들이 출산을 기피하는 사유를 몇 가지 유형으로 나눈 다음 각 유형별로 그 실상을 정확하게 파악한다. 그리고 나서 각 유형별로 문제 해결 방안을 마련하여 정책에 반영하는 것이다.

첫째, 출산으로 인해 직장생활과 양육을 병행하기 힘든 여성들에게는 아이를 믿고 맡길 수 있는 보육시설이 절실하게 필요할 것이다. 그러므로 이들에게는 출산장려금 지원과는 별도로 양질의 공공 보육 시설을 늘려줌으로써 아이를 안심하고 맡길 수 있도록 하는 방안을 강구할 필요가 있다. 이를 위해 정부와 지자체는 인공지능(AI) 기반 빅데이터 시스템을 이용해 맞벌이 부부들이 원하는 보육시설 운영 방식, 이용료, 시간대 등을 효율적으로 세분해서 각각의 유형별로 맞춤형 보육 서비스가 제공되도록 해야 한다. 아울러 정부와 지자체의 저출산 예산 분석 결과

일체유심조(一切唯心造)

출산율 제고 효과가 없거나 미미한 예산 항목에 대한 구조조정을 통해 확보한 예산을 맞춤형 보육시설 확장 등 실질적으로 출산율을 높일 수 있는 분야에 집중적으로 투입해야 한다. 현행 출산장려금 지원제도는 출산장려금 지원이 출산율 증가에 미치는 효과에 대하여 외국 및 국내 사례를 종합적으로 분석한 결과에 따라 가장 효율적인 출산장려금 지급 수준 및 방법을 개발해서 그대로 시행하도록 해야 한다.

둘째, 직장 여성들이 임신·출산으로 인해 차별을 받지 않고 육아휴직 또는 재택근무 제도를 자유롭게 사용할 수 있도록 하는 등 자녀를 출산·양육하면서 편안하게 직장생활을 영위할 수 있는 기업 문화를 만들어가는 노력이 필요하다. 때마침 국회에서도 2023년 들어 더불어민주당 주도로 육아휴직 급여를 두 배로 올리고 의무 육아휴직(6개월)을 허용하지 않는 사업주에 대하여 '1년 이하의 징역 또는 1,000만 원 이하의 벌금'에 처하도록 하는 관련법 개정안(현행법은 500만 원 이하 벌금형)을 발의하는 등 맞벌이 부부들이 '일과 육아'를 병행할 수 있는 제도 확립을 위해 애쓰고 있는 것으로 보인다.

그래도 이왕이면 처벌을 면하기 위해 억지로 정부 방침을 따르기보다는 사업주가 자발적으로 직원들이 맘 편하게 일과 육아를 병행할 수 있도록 배려하는 기업 풍토를 조성하는 것이 훨씬 더 바람직하다. 회사 일과 육아를 모두 빈틈없이 수행할 수 있는 AI 기반 재택근무 프로그램을 개발함으로써 사업주와 직원 모두 만족할 수 있는 제도를 정착시키는 것도 좋을 것이다.

최근 국내 일부 대기업과 중소기업들이 출산 직원에게 6개월간 의무 휴직을 사용하도록 하고 복귀 시 평균 이상의 성과 평가를 부여함과 동시에, 각종 현금 지원은 물론 어린이집에서 돌아온 자녀를 퇴근 전까지 돌볼 수 있게 '가족돌봄실'을 운영하는 등 파격적인 지원을 제공하는 사례가 늘고 있는 것 같다. 이와 같은 사례가 널리 전파되도록 정부와 사회단체에서 적극적인 홍보 캠페인을 벌이고, 특히 정부에서는 직장 여성들이 마음 놓고 아이를 낳아 기를 수 있는 기업 풍토 조성에 공이 많은 기업체에 대하여 각종 인센티브를 부여하는 정책을 시행할 필요가 있다.

맞벌이 여성의 가사 부담을 덜어줄 수 있는 스마트홈 서비스와 가사 로봇 등을 저렴하게 공급해주는 등의 방법도 있을 수 있다. 우리 사회에 양성평등 문화를 정착시키고 한국 남성들이 가사노동에 더 많은 시간을 할애하도록 하는 등30 여성들의 육아 및 가사노동 부담을 최대한 덜어주기 위한 노력을 기울이는 것 또한 필요하다.

셋째, 경제적인 여유는 있으나 출산이 자신의 꿈을 실현하는 데 방해가 된다고 생각해 출산을 꺼리는 유형의 사람들을 위해서는 이들이 원하는 유형의 맞춤형 보육 서비스를 별도로 제공할 필요가 있다. 성공한 여성들이 자녀를 양육하면서 자신의 탁월한 역량을 유감없이 발휘하는 사례를 찾아 널리 알림으로써, 이런 모습을 동경하고 자랑스럽게 여기는 문화를 만들어가는 것도 좋을 것이다. 대한민국을 '일하는 여성들이 자신의 능력을 최대한 발휘하면서 아이를 키우기에 가장 적합한 나라'로 만들어야 한다.

넷째, 난임 부부에 대한 시술비 지원이야말로 출산율을 높일 수 있는 가장 확실한 방법이다. 그런데 1회 시술비도 난임 증상에 따라 금액 차

---

30 경제협력개발기구(OECD) 조사 결과에 따르면 미국 남성의 가사노동 시간은 하루 평균 2시간 30분인데 비해 한국 남성의 경우는 45분에 불과하다.

　　　　　　　　　　　　　　　　　　　일체유심조(一切唯心造)

이가 많이 날 수 있고 시술 횟수도 1회에서 5회 이상까지 다양할 것이므로, 출산율을 확실하게 높이기 위해서는 난임 부부 각각의 난임 증상과 소득 수준에 따른 맞춤형 지원이 이뤄져야 한다. 정부는 난임 부부에 대한 데이터를 따로 관리하면서 난임 부부들이 시술비 부담으로 인해 난임 시술을 중도에 포기하는 일이 없도록 지자체와의 긴밀한 협조를 통해 보다 효율적인 난임 부부 지원시스템을 구축·운용하도록 해야한다.

• 저출산 문제 해소 방안: 주요 정책 간 융합으로 시너지 효과 발휘

우리는 출산 장려 정책을 반드시 기존 사회복지 정책의 일환으로만 시행해야 한다는 고정 관념을 버려야 한다. 범국가적인 차원에서 주요 정책 간 융합을 통해 정책 추진의 시너지 효과를 내는 것이 출산율을 높이는데 획기적인 기여를 할 수도 있다.

첫째, 출산율을 높이기 위해 청년 일자리를 늘리고 사교육을 근절하는 것이 최상의 방책 중 하나라는 것을 모르는 사람은 없다. 또 일자리를 늘리기 위해서는 기업 환경 개선 등 경제 개혁이 최상의 방책이다. 따라서 경제 및 교육 개혁과 저출산 대책을 하나로 묶어 국가 담론의 장에 상정하고, 각각의 개혁 강도를 높이는 방향으로 논의를 전개할 필요가 있다. 국민적 관심이 높은 저출산 대책과 경제 및 교육 개혁을 함께 추진함으로써 높은 국민적 관심과 지지를 바탕으로 이 나라 경제를 살리고 국가 백년대계인 공교육을 정상화하자는 것이다.

둘째, 중국은 비록 공산주의 국가이지만 '중국몽', '중국 제조 2025'

등 목표 지향적이고 구체적 실천 의지가 담긴 캐치프레이즈를 내걸어 내부 결속을 다지고 있으며, 이를 바탕으로 모든 정책 과제들을 역동적으로 추진함으로써 전무후무한 성과를 내고 있다. 이런 점은 수많은 개혁 과제들이 산적한 우리로서 벤치마킹해야 될 사항이라고 생각한다. 우리 정부에서도 '한국몽', '2030 도약' 같은 캐치프레이즈를 내걸고 구체적인 개혁 로드맵을 만들어서 발표함과 동시에, 일단 발표한 정책 과제는 반드시 실천하고야 마는 강한 의지와 실행력을 국민들에게 보여줘야 한다. 그렇게 함으로써 미래 세대의 주인공인 이 나라 청년들이 '비록 지금 삶이 좀 팍팍하기는 해도 정부 정책을 믿고 잘 따르기만 하면 차츰 생활이 안정을 찾아가면서 노력한 만큼 풍요로운 삶을 누릴 수 있으리라'는 희망을 갖게 되고, 자연스럽게 출산율도 높아지게 될 것이다.

셋째, 우리는 저출산과 고령화 현상 모두 경제성장을 저해하는 악조건이라고 당연히 생각한다. 그렇지만 획기적인 사고의 전환을 통해 이와 같은 생각을 확 바꿔놓을 수는 없을까? 최근 들어 인간 수명이 획기적으로 늘어나는 현상이 단순히 수명 그 자체만 늘어나는 것이 아님을 주목할 필요가 있다. 인간 수명과 함께 노화 현상도 서서히 완화되고 있으며 지금 미국 등 주요 선진국 중심으로 활발하게 진행되는 생명과학 연구결과 앞으로 인간 노화를 방지하는 기술이 매우 빠른 속도로 개발될 것으로 보인다. 언젠가 신문 연재소설을 통해 80세의 현역 검사가 젊은 검사 못지않은 패기와 열정을 가지고 직무를 수행하는 모습을 볼 수 있었는데, 머지않아 이런 모습을 현실 세계에서 직접 목격할 수 있는 날이 반드시 올 것 같은 생각이 든다.

일체유심조(一切唯心造)

21세기 4차 산업혁명을 통해 일자리의 생성과 소멸 그리고 질적인 변화가 크게 이뤄지고 있는 바, 60세 이상의 노인들이 자신들에게 적합한 일자리를 찾아 제2의 직장생활을 활발하게 영위하게 될 날이 가까워지고 있다. 각자의 전문 분야에서 다양한 전문 지식과 노하우를 축적한 60세 이상 은퇴자들에게 값진 자산을 재활용할 수 있는 기회를 제공하는 것은 갈수록 심화되는 생산가능인구 감소 현상 완화를 넘어서서 국가 생산력 향상에 큰 도움이 될 것으로 보인다. 우리는 이와 같은 변화를 '저출산 콤플렉스'를 해소하는 계기로 삼아, 고령화가 저출산 콤플렉스 일부를 완화해주는 기회로 만들어야 한다. 노인 기준 연령을 60세에서 70세, 80세 이상으로 단계적 상향 조정하는 것도 필요할 것이다. 다만, 이와 같은 과제는 중·장기적인 정책 프로그램으로 추진함으로써 갑작스런 변화에 따른 부작용을 일으키지 않으면서 소기의 목적을 달성할 수 있게 충분한 준비 기간을 갖도록 해야 한다.[31]

　넷째, 우리나라에서 지금과 같은 초저출산 추세가 지속되는 가운데 정부의 출산장려정책만으로 현 인구 수준을 유지하는 것은 불가능에 가깝다고 할 수 있다. 따라서 보다 효율적인 출산장려정책을 지속 추진함과 동시에 중·장기적인 프로그램에 따라 이민 정책 또한 적극적으로 추진하는 것이 필요할 것으로 보인다.[32] 정부는 고학력·고소득자에게만 영구 체류 자격을 주는 등 구시대적인 이민 규제를 과감히 철폐해야 한

31　60세 이상 노인들이 정년 연장 또는 재취업 등을 통해 계속 일을 할 수 있게 되면 필연적으로 청년실업률 증가 또는 젊은 직장인들의 승진 기회 박탈 등 부작용을 초래할 수 있다. 이와 같은 부작용을 최소화하기 위해 노인들에게 특히 적합한 일자리 창출, 직장 내 인사 시스템 효율화 등 대책을 점진적으로 추진해 나가야 한다.

32　이민 정책에 대하여는 제4부 '문화 강국의 길' 참조

다. 한국 못지않게 외국인 근로자의 정착이 어려웠던 일본도 갈수록 심화하는 저출산 문제를 극복하기 위해 이민 담당 독립관청을 만들고, 건설업·농업·제조업 분야 등에서 일할 외국인 근로자의 체류 기한을 없애 영구 거주가 가능하도록 하는 등 이민 규제를 확 풀었다.

UN 국제이주기구(IOM)가 2023년 1분기 중 베트남인이 이주하고 싶은 나라를 조사한 결과 일본, 미국, 대만 순이었고, 한국은 10위 안에도 들지 못했다. 우리나라 이민 정책의 대변혁이 불가피하다.

한편, 전국 지자체는 지자체 나름대로 출산율 제고 방안의 일환으로 막대한 예산을 들여 첫째, 둘째, 셋째 아이 출산 시 출산장려금을 차등 지급하고, 영아·아동 수당 및 용돈을 지급하는 등 지자체별로 출산장려금 지급 경쟁을 벌이고 있지만, 실제 출산율 향상으로 이어지는 효과는 미미한 실정이다. 따라서 막대한 예산이 들어가는 출산장려정책을 지금처럼 중앙과 지방 정부에서 방만하게 추진할 것이 아니라, 정부에서 실질적으로 출산율을 높일 수 있는 정책을 만들고 각 지자체는 정부의 '출산율 제고를 위한 지원 지침'에 따르도록 제도를 운영할 필요가 있다.

과학기술 인재 육성

중국은 그동안 과학기술 분야 인재들을 미국 유명 대학에 보내 공부하도록 하는 등 글로벌 인재 양성에 심혈을 기울여 왔으며, 다시 이들에게 고액 연봉과 격려금을 보장하면서 국내로 데려왔다. 아울러 2008년부터 글로벌 인재 유치를 위한 '천인(千人) 계획'을 추진함으로써 2012년

일체유심조(一切唯心造)

까지 해외 인재 2,000여 명을 데려오는 데 성공했다. 중국은 이에 만족하지 않고 2012년부터 다시 '만인(萬人) 계획'을 추진함으로써 2022년까지 국내에서 우수 인재 1만 명을 발굴·육성하는 프로젝트를 진행해 왔다. 중국은 계속해서 4차 산업혁명 시대를 맞이하여 인공지능(AI) 분야 인재 양성 및 유치에도 심혈을 기울이고 있다. 중국은 포섭대상 AI 인재에게 파격적인 연봉은 물론 상여금, 개인 연구비, 주택 및 교육비, 식대 보조, 이주 보상금 등 다양한 혜택을 부여하면서 글로벌 AI 인재를 빨아들이고 있다.

중국은 그동안 2~3억 원대의 높은 연봉과 주택 그리고 자녀 학비 등 여러 가지 혜택을 부여하면서 삼성디스플레이와 LG디스플레이 출신 인재들을 빼갔다. 결국 우리나라는 2022년에 17년간 유지해오던 디스플레이 시장 선두 자리를 중국에 빼앗기고 말았다.

우리나라도 박정희 정부 때 과학기술 분야 인재 육성 및 유치에 심혈을 기울인 결과 국가 경제의 급속한 발전에 큰 힘이 됐다고 한다. 그런데 지금은 우리나라에서 해외 인재 유치를 위한 여건이 1960~1970년대에 비해서는 훨씬 양호하지만, 실제로 우리나라에서 고급 인재의 해외 유출은 갈수록 심해지는 반면 해외 고급 인재의 국내 유입은 매우 저조한 실정이다. 정부와 대학들은 이와 같은 현상이 발생하는 원인을 심도 있게 분석한 후 해외 인재와 해외에 나가 있는 국내 인재들을 최대한 유치함과 동시에 더 이상 국내 인재들이 해외로 빠져나가는 일이 없도록 하는 등 우수 인재 관리에 온 힘을 기울여야 한다. 이중 국적 문제 때문에 한국에 돌아오지 못하고 해외에 머물고 있는 많은 이공계 박사들에 대하여도 법무부 등 관련 부처 간 협조를 통해 조속히 귀국하여 첨단기술 개발에 기여하도록 해야 한다.

우리나라에서 구글·페이스북[33]처럼 단숨에 글로벌 대기업을 거쳐 빅테크 기업으로 도약할 수 있는 창조적 기업가를 키워내고 과학 분야 노벨상 수상자를 배출하기 위해서는 과학·컴퓨터 등 분야에 천재적 재능을 지닌 영재들을 발굴·육성하는 데 총력을 기울여야 한다. 조선 세종 때 장영실은 과학과 발명 분야에 천재적인 재능을 타고났으나 미천한 노비 신분으로 태어나 자신의 꿈을 마음껏 펼칠 수 없었다. 그렇지만 천만다행으로 위대한 세종 때에 태어난 덕분에 세종의 아주 특별한 배려로 면천되어 벼슬길에 나가게 되었고, 세계 최초의 우량계인 측우기를 발명하는 등 우리 역사에 길이 남을 위대한 업적을 많이 남겼다.

오랜 역사 동안 우리나라에는 장영실 못지않은 과학자와 발명가들이 자신을 알아주고 키워주는 사람을 만나지 못해 이름도 없이 스러져 간 경우가 수도 없이 많을 것이다. 오늘날에는 조선 시대처럼 신분상 제약으로 재능 있는 사람이 꿈을 실현하지 못하는 경우가 발생하지는 않지만, 오늘날에도 또 다른 유형의 제약이 있을 수 있다. 영재교육시스템 미비로 특정 분야에 뛰어난 재능을 지닌 영재가 자신의 재능을 연마하여 국가 과학기술 발전을 위해 유감없이 발휘할 수 있는 기회를 놓치게 되는 일이 비일비재할 것이다.

2023년 3월 만 10세 나이로 영재학교인 서울과학고에 입학했다가 5개월 만에 자퇴서를 제출한 백강현 군의 사례가 이를 입증해주고 있

---

33 2021년 10월, 회사명을 '메타'(Meta Platforms, Inc.)로 변경하였으나, 이 책에서는 우리에게 익숙한 '페이스북'이란 이름을 계속 사용하기로 한다.

일체유심조(一切唯心造)

다. 만 3세에 1차방정식, 만 4세에 2차방정식을 풀었다는 IQ 204의 천재소년인 백 군은 자신보다 5세 이상 나이가 많은 학우들과의 수업 또는 학교생활에 적응하기 어려운 데다 "잘난척 하지 말라"는 등의 조롱과 학교폭력을 견디지 못해 자퇴서를 제출한 것이다.

지금부터 12년 전에도 카이스트(KAIST)에서 로봇영재라고 불렸던 한 학생이 영어로 강의하는 미적분수업을 따라가지 못해 자살한 일로 우리나라 영재 교육의 문제점이 크게 부각된 적이 있었다. 그렇지만 이 또한 일회성 대책 마련에 급급하다가 다시 원점으로 돌아가는 전철을 되풀이한 것으로 보인다. 일회성 대증 요법이 아닌 종합적이고 실용적인 영재 교육 방안을 마련하여 내실있게 추진해야 한다.

과학, 컴퓨터, 게임, 발명 등 분야에 천재적인 재능을 타고난 학생이 본인 또는 부모의 잘못된 선택으로 법관이나 의사 등 사회적 선호도가 높은 직업 쪽으로 일찌감치 진로를 결정함으로써, 천부적인 재능을 발휘할 기회를 영영 놓쳐버리는 결과를 가져올 수도 있다. 심지어 우리나라 미래 과학기술 동량(棟梁)인 영재학교 졸업생 가운데 의대에 진학하는 사례도 많다고 한다. 최근 들어 한국과학기술원(KAIST) 및 서울대, 연세대, 고려대의 이공 계열 입학생들 가운데 상당수가 기존 전공을 포기하고 N수(4회 이상 재수)까지 감수하면서 의대에 진학한다고 한다. 이와 같은 현상으로 인해 과학기술 연구 인력과 국방 인력 확보에 비상이 걸렸다. 현 안보와 경제 위기를 극복하는 데 핵심 역할을 담당해야 할 인재 확보에 비상이 걸린 것이다.

정부와 교육 당국에서는 어떤 방법을 동원해서라도 우리나라 전체 초·중·고등학생들을 대상으로 과학, 컴퓨터, 발명 등 분야 영재들을 빠짐없이 찾아내야 한다. 그리고 이 학생들이 자신들의 천재적 재능에 부합하는 진로를 선택하여 대망을 이룰 수 있도록 맞춤형 교육과 최대한의 지원을 제공해야 한다. 아울러 국가 담론의 장을 통해 '중국 제조 2025'처럼 우리나라 첨단산업 육성에 관한 로드맵과 비전을 국민들 마음속에 깊이 심어줌으로써, 대다수 학생들이 이공 계열 졸업 후 취업 걱정을 하지 않고 전공을 계속 살려 나가도록 해줘야 한다. 그런데 중국에서 '중국 제조 2025' 같은 캐치프레이스가 위력을 발휘하는 것은 당과 정부에서 한 번 발표한 정책은 반드시 실천한다는 믿음을 주기 때문이다. 우리 정부도 한 번 발표한 정책은 반드시 실천한다는 강한 믿음을 주는 것이 필요하다.

또 미국·독일 등 기술 선진국들처럼 R&D 연구자들이 개발한 신기술이 민간으로 기술 이전돼 대박을 터뜨리는 사례가 많이 나오도록 국가 R&D 시스템을 획기적으로 개선함으로써, 이공계 인재들이 의사 못지 않게 수입을 올릴 수 있는 길을 활짝 열어줘야 한다.

한편, 우리는 특정 분야에 뛰어난 재능을 가진 영재들이 다른 일반적인 분야에는 전혀 관심을 기울이지 않거나 보통 사람보다 못한 재능을 나타내는 경우를 흔히 볼 수 있다. 결국, 이런 학생들이 일부 과목의 점수 미달로 서울대 등 일류 대학에 입학할 수 없게 되는 일이 종종 발생한다. 현대판 장영실이라고나 할까. 특정 분야에 뛰어난 재능을 가진 영재의 수는 극히 제한되어 있다. 우리나라가 세계 주요 경제 강국으로 도약하기 위해서는 지금부터 국내에 몇 안 되는 과학·컴퓨터 등 영재들이 마음껏 재능을 연마하고 꿈을 펼칠 수 있도록 길을 활짝 열어줘야 한

일체유심조(一切唯心造)

다. 정부와 교육 당국은 과학·컴퓨터 등 영재들이 일부 과목의 점수가 미달되는 경우에도 서울대 등 일류 대학에 입학할 수 있게 특례를 부여하는 것은 물론, 대학에 입학한 후에도 정규 교과 과정에 구애받지 않고 자신의 천재적 재능을 마음껏 연마할 수 있게 해줘야 한다. 뛰어난 인재를 발탁해 국가를 위기 상황에서 구해 내거나 국가 발전에 커다란 기여를 하도록 하기 위해서는 '파격(破格)'이라는 통 큰 용인술이 작동할 수 있어야 한다. 임진왜란 발발 전에 조선 조정에서 이순신에게 파격적인 인사를 단행하지 않았더라면 조선의 운명이 어떻게 되었을지 한 번 상상해 보라.

국내에 세계적인 글로벌 대기업이 많아져야

우리나라 경제가 본격적인 성장기에 접어든 1970년대 이후 40여 년간 미국에서는 마이크로소프트, 구글, 페이스북 등 세계시장을 뒤흔들만한 빅테크 기업들이 우후죽순처럼 생겨났다. 우리보다 뒤늦게 경제개발을 시작한 중국만 해도 1998년과 1999년에 각각 창업한 텐센트와 알리바바를 비롯해 이미 세계적인 글로벌 대기업 반열에 들어섰거나 얼마 안 있어 이 대열에 합류할 신생 기업들이 부지기수다. 하지만 이 땅에는 그동안에 괄목할 만한 세계적 기업들이 탄생하지 않은 채 삼성, 현대, SK, LG 등 기존 재벌기업 중심의 경제 체제를 계속 유지해오고 있다.

우리나라는 삼성, 현대, SK, LG 등 소수 대표 기업이 국가 경제의 3분의 1을 지탱한다. 그만큼 우리 경제에서 글로벌 대기업이 차지하는 비중이 엄청나게 큼에도, 우리나라는 1970년대 이후 지금까지 세계적인 신생 글로벌 대기업을 전혀 배출하지 못하고 있는 실정이다.

• 일반 대기업을 글로벌 대기업으로

우리나라 진보는 유난히도 반대기업 정서가 커서 끊임없이 대기업 규제를 쏟아내지만, 대기업 지원 정책에는 대부분 반대 입장이다. 그렇지만 삼성, 현대, SK, LG 등 한국을 대표하는 글로벌 대기업들이 국가 경제의 3분의 1을 지탱하는 나라에서, 그리고 지난 25년 동안 글로벌 500대 기업에 신규 진입한 기업이 중국은 133곳인데 한국은 2곳 밖에 안 되는 마당에 국내 대기업들을 키워서 글로벌 대기업으로 만드는 일보다 더 중요한 일이 또 있을까?

국내 대기업들은 경쟁국 기업들에 비해 경영권 방어 장치가 매우 취약한 상태에 있으므로 엘리엇 같은 해외 투기 자본의 공격을 받아 경영권을 위협받는 일이 빈번하게 발생한다. 국내 대기업들은 배당금을 늘리고 자사주를 소각하는 등 경영권을 지키기 위해 막대한 자금이 들어가기도 한다. 우리 정치권에서는 국내 대기업들이 해외 투기 자본으로부터 경영권을 방어하기 쉽도록 미국, 일본, 영국, 프랑스 등 선진국들처럼 차등 의결권이나 황금주 같은 경영권 안전장치를 마련해주기는커녕, 경영 안정성을 흔들고 해외 투기 자본의 공격 가능성을 높여줄 수 있는 각종 규제를 양산해 왔다. 결국은 기업과 경제성장을 위해 연구·개발(R&D) 또는 설비 투자에 들어가야 할 돈이 기업 경영권 방어 등 엉뚱한 데로 흘러가는 셈이다.

우리나라에서 글로벌 대기업 수를 지금보다 대폭 늘리기 위해서는 국내 대기업들이 쟁쟁한 글로벌 대기업들과 경쟁을 벌이는 과정에서 각종

일체유심조(一切唯心造)

불리한 여건을 안고 가는 일이 없도록 각종 규제를 완화해줘야 한다.

'대기업 규제를 통해 중소기업을 살리자'는 식의 편협한 사고에서 탈피해, 대기업과 중소기업이 상생 관계를 유지하면서 함께 성장할 수 있는 기업 풍토를 만들어가야 한다. 정치권 및 정부와 국내 대기업 집단 간 합의를 통해 대기업 규제를 대폭 완화해주는 대신 대기업 집단은 '협력회사 협의회' 등을 통해 대기업·중소기업 간 상생·협력 관계를 확실하게 유지할 것을 약속하고, 약속 불이행 시 벌칙 규정을 신설하는 것도 좋을 것 같다.

• 일반 대기업 수를 늘리고 글로벌 경쟁력을 키워나가야

우리나라에서 글로벌 대기업을 많이 배출하기 위해서는 미래 글로벌 대기업 후보군(候補群)으로서 국내 대기업 수 또한 충분히 늘려야 한다. 그런데 지금 국내 전체 대기업 수는 미국, 중국, 독일, 일본 등 경쟁국들과 비교가 안 될 정도로 적다.

문제는 우리나라에서 중견기업이 성장하여 대기업 집단에 포함될 경우 신규 순환출자 제한, 계열사 간 거래 규제 등 70여 가지의 각종 규제 대상이 되어 기업 활동이 제한을 받기 때문에 대기업의 문턱에서 일부러 몸집을 키우지 않거나 줄이는 것이 일상화되어 있다는 것이다. 일부 중견기업의 경우 기업 인수·합병(M&A)을 통해 몸집을 불릴 기회가 발생하여도 대기업 집단에 포함되지 않으려고 이를 포기함으로써, 기업 간 자발적인 사업 재편 기회를 날려버리는 경우도 비일비재하다고 한다.

동서고금을 막론하고 사람들은 누구나 오늘보다 더 나은 내일, 나아가서 오늘보다 한 단계 더 높은 지위를 얻기 위해 심혈을 기울인다. 회사원의 경우 대리에서 과장, 부장, 상무, 전무 등으로 한 계급씩 지위가 높아질수록 희열과 행복감을 느끼고 회사에 대한 충성심도 높아진다. 지위가 높아질수록 책임과 의무도 따라서 무거워지지만 승진에 따른 희열감·행복감에 비하면 그 정도는 충분히 감당하고도 남음이 있다. 그래서 한 달 전 승진한 사람에게 "다시 이전 지위로 돌아가고 싶은가"라고 물었을 때 "네"라고 대답할 사람은 한 사람도 없다.

그런데 기업의 경우는 다른가 보다. 2023년 1월 26일 대한상공회의소가 국내 중견기업 300곳을 대상으로 설문조사를 실시한 결과 이들 중 30.7%가 "다시 중소기업으로 회귀를 생각해 본 적이 있다"고 대답했다고 한다. 중소기업이 커져서 중견기업이 되면 각종 세 부담이 늘어나고, 세액 공제와 정부 지원은 줄어들고, 정책금융 축소, 공공조달시장 참여 제한 등 규제도 늘어난다. 이것은 중견기업이 커져서 대기업이 될 경우에도 마찬가지이다.

국가통계포털(KOSIS)에 따르면 2020년 기준 우리나라 대기업은 8,508곳으로 전체 기업 중 0.12%, 중견기업은 5,220곳으로 0.076%, 중소기업은 6,812,342곳으로 99.8%에 달한다. 다른 선진국들의 대기업 비중이 미국 0.62%, 독일 0.44%, 일본은 0.39%인데 비해 한국은 미국의 5분의 1, 독일의 4분의 1, 일본의 3분의 1 수준에 불과하다.

우리 경제가 1차적 목표인 일본을 따라잡기 위해서는 전체 기업 가운데 대기업 비중을 현재 0.12%에서 0.39% 이상 수준으로 높여야 한다. 다시 말해 대기업 수를 현재 8,508곳에서 27,304곳으로 3배 정도 늘려야 한다. 그러자면 대기업과 중견기업에 대한 정부 지원을 지금보다 늘리고 각종 규제는 대폭 완화하는 것으로 획기적인 정책 전환이 필요하

일체유심조(一切唯心造)

다. 대기업과 중견기업에 대하여는 중소기업과 다른 차원에서 그에 합당한 맞춤형 지원을 제공하고, 지금까지 대기업 징벌 차원에서 쏟아낸 불합리한 규제들은 과감히 철폐해야 한다는 말이다. 우리나라에서 경제민주화를 내세워 대기업에 대한 각종 규제를 강화하는 것이 스스로 국가경제 발전의 발목을 잡는 자충수를 두는 결과를 가져온다는 점을 명심해야 할 것이다.

• 유망 벤처를 신생 글로벌 대기업으로 키워야

미래 글로벌 대기업을 육성하는 길은 두 가지가 있다. 그 하나는 기존 일반 대기업의 양적 팽창과 질적 성장을 통해 그중 일부를 글로벌 대기업으로 키워내는 것이고, 나머지 하나는 유망 벤처기업을 발굴·육성함으로써 중견기업, 일반 대기업을 거쳐 신생 글로벌 대기업이 되게 하는 것이다.

20대 초반의 세르게이 브린(Sergey Brin)과 래리 페이지(Larry Page)는 고객이 원하는 정보를 아무리 복잡한 내용이라도 가장 빠르고 정확하게 검색할 수 있는 아이디어를 개발하고, 1998년 자신들이 세 들어 사는 집 차고에서 '구글(Google)'을 창업했다. 창업 당시 대학원생으로서 사업자금을 마련할 길이 없었던 두 사람에게 벤처 투자자인 앤디 벡톨샤임(Andy Bechtolsheim)이 10만 달러를 선뜻 투자함으로써 오늘날 세계 굴지의 IT 기업인 구글이 창업의 첫발을 떼게 되었다. 구글은 창업한 지 10년도 안 되어 시가 총액 150조 원의 빅테크 기업으로 성장했으며, 2023년 1월 기준 시가 총액은 1,400조 원이 넘는다.

20세기 후반 이후 정보화시대에 접어들면서 젊은 창업가들이 창의적 아이디어와 열정만으로 벤처기업을 창업한 후 불과 10년 내외에 글로벌 대기업으로 도약하는 사례들이 넘쳐나고 있다. 그런데 우리나라는 창의적인 아이디어를 가진 젊은 창업가들이 성공한 벤처 사업가를 거쳐 글로벌 대기업으로 성장할 수 있는 벤처 환경이 매우 취약하다.

우리 정부와 창업지원기관들은 예나 지금이나 지나치게 규정에만 얽매인 지원시스템을 그대로 유지하고 있어서 기업 외형을 초월해 미래 발전 가능성이 풍부한 유망 벤처에 대한 획기적 지원을 기대하기 어렵다. 더욱이 우리나라에서는 일반 금융기관으로부터 융자받기 어려운 유망 벤처에 무담보 주식투자 형태로 투자하는 곳으로 알려진 벤처캐피털 또한 기술력이나 미래 성장 가능성보다는 투자금 회수 가능성에 주목하는 등 일반 금융기관과 비슷한 행태를 보이고 있는 실정이다.

2000년에 서울대학교의 데이터베이스(DB) 연구팀은 대용량의 데이터를 엄청나게 빠른 속도로 처리할 수 있는 빅데이터 기술을 개발하고 이를 국내에서 상용화하기 위해 백방으로 뛰어다녔지만 정부 기관이나 국내 대기업들로부터 철저하게 외면을 당했다. 결국, 이 연구팀은 2년 뒤 미국 실리콘밸리로 갈 수밖에 없었고, 이곳에서 독일의 소프트웨어 솔루션 업체인 SAP를 만나 2005년 이 회사에 빅데이터 기술을 매각했다. SAP는 위 기술을 적용한 빅데이터 처리 소프트웨어로 한 해 10억 유로(약 1조 3,000억 원)의 수익을 올렸다. 이와 같은 국내 벤처 환경은 20년이 지난 현재에도 별로 달라진 것이 없으며, 이처럼 열악한 국내 벤처 환경은 우리나라에서 미래 글로벌 대기업 탄생 및 육성을 어렵게 하는 요인으로 작용한다. 세계 유니콘 기업 수가 2019년 말 449개에서 2023년 1,209개로 2.7배 늘어난 데 비해, 한국 유니콘 기업 수 같은 기간 10

개에서 14개로 40% 증가에 그친 것만 봐도 알 수 있지 않은가.

따라서 이참에 국내 글로벌 대기업, 벤처 투자회사, 성공한 벤처 사업가, 기술 자문단 등으로 구성된 '유망 벤처 발굴·육성 위원회'를 두고, 미래 성공 가능성이 큰 유망 벤처 창업가들을 엄선하여 집중적으로 육성할 필요가 있다. 여기서는 자본금이나 매출액 등 외형적 요건은 모두 배제하고, 오로지 성공한 벤처 사업가를 거쳐 글로벌 대기업으로 성장할 수 있는 자질과 창의적 아이디어 또는 기술력 위주로 지원 대상자를 선정하여 아낌없는 지원을 제공해야 한다. 이렇게 해서 지원 대상 100개 기업 가운데 2~3개 기업만이라도 구글 같은 빅테크 기업으로 성장할 수 있다면 그야말로 대박 중의 대박이 아닌가.

국내 대기업들도 일찌감치 유망 벤처기업이 개발한 창조적 신기술의 가치를 알아보고 이를 접목함으로써 세계적인 글로벌 대기업으로 성장하는 데 밀알이 되게 할 수도 있을 것이다. 그런데 우리나라 대기업들은 일종의 대기업 병에 빠져 신생 창업기업을 경시하는 풍조가 만연함으로써, 세상을 바꿀 수 있는 혁신적 신기술을 보유하고 있는 신생 벤처가 있어도 그 가치를 알아보지 못해 서로 윈-윈할 수 있는 기회를 놓쳐버리는 경우가 많은 것 같다.

▎ 실질적으로 국내 중소기업의 경쟁력을 키워야

우리나라는 전체 기업 가운데 대기업과 중견기업이 각각 0.1%를 차지하는 데 비해 중소기업이 99.8%를 차지하지만, 국내 전체 수출액 가운데 중소기업이 차지하는 비중은 20%를 밑도는 수준이다. 우리나라 중소기업의 생산성은 대기업의 30% 수준에 불과해 독일(61%)과 일본(57%)의 절반밖에 되지 않는다. 한국은행의 2022년 조사 결과에 따르면 국내 중소기업 가운데 16%가 넘는 기업들이 3년 연속 영업이익이 이자 비용에도 못 미치는 한계기업(좀비기업)이라고 한다.

우리나라는 경제민주화를 내세워 경제적 약자인 중소기업에 여러 가지 지원과 혜택을 주고 있지만, 이렇게 전체 기업 가운데 중소기업 비중이 월등하게 높고 그나마 상당수가 좀비기업 수준인 상황에서 중소기업에 대한 보편적 지원 정책이 제대로 효과를 발휘하기는 매우 어려울 것 같다. 그러므로 중소기업의 글로벌 경쟁력 향상과 국가 경제 발전에 실질적으로 기여할 수 있는 실효성 있는 중소기업 지원 정책을 마련해서 시행해야 한다.

중소기업이 글로벌 강소기업 또는 중견기업으로 성장하기 위해서는 정글의 법칙이 작용하는 세계시장에서 경쟁국 기업들과 당당히 겨룰 수 있는 경쟁력을 갖추는 것이 절대로 필요하다. 오늘날 세계시장은 『거울 나라의 앨리스』에 나오는 '붉은 여왕의 나라'와도 같다. 경쟁국 기업들이 모두 열심히 뛰고 있기 때문에 국내 기업들이 그들보다 더 열심히 뛰지 않으면 경쟁에서 살아남을 수 없다. 국내 중소기업들은 세계시장 진출을 위한 대표 선발전이라고 할 수 있는 국내시장에서 혹독한 훈련과 체력 보강을 통해 스스로 글로벌 경쟁력을 키워나가야 한다. 또한, 정부에서는 지금과 같은 단순 보호·특혜 위주의 지원 정책 대신 국내 중소기업들이 스스로 글로벌 경쟁력 향상을 위해 노력할 수 있는 여건을 만들어주는 것이 필요하다.

일체유심조(一切唯心造)

• 천편일률적인 중소기업 지원, 경쟁력 향상과는 거리가 멀다

우리나라는 중소기업 지원을 위한 정책 가짓수가 1,500개나 되고 지원 금액도 연간 수조 원이 넘는다. 그렇지만 국내 중소기업 가운데 정부 지원을 통해 성공한 사례를 찾아보기가 어려운 실정이다. 정부에서 기술력과 혁신 역량이 뛰어난 중소기업을 선별해 집중적으로 지원하는 것이 아니라, 시혜 차원에서 수많은 중소기업에 대하여 천편일률적으로 지원을 해주고 있기 때문이다. 더욱이 자사의 경쟁력을 키우는 데는 관심이 없고 정부 지원금을 타내는 데만 열중하여 여러 개의 지원 분야에서 수억~수십억 원의 지원금을 받아 챙기는 중소기업도 많다고 한다. 심지어 정부 지원자금 소위 '눈먼 돈'을 더 많이 챙기기 위해 브로커를 동원하는 사례까지 비일비재한 실정이라고 하니 참으로 기가 막힐 일이다.

정부에서는 인공지능(AI) 기반 중소기업 관련 빅데이터 시스템을 통해 국내 중소기업 현황, 경영 상태, 각종 지원금 사용 내역 및 지원 효과 등을 입체적으로 정밀하게 분석하고 그 결과를 중소기업 지원 정책에 활용하도록 해야 한다. 옛날 같으면 680만 개가 넘는 국내 중소기업에 대하여 정책 목적별로 다양한 분석을 하는 것이 불가능했겠지만 지금은 가능하다. 이렇게 해서 각종 중소기업 지원 예산이 기업 경쟁력 향상을 위해 가장 효율적으로 쓰일 수 있도록 계속 지원 방법을 수정·보완해 가면서 편성·집행하도록 해야 한다. 정부 지원금을 제대로 활용해서 기업 혁신과 괄목할 성장을 이뤄낸 성공 사례집을 발간·배포하는 것도 필요할 것이다. 군부대에서 사격 훈련을 할 때 육안으로 보이는 상태만으로 훈련을 반복 실시하는 것과 첨단컴퓨터 시스템을 이용한 과학적 분석 결과를 토대로 훈련을 실시하는 것은 하늘과 땅 사이만큼 차이가 날 것이다.

빅데이터 시스템 분석 결과 더 이상 회생 가능성이 희박한 좀비기업에 대하여는 과감하게 퇴출 절차를 진행함으로써 더 이상 다른 중소기업들에게 악영향을 미치지 않도록 차단해야 한다. 이들 좀비기업들은 기업 경쟁력 향상을 위해 정부 지원금이 절실하게 필요한 유망 벤처 또는 창업기업에 가야 할 지원금을 가로채고, 저품질, 저가 수주 등으로 시장 경쟁 질서를 해칠 수 있어 그대로 두면 우리 산업의 혁신 기반이 갈수록 황폐화될 수밖에 없다. 다만, 이렇게 해서 퇴출되는 좀비 기업주 및 직원들에게는 사회안전망 시스템을 통한 지원과 배려 또한 소홀히 하지 말아야 할 것이다.

아울러 꼭 한 가지 유념해야 할 점은 이 과정에서 세상을 바꿀 혁신 기술을 보유한 유망 벤처까지 싸잡아서 퇴출시키는 우를 범해서는 안 된다는 것이다. 애플이나 구글 같은 세계 최대의 빅테크 기업도 창업 초창기에는 불가피하게 좀비기업 과정을 거쳐야 했다. 기업 구조조정 담당자들에게 수많은 퇴출 대상 좀비기업 가운데 어느 기업이 돌이고 어느 기업이 옥(玉)인지 가려내는 기술은 필수이다.

• 중소기업 경쟁력 향상을 위한 맞춤형 지원

국내에 680만 개가 넘는 중소기업들을 몇 개의 그룹으로 나누고 각각의 그룹 유형에 맞는 맞춤형 지원 정책을 시행해야 한다. 예를 들어 전체 중소기업을 ① 중견 또는 강소기업 육성 그룹, ② 연구·개발(R&D) 특화 그룹, ③ 국가 전략산업 특화 그룹, ④ 디지털 전환(DX) 촉진 그룹, ⑤ 일반 지원 그룹, ⑥ 지원 제외 그룹으로 분류하는 것이다. 먼저, 실질

일체유심조(一切唯心造)

적인 국내 경쟁체제 아래에서 매년 일정 수의 유망 중소기업을 선정하여 이들을 중견 또는 강소기업으로 육성하기 위한 중·장기 지원 정책을 시행한다. 지원 대상 기업의 수는 경쟁국들의 수준에 맞추어 국내 전체 기업 가운데 목표 연도에 이뤄져야 할 국내 중견 또는 강소기업 비중을 기준으로 정하면 될 것이다.

다음으로, 고부가가치 원천기술 개발 의지와 역량을 갖추고 있으나 R&D 투자 여력이 없는 중소기업을 선발하여 정부 R&D 예산 또는 산학협력 지원을 집중적으로 제공한다. 또한, 반도체, 신소재, 생명공학, 양자컴퓨터, 인공지능(AI) 같은 첨단산업을 국가 전략 산업으로 육성하는 데 핵심 파트너로서 참여할 중소기업을 선정하여 집중적으로 육성한다.

아울러 DX이 안 돼 있거나 미흡한 중소기업을 대상으로 DX 추진이 원활하게 이뤄질 수 있도록 지원한다. 미국 기업들은 최근 5년 동안 DX 투자 금액이 10배 이상 늘어난 데 비해, 국내 기업들의 DX 투자는 전반적으로 미흡하여 디지털 기술의 활용률이 경제협력개발기구(OECD) 32개국 중 21위에 불과하다. 그 밖에 일반 중소기업의 글로벌 경쟁력을 높일 방안을 다각적으로 연구·검토하여 '일반 중소기업 경쟁력 강화 프로그램'을 구축·시행한다. 정부 지원 정책에 의존하여 간신히 연명하는 좀비기업이나 국가 경제 발전에 도움이 안 되는 저부가가치 기업 등은 정부 지원 대상에서 제외한다. 한마디로 말해서 스스로 기업 경쟁력 향상을 위해 노력하는 정도에 따라 정부 지원 등급도 달라지는 시스템을 유지해야 한다.

• 대기업과 중소기업 상생 방안을 마련해서 시행해야

그동안 역대 정부에서 대기업이 중소기업을 쥐어짜고 쥐락펴락하는 등 불공정 행위를 근절하고자 많은 노력을 기울였지만, 대기업과 중소기업 간 숙명적 '갑을(甲乙)' 관계의 폐단이 좀처럼 개선되지 않고 있다. 피해 중소기업이 대기업으로부터 더 이상의 불공정한 대우를 받지 않기 위해 공정거래위원회에 신고하는 방법이 있는데, 그럴 경우 십중팔구는 어렵게 따낸 협력업체의 지위까지 몽땅 잃어버리게 될 것이므로 대부분 신고할 엄두도 못 내는 실정이다. 따라서 대기업과 중소기업 간 공정 질서를 유지하기 위해 피해 업체의 신고 및 조사에만 의존할 것이 아니라 대기업의 갑질이 통할 수 없는 기업 풍토를 조성하는 것이 필요하다.

미국에서는 구글 같은 빅테크 기업이 수많은 스타트업(Startup, 신생 벤처기업)과 함께하는 기술 생태계를 구축하고, 성장 잠재력이 큰 벤처 육성과 지원을 아끼지 않고 있으며, 유망 스타트업에 대한 인수합병(M&A)도 활발하게 이뤄지고 있다. 요즘은 대기업들이 새로운 성장 엔진이 필요할 때마다 일일이 자체 R&D를 통해 개발하기에는 시간과 비용이 너무 많이 소요되므로, 기술력이 뛰어난 벤처기업을 인수합병(M&A)하는 등의 방식을 택하는 게 일반적인 추세다.

우리나라에서도 삼성전자가 208곳의 협력사가 참여하는 협력회사 협의회(협성회)를 결성하고 기술 협력 등을 통한 대·중소기업 동반 성장 및 상생·협력을 지향하고 있다. 삼성전자는 2015년부터 2022년까지 국내 중소기업 3,000여 곳을 대상으로 스마트공장 구축 사업을 추진하여 이들 모두를 스마트공장으로 탈바꿈시킨 데 이어, 2023년 6월부터 그중 600여 곳을 대상으로 또다시 '스마트공장 3.0' 사업을 시작했다. 인공지능(AI) 기반 '지능형 공장' 수준으로 한단계 업그레이드하는 것이 목표다. 국내 굴지의 글로벌 대기업이 중소기업 가운데 기술 혁신 의지가 뛰어난 업체들을 대상으로 첨단기술을 아낌없이 나누어주는 대·중소기업 간 상생·협력의 본보기가 아닐 수 없다. 삼성전자뿐 아니라 국내 대기업 모두 이와 같은 유형의 대·중소기업 간 상생·협력 문화를 정착시켜 나가야 한다.

중소기업 또한 정부와 대기업에 지나치게 의존하는 대신 스스로 힘을 축적하여 자사의 글로벌 경쟁력을 강화하기 위한 노력을 아끼지 말아야 한다. 또한, 대기업과 중견기업을 무조건 두려워하고 경계하는 심리에서도 벗어나야 한다. 그들에게 최대한 협력하는 대신 그들로부터 앞선 기술과 영업 노하우를 전수받아 자사의 글로벌 경쟁력을 높이는 데 전력투구해야 한다.

간단히 말해서 대기업은 수많은 기술 혁신적인 중소기업으로부터 자체적으로 해결이 어려운 특정 문제 해결 솔루션이나 혁신적 신기술을 얻고, 중소기업은 대기업으로부터 각종 사업화를 위한 동력을 얻는 방식으로 상호 협력하면서 시너지를 창출하는 것이다.

대기업·중소기업 간 '협력회사 협의회'를 통해 국내 기업들이 공통적으로 직면한 구조적 취약점과 경영상 문제점 등을 개선하기 위한 혁신 과제를 마련하고 다 함께 과제 수행에 동참하도록 함으로써, 국내 모든 기업의 글로벌 경쟁력 향상과 동반 성장을 도모할 수도 있다.

빅뱅식 금융개혁으로 동북아 금융허브를 구축하자

2003년 12월 당시 노무현 정부에서는 2020년까지 우리나라를 싱가포르, 홍콩과 더불어 아시아 3대 금융허브(financial hub)로 자리매김한다는 목표에 따라 '동북아 금융허브 추진 계획'을 발표하였다. 그런데 그로부터 20년이 지나도록 금융허브는커녕 우리 금융 산업의 글로벌 경쟁력이 그 당시에 비해 조금도 나아지지 않았다.

우리나라가 동북아 금융허브로 도약하기 위해서는 싱가포르·홍콩에 비해 턱없이 높은 법인·소득세율, 과도한 규제, 노동시장 경직성, 열악한 외국인 거주 환경 등이 개선돼야 하고 한국 금융기관들의 국제 경쟁력 또한 금융 선진국 수준으로 키워내야 한다. 서울을 금융허브 도시로 키우겠다면서 서울에 있는 금융 인프라를 모조리 지방으로 내보내는 것도 이해할 수 없는 일이다. 기금 적립금이 900조 원에 달하는 국민연금공단은 2015년에 본사를 전주로 이전함으로써, 골드만삭스, 블랙록 등 글로벌 금융 큰손들의 방문이 뜸해지고 펀드매니저조차 구하기 어려워졌다고 한다.

• 대증 요법적인 금융감독 탈피해야

최근에 시중은행들이 비대면 업무 비중이 증가하는 추세에 부응해서 점포 수를 빠른 속도로 줄이고 있었다. 정보기술(IT) 발달로 디지털 금융으로의 전환이 빠르게 진행되어 내방 고객이 갈수록 줄어드는 마당에 비싼 임대료를 지불해가며 많은 점포를 유지해야할 이유가 없어서다. 이는 우리나라 금융 혁신을 위해 매우 당연하고 합리적인 조치

일체유심조(一切唯心造)

라고 할 수 있다. 그런데 진작부터 그러한 방향으로 금융 혁신을 유도했어야 하는 금융 당국이 오히려 시중은행의 점포 폐쇄 조치에 제동을 걸고 나섰다. 이유는 점포 수를 줄이는 것이 고령자 등 디지털 취약 계층의 금융 접근성을 제한함으로써 이들에게 금융 소외 현상을 초래한다는 것이다.

그렇지만 어느 분야든지 혁신이 이뤄지기 위해서는 어느 정도의 불편함과 부작용은 있게 마련이고, 이를 극복할 수 있는 방법을 찾아서 조금씩 개선해 나가면 될 일이다. 각종 교통·통신수단의 발달로 집에서 은행 점포까지의 거리가 2배 이상 멀어진다고 해서 그리 큰 문제가 되지 않는다. 모바일이나 인터넷뱅킹에 익숙하지 않은 노년층이라면 자녀나 손자녀의 도움을 받아 이용할 수도 있고, 직접 사용 방법을 익힐 수 있도록 편의를 제공할 수도 있다. 고령층을 위한 특수 모바일 앱을 만들어 제공할 수도 있을 것이다. 점포 폐쇄로 인한 비용 절감 금액의 극히 일부만 투자해도 이런 문제는 쉽게 해결할 수 있으리라고 믿는다. 가장 큰 문제는 금융 당국의 혁신 기피 현상이다. 이번 기회에 점포 수를 더 큰 폭으로 줄이고 디지털 금융 혁신 기반의 빅뱅식 금융개혁을 본격적으로 추진하는 방향으로 사고의 대변혁이 이뤄져야 한다.

마침 최근 들어 유례없는 초고금리 시대를 맞아 국내 시중은행들이 예대마진[34]으로 막대한 수익을 창출하게 됨으로써 은행권에 한바탕 소동이 일어났다. 시중은행들은 때마침 점포 감축 등으로 희망퇴직자 수가 늘어난 데 이어 수천억 원이 넘는 추가 이익이 발생하자 희망퇴직자

---

34 대출로 받은 평균 이자에서 고객에게 돌려준 평균 이자를 뺀 나머지 부분 즉, 예금금리와 대출금리의 차이로 금융기관의 수입이 되는 부분을 말한다.

들에게 1인당 6~10억 원 상당의 퇴직금을 지급하는 등 돈 잔치를 벌인다는 이유로 호된 비난을 받았다.

이에 정부에서는 은행의 공공성을 강조하면서 시중은행들을 향해 계속해서 질타성 경고 메시지를 보내고, 은행권은 부랴부랴 가산 금리를 인하하고 수익의 일부를 사회환원하겠다고 발표하는 등 진화에 나섰다. 그런데 곰곰이 생각하면 지금이 본격적인 금융개혁을 착수하기 딱 좋은 시점인데 이런 식으로 대충 넘어가는 것 아닌가 하는 아쉬움이 든다.

우리 금융시장의 글로벌 경쟁력이 떨어지는 가장 큰 요인은 시중은행들이 예대마진 수입에 지나치게 의존하는 것이라고 알려져 있었다. 2022년 주요 시중은행들의 총 영업이익 중 이자이익 비중은 90%를 넘어섰다. 글로벌 100대 금융회사의 2021년 이자 이익 비중이 59%인 데 비해 지나치게 높은 수준이다. 따라서 이번에 국내 시중은행들이 손쉽게 돈을 벌 수 있는 예대마진 수입에 지나치게 의존하는 관행에서 벗어나 다양한 국내 및 해외 영업 활동을 통해 비이자 이익 비중을 금융 선진국 수준으로 높이는 등 수익 구조 혁신 작업에 즉시 착수하도록 촉구해야 한다. 단, '비이자 이익 비중을 높이는 등 수익 구조를 개선'하라는 식의 선언적 지시만으로 그쳐서는 안 된다. 조금 시간이 걸리더라도 차제에 제대로 된 금융개혁에 착수해야 한다는 말이다.

디지털 취약 계층의 은행 접근성 제한을 이유로 시중은행들의 점포 구조조정에 제동을 걸거나 갑자기 시중은행의 공공성을 강조하는 것 또한 진정한 금융개혁과는 거리가 먼 대증요법이라고 할 수 있다. 정부에서 시중은행의 공공성을 강조하자 외국인 투자자들이 국내 주요 금융지주 주식을 팔아치우기 시작한 것만 봐도 알 수 있지 않은가.

일체유심조(一切唯心造)

• 우리 금융, 글로벌 경쟁력 높이기 위해 개혁을 서둘러야

우리 몸에서 원활한 혈액 순환이 이뤄지게 하려면 역동적으로 움직이는 심장의 기능이 필요한 것처럼 한 나라의 경제가 잘 돌아가기 위해서는 '경제의 심장'이라고 할 수 있는 금융 산업이 잘 발달해 있어야 한다. 영국의 금융전문지 더 뱅커(The Banker)가 발표한 '2022년 세계 1000대 은행'에서 중국의 4개 국유은행(중국공상은행·중국건설은행·중국농업은행·중국은행)이 1~4위를 모두 차지했다. 그동안 중국이 세계 2위 경제대국으로 부상하는 데 이들 국유은행들이 크나큰 역할을 해왔다는 것은 주지의 사실이다.

우리나라도 갈수록 성장 동력을 잃어가는 경제를 살려내기 위해서는 경제의 심장인 금융 산업의 덩치를 키우는 것이 급선무다. 그리고 다른 한편으로는 국내 금융기관들의 시스템 혹은 구조적인 문제점을 개선함으로써 금융 선진국 수준의 글로벌 금융 경쟁력을 확보하는 것이 필요하다. 선진국 금융 당국은 자국 금융회사들에 대한 검사 업무를 수행할 때 시스템의 문제점 파악과 대안 제시 등 컨설팅 쪽에 중점을 두고 진행한다고 한다.

최근 들어 시중은행들이 예대마진 고수익과 성과급 과다 지급 문제로 질책을 받게 되자 '10조 원 사회 환원', '늘봄학교 5년간 500억 지원' 등 느닷없는 복지·교육 대책을 내놓았지만, 그다지 바람직한 일이 아닌 것 같다. 20년 전에 싱가포르와 홍콩 수준의 금융 허브를 꿈꾸던 우리 금융 산업의 현주소가 이렇게 보잘것없는 수준에 머물러 있는 상황에서, 복지나 교육 분야에까지 마음을 쓸 여유가 있을까? 이자 수익이든 비이자 수익이든 시중은행들이 벌어들인 돈은 우리 금융 산업의 덩치를 키우는 데 오로지 투입돼야 한다.

다만 시중은행이 벌어들이는 이자 수익은 민생과도 직결되는 만큼 금융 감독기관에서 일정한 가이드라인을 정해주면 될 것이고, 임직원 성과급 또한 국민들의 과중한 이자 부담으로 벌어들인 돈을 추가 성과급으로 지급하는 일이 없도록 사전 예방 조치를 취해야 했다.

시중은행들이 예대마진에 지나치게 의존한다는 비난이 일자 갑자기 알뜰폰, 배달앱, 미술품 보관 등 비금융 서비스업으로 업무 영역을 확대하는 움직임을 보이고 있는데, 이 또한 바람직하지 않은 것 같다. 어떤 방식으로든 국내 금융기관들의 덩치를 키우는 것이 나쁠 것은 없지만, 업무 다원화가 금융업 중심으로 이뤄지는 것이 우리나라 금융 선진화를 위해 바람직하다.

아무튼 이번 일을 계기로 금융 당국은 그동안 지지부진했던 금융개혁 추진을 더는 미루지 말고 지금 즉시 시작하지 않으면 안 될 것이다. 단, 대중요법적 임시방편이 아니라 금융 선진국들의 금융개혁 및 디지털 금융 혁신 사례들을 참조하여 우리 실정에 맞는 금융개혁 로드맵을 작성한 후 그대로 빈틈없이 추진해야 한다.

무엇보다 감독기관을 비롯해 금융기관 수뇌부에 대한 낙하산 인사를 철폐하고 우리나라 금융 시스템을 금융 선진국 수준으로 개혁할 의지와 능력을 갖춘 전문가들을 발탁해서 앉혀야 한다. 금융 당국은 국내 금융기관들의 시스템 혹은 구조적인 문제점들을 정확하게 파악하고, 이를 치유하여 글로벌 금융회사 수준으로 만들 수 있는 지침서를 만들어 각 금융기관에 전달한 후 정기적으로 그 이행 상황을 점검해야 한다. 이를 위해 현재 금융위원회와 금융감독원으로 이원화되어 있는 금융감독

일체유심조(一切唯心造)

시스템을 일원화하여 국내 금융기관들의 구조 및 시스템 개선 등 금융 개혁을 일사불란하게 추진하도록 해야 한다.

• 은행 업무 디지털화, 국제화

신한은행은 금융 서비스의 디지털화를 위해 2022년 10월 최근 핀테크 시장이 급성장하고 있는 베트남의 핀테크 기업인 '핀코프(Fincorp)'와 업무협약을 체결했다. 한때 우리나라에 핀테크 기반 인터넷전문은행이 도입되면서 시중은행들이 위기의식을 느껴 혁신이 일어나지 않을까 하는 기대가 있었으나 무위로 끝나고 말았다.

최근 들어 핀테크가 미래 금융시장을 주도할 것이라는 전망이 대두되는 가운데 핀테크의 영향력이 갈수록 커지는 현상이 우리나라 금융 산업 발전에 청신호가 될 수도 있을 것 같았다. 우리나라의 앞선 정보기술(IT)을 바탕으로 핀테크 역량을 크게 끌어올리는 것이 가능할 것이기 때문이다. 그런데 글로벌 시장조사기관 CB인사이트에 따르면 2022년 말 기준 전체 글로벌 유니콘(기업 가치 1조 원 이상의 비상장기업) 1,204개 중 21%(252개)가 핀테크인데, 그 중에서 국내 기업은 단 1곳(비바리퍼블리카)뿐이다. 아직은 우리나라에서 핀테크 역량을 한참 더 키워야 함을 여실히 보여주고 있는 것이다.

금융 선진국에 비해 형편없이 취약한 해외 영업 부문을 강화하는 것도 빼놓을 수 없이 중요한 일이다. 금융 선진국 은행들은 해외수익 비중이 40%를 넘는 것에 비해 국내 은행들은 겨우 8%에 불과한 실정이다. 전 세계를 하나의 시장으로 보는 21세기 글로벌 시대에 살고 있는 우리로서 언제까지나 우리 금융 산업을 우물 안 개구리처럼 국내에서만 머무르게 할 수는 없다. 그리고 어차피 우리 금융 산업의 국제화를 피할 수 없는 추세라면 하루라도 빨리 추진하는 것이 우리나라의 금융 선진국 진입을 앞당기는 데 유리할 것이다. 이 또한 금융기관 자율에 맡겨서는 안 될 것 같은 생각이 든다. 금융기관 경영진으로서는 짧은 임기 중 해외영업 확대로 인한 초기 실패로 인사상 불이익을 당할 우려가 있으므로, 보증수표나 다름없는 국내 영업에 안주하는 쪽을 선호할 가능성이 크기 때문이다.

금융 당국에서는 선진국 금융회사들의 해외영업 실태 및 성공 사례에 대한 분석·검토를 거쳐 국내 금융기관들의 해외영업 활성화 방안을 마련하고, 이를 금융개혁 과제에 포함하여 적극적으로 추진해야 한다. 아울러 국내 금융기관 임직원들이 해외영업 확대 등 미래지향적인 업무 수행으로 인해 발생할 수 있는 초기 실패에 지나치게 구애받지 않도록 진취적·합리적인 인사제도를 구축할 필요가 있다.

지금부터라도 서울을 해외 금융회사들에게 우호적인 금융허브 도시로 만들어가면서, 우리 금융기관들의 체질 개선과 함께 우리나라 핀테크 역량을 세계 최고 수준으로 끌어올림으로써 20년 전부터 소망해 왔던 '동북아 금융허브'의 꿈을 반드시 이루어야 한다.

▌외국인 관광객 추가 유치로 국내 내수시장을 키우자

• 국내 내수시장 규모를 1억 명 이상으로 키우자

일체유심조(一切唯心造)

우리 경제가 침체에서 벗어나지 못하는 원인 가운데 하나로 내수시장 침체를 들 수 있다. 그런데 극심한 경기 침체 속에서 불과 5,000만 명에 불과한 인구 수준으로 국내 내수 경기를 활성화하기 위해 정부에서 많은 노력을 하고 있지만 뚜렷한 성과를 기대하기 어려운 실정이다. 그런데 밖으로 눈을 돌려보면 비행기로 1~3시간 걸리는 중국에만 해도 날로 확장 추세에 있는 14억 규모의 내수시장이 있다.

한 나라의 내수시장을 활성화하기 위해서는 인구가 적어도 1억 명 정도는 돼야 한다고 하니 중국을 비롯한 외국인 관광객 수를 획기적으로 늘려 국내 내수시장 규모를 1억 명 정도로 키워야 한다. 2019년에 우리나라를 찾은 외국인 관광객이 1,750만 명[35]이니까 지금보다 외국인 관광객 수를 3배 정도 늘리면 된다. 그런데 우리나라에서 외국인 관광객 수를 이처럼 획기적으로 늘리기 위해서는 정부와 관광 및 서비스업계를 중심으로 획기적인 외국인 관광객 유치 전략을 완전히 새롭게 짜야 한다. 우리나라가 14억 인구의 거대한 내수시장을 바로 이웃에 두고 있는 지리상 이점과 케이팝(KPop), 식음료, 헬스케어, 화장품 등 한류 열기에도 불구하고 외국인 관광객 유치 실적이 크게 늘어날 수 없는 원인이 무엇인지 알아보고 이를 타개할 방안을 마련해야 한다.

• 외국인 관광객을 위한 관광 상품 다변화

우선, 그동안 중국인 관광객들을 중심으로 호황을 누려온 쇼핑 관광 분야에 대한 점검을 통해 문제점이 있는지 살펴보고, 지속 가능한 중국

---

35 외국인 관광객 수가 2020년에는 250만 명, 2021년 96만 명으로 크게 줄었지만 이는 코로나19 팬데믹으로 인한 일시적 현상이며, 2022년부터 다시 예년 수준으로 회복되는 추세이다.

인 쇼핑 관광객 유치 전략을 마련할 필요가 있을 것으로 보인다. 한국 무역협회에 따르면 중국인 소비자에 대한 설문조사에서 '최근 5년 내 화장품·식품·의류 등 한국 상품을 구매한 경험이 있다'고 응답한 비율이 2020년 78.7%에서 2023년 43.1%로 35.6%나 떨어졌다는 것이다. 코로나 이후 중국인들이 즐겨 찾던 한국 상품에 대한 선호도가 오히려 떨어졌다는 것은 중국인 관광객 유치 전략에도 적신호가 켜진 것으로 봐야 한다. 한국 내수시장 1억 명이라는 목표를 달성하기 위해 관광 상품 다양화가 필요하지만 기존의 중국인 쇼핑 관광객 유치 전략 또한 소홀히 해서는 안 될 것이다. 무엇보다 중국인 관광객들의 선호에 맞게 국산 화장품 등의 품질을 지속적으로 개선해 나가는 노력을 아끼지 말아야 한다. 요즘 한참 뜨고 있는 한류 열기를 관광 상품에 접목해서 동반 성장 효과를 거둘 방안을 마련하는 것 또한 필요하다.

그리고 중·장기적으로 외국인 관광객들이 쇼핑은 물론 명소 관광, 레저, 의료, 한류 체험 등 다양하고 실속 있는 관광 상품 및 이벤트에 매료될 수 있도록 창의적이고 종합적인 외국인 관광객 유치 전략을 짜야 한다.

우리나라에는 유럽이나 중국처럼 웅장하고 화려한 고대 유적이나 세계적으로 알려진 관광 명소가 별로 없다. 그런데 두바이는 국토 대부분이 사막인 보잘것없는 자연환경을 보유하고 있음에도 사막에 기이한 모양의 건축물을 짓는 등 아름다운 도시를 건설하고 인공 섬을 조성하는 등으로 세계적인 관광 명소를 만들었다. 우리나라에서도 창의적 발상의 전환을 통해 우리의 자랑스러운 역사적 사실 또는 문화유산과 한류를 접목하여 세계적인 관광 명소를 얼마든지 만들어 낼 수 있다.

일체유심조(一切唯心造)

지금 해외에는 특히 MZ 세대를 중심으로 우리가 생각하는 것 이상으로 한류에 대한 동경과 열망이 충만해 있다. 이들에게 한국에서만 경험할 수 있는 다양한 한류 관광 상품을 공들여 만들어서 제공한다면 우리가 기대하는 것 이상으로 크나큰 호응을 얻을 수 있을 것이다. 지금까지 방탄소년단(BTS) 관련 장소, 넷플릭스를 통해 폭발적인 인기를 끈 드라마, 영화에 자주 등장하는 장소와 촬영지 등을 순례하는 것으로 상당한 호응을 얻고 있으나, 지금보다 외국인 관광객 수를 3배로 늘리기 위해서는 보다 창의적이고 기발한 발상의 전환이 필요하다.

예를 들어 이상과 같은 순례 코스 중간마다 해외 관광객들의 관심을 끌 수 있는 독특한 양식의 실내 또는 야외 콘서트홀을 만들어 놓고 이곳에서 한국에서만 볼 수 있는 BTS 공연을 관람하도록 한다든지, 한국에서만 맛볼 수 있는 독특한 음식을 선보일 수도 있다.

2022년 4월 미국 라스베이거스에서 열린 BTS 공연과 이벤트에 30만 명의 팬이 몰려 1,315억 원을 벌어들였다고 한다. 만약에 이런 공연이 한국에서 열린다면 외국인 관광객 추가 유치로 인한 관광 수입 증대는 물론 국내 일자리 창출 효과까지 다양한 부수 효과를 누릴 수 있게 될 것이다. 정부와 관광업계가 지혜를 짜내어 라스베이거스에는 있고 한국에 없는 것이 무엇인지 찾아내어 보완하고자 하는 노력을 아끼지 말아야 할 일이다.

세계 해전사에서 유례를 찾아볼 수 없는 23전 23승의 기적을 이뤄낸 이순신 장군의 전승 기록과 거북선 등을 소재로, 남해안의 옛 통제영(統制營) 터와 격전 해역들을 생동감 있게 복원함으로써 세계인이 즐겨 찾는 관광 명소를 만들어 낼 수 있다. 증강현실(AR) 기술을 이용해 관

광객들이 거북선을 타고 해전(海戰) 장면을 직접 볼 수 있도록 하는 것
등이다. 그 밖에 춘향전 등 고전 명작이나 한류를 소재로 한 테마파크
(theme park), 관광농원, 의료관광, 한류체험관 등 한국에서만 접할 수
있는 다양한 관광 코스를 만들어서 내놓아야 한다.

외국인 관광객 수를 크게 늘리기 위해서는 우리나라의 생활 인프라
수준이 다른 선진국들에 비해 뒤떨어지지 않아야 하고, 개발도상 국가
들에 비해 훨씬 앞서 있어야 한다. 한국에서 스마트시티(Smart City), 도
심항공교통(UAM), 로봇 서비스 등 첨단 인프라 및 서비스를 접할 수 있
는 기회를 되도록 많이 제공함으로써 외국인 관광객들의 만족도를 크
게 높일 수 있게 돼야 한다.

• 외국인 관광객들의 불만 요인 해소

지금 우리나라에서는 외국인 관광객들을 위한 숙박시설 부족, 불량
숙박업소 급증, 바가지요금, 엉터리 성형수술 등 이들의 불만을 극대화
하고 한국의 이미지를 실추시키는 일들이 끊이지 않고 있다. 이와 같은
사례들이 각국에 지속적으로 전파될 경우 한국을 찾는 외국인 관광객
수는 급격하게 감소될 수밖에 없다. 그러니 앞으로 정부와 서비스 업계
그리고 전 국민이 합심하여 외국인 관광객들이 한국에 와서 겪어야 하
는 불친절, 불량 숙박업소, 바가지요금 등 불만 요인들을 말끔히 해소하
는 노력을 기울여야 한다.

우리 국민 가운데 국내에 외국인 관광객이 넘쳐나 내수가 활성화되고
국가 경제가 살아나는 것을 반기지 않을 사람이 있을까? 더욱이 국내
서비스업 종사자 가운데 외국인 관광객이 폭증하여 내수 경기가 활성

화되는 것을 좋아하지 않을 사람은 한 사람도 없을 것이다. 그런데도 서비스업 종사자들이나 일반 국민들이 각자도생 구도에 빠져 당장 자신의 이익과 직결되지 않는 일에는 전혀 관심을 기울이지 않는 것이다. 예를 들어 어느 소매점 주인이나 택시 기사가 외국인 관광객들에게 바가지를 씌움으로써 당장 얼마간의 이익을 취할 수는 있지만, 이로 인해 한국을 찾는 외국인 관광객 수의 지속적인 감소를 가져와 결과적으로는 소탐대실의 우를 범하게 된다는 사실을 미처 깨닫지 못하는 것이다. 나아가서 서비스업 종사자가 아닌 일반 국민들이 한국을 찾은 외국인 관광객들에게 친절한 길 안내를 해주고 다정한 인사 한마디를 건네는 것이 외국인 관광객 수의 지속적인 증가를 가져와 국가 경제에 큰 보탬이 될 수 있다는 생각을 하지 못하는 것이다.

지금부터 서비스업 종사자를 포함한 모든 국민들이 당장 눈앞의 이해관계를 초월하여 외국인 관광객들의 불만 요인을 해소하고 이들에게 자그마한 친절이라도 베풀고자 하는 노력을 아끼지 말아야 한다. 이 또한 우리 경제를 살리기 위한 개혁 과제의 일종이라는 것을 항상 유념해야 한다.

숙박시설 부족과 불량 숙박업소에 대한 불만 요인 해소를 위해 외국인 관광객들이 값이 싸면서도 주변 경관을 마음껏 즐길 수 있는 신개념 숙박시설을 개발해서 제공하는 것도 좋을 것 같다. 특히 외국인 관광객 수를 3배 정도 늘리려면 외국인 관광객을 위한 숙박시설도 3배 이상 늘어나야 된다. 값싸고 실용적인 게스트하우스 같은 숙박시설을 많이 짓고 도시 주택을 외국인 관광객에게 숙식은 물론 한국 가정문화 체험 시설로 제공하는 에어비앤비(Air bnb) 도시민박업을 확대하는 방안을 강구하는 것도 필요할 것으로 보인다.

정부와 관광 및 서비스 업계의 노력으로 국내 내수시장 규모가 1억 명 수준으로 늘어나면서 내수시장 확대 및 활성화를 통한 경제성장의 선순환이 이뤄지도록 해야 한다.

농업 현대화로 농업 선진국 수준의 경쟁력을 확보하자

우리나라는 농업 선진국에 비해 턱없이 작은 땅덩어리를 보유하고 있어 1인당 평균 경지 면적이 미국의 53분의 1, 프랑스의 26분의 1에 지나지 않는다. 이처럼 열악한 환경 속에서 우리는 미국·프랑스 등 농업 선진국에 비해 크게 낙후된 농업 경쟁력 격차를 해소하지 못한 채 농산물 수입개방에 전전긍긍해왔다. 그런데 최근 들어 농업에 정보기술(IT)을 접목한 첨단 농법이 개발되고 온실 등 특수 환경에서의 농작물 재배가 보편화되는 등 좁은 공간에서도 얼마든지 고수익을 올릴 수 있게 되었다. 드디어 농업 현대화 사업을 통해 우리나라가 농업 선진국으로 발돋움할 수 있는 길이 열리게 된 것이다.

• 농업 현대화 사업 위해 기업체의 농업 참여 절실

농업 현대화 사업의 요체는 크게 ① 영농 규모의 확대, ② 농업의 첨단산업화, ③ 농축산물 유통 단계의 단축 등 세 가지로 요약할 수 있다. 그동안 정부에서는 '들녁경영체' 육성을 통해 영농 규모의 확대를 도모하고, 농업에 IT 기술을 접목하여 농업을 첨단산업화하기 위한 사업을

일체유심조(一切唯心造)

지속적으로 추진하고 있지만, 농업 현대화 사업의 본격 추진으로 우리 농업을 미국·프랑스 같은 농업 선진국 수준으로 끌어올리기에는 미흡한 수준이다. 농업 현대화 사업을 보다 확실하게 본격적으로 추진하기 위해서는 농식품 관련 기업 또는 IT 기업 등을 본 사업에 끌어들임으로써 사물인터넷(IoT), 빅데이터, 블록체인 기술 등을 이용한 농업의 규모화, 첨단화, 지능화가 이뤄지고, 농축산물 생산·보관·가공·유통을 일괄적으로 처리할 수 있게 돼야 한다.

농업에 농·식품 또는 IT 기업 등을 끌어들여야 하는 이유는 그렇게 함으로써 농업이 1·2·3차 산업이 융합된 6차 산업으로 승화되어 엄청난 시너지를 창출할 수 있기 때문이다. 다시 말해 농업(1차 산업)과 가공식품·바이오(2차 산업) 및 유통·관광·레저(3차 산업) 산업 간 융합으로 가치 사슬이 확대되면서 그 생산성이 엄청나게 커지는 것이다.

중국은 그린 바이오(Green Biotechnology), 자율주행 농기계, 스마트팜(Smart farm) 등 애그테크(Agtech, 농업+기술) 산업을 육성하겠다고 한다. 바이오 기술을 이용해 종자와 비료 등의 품질과 성능을 획기적으로 개량하고, 자율주행 농기계와 농업 로봇 등 첨단 농기계의 개발·보급, 도시형 식물공장인 '버티컬 팜(Vertical Farm)' 같은 첨단 농업 시스템을 지향하겠다는 것이다. 일본 IT 기업인 후지쯔와 파나소닉도 식물공장을 적극적으로 육성하고 있으며 소프트뱅크와 골드만삭스 등에 의한 대규모 투자도 진행 중이다.

그런데 우리나라에서는 동부그룹이 2012년 말 경기도 화성시에 있는 간척지 15ha에 초대형 유리 온실을 짓고 수출용 토마토를 재배하려다 농민들의 반대에 부딪혀 사업이 백지화되는 등 기업체의 농업 참여가 실현되기 어려운 실정이다.

우리나라가 오랜 숙원인 농업 선진국 수준의 경쟁력을 갖추기 위해서는 정부와 기업 그리고 농민 간 대타협을 통해 기업체의 농업 참여를 이끌어내는 것이 급선무다. 그리고 이를 위해 우리나라 농촌 지역을 각각 그 특성에 따라 지구·단지 등으로 세분화하고, 각 지구별로 기업체가 참여하는 농업 현대화 사업 프로젝트를 마련해야 한다. 예를 들어 벼, 잡곡, 채소, 과수 등 작목별로 특산 단지를 조성하고 기업체와 영농조합 그리고 농민들이 함께 참여하는 농업 현대화 사업을 추진하는 것이다.

정부는 각 지구별로 농업 현대화 사업 추진 내용과 사업이 성공적으로 추진될 경우 우리 농업의 미래상과 지역 농민들이 누리게 될 각종 혜택에 대하여 대 농민 홍보에도 많은 공을 들여야 한다. 그러고 나서 우선 기업체가 참여하는 농업 현대화 사업에 찬성하는 지구 가운데 몇 곳을 선정하여 시범 사업을 할 필요가 있다. 이곳에서 대규모 농장을 경영하는 기업체는 IoT, 빅데이터, AI 기술을 이용한 첨단 농법으로 가격 및 품질 경쟁력이 있는 최상품의 농축산물을 생산하고, 농축산물 직거래를 통해 유통 차익을 최소화해야 한다.

또한, 기업체의 농축산물 생산 및 유통 시스템에 지역 농민들이 일정 부분 동참하여 함께 이익을 누리는 것은 물론, 회사 직원 또는 아웃소싱 멤버로 참여하여 소득을 올릴 수 있는 기회를 제공하도록 해야 한다. 이와 같은 시범 사업지구의 성공 사례를 통해 국내에서 기업체의 농업 진출이 활성화되고, 농업 진출 기업들과 기존의 농업회사 및 영농조합 법인들이 긴밀하게 연계하여 전국적으로 농업 현대화 사업망을 촘촘하게 엮어나가도록 해야 한다.

일체유심조(一切唯心造)

한편, 기업체의 영농 참여를 통해 국민 식생활 변화와 쌀 수입 개방으로 갈수록 재고가 늘어나는 쌀 생산을 줄이고, 대신 자급률이 부족한 잡곡 등 경제성이 높은 농작물 재배를 늘리는 것도 자연스럽게 이뤄질 수 있다. 우리나라에서 식량 자급률은 2021년 기준 44.4%, 곡물 자급률(사료용 포함)은 20.9%에 불과한 실정이다. 영농 참여 기업은 농지(논)를 구입 또는 임차하여 잡곡은 물론 채소, 과수, 관상수, 화훼, 약초 등을 재배함으로써 쌀 생산 감축과 농업 소득 증대라는 일석이조(一石二鳥)의 효과를 거둘 수 있다.

이 나라 진보는 2023년 3월 23일 169석 거대 야당의 힘으로 남아도는 쌀의 정부 매입을 강제하는 양곡관리법 개정안을 강행 처리(대통령 거부권 행사 후 2023.4.13. 국회 재의 결과 부결)하였는데, 이야말로 대증요법적인 포퓰리즘 정책의 전형적인 사례가 아닐 수 없다. 우리나라에서 쌀이 남아도는 근본 원인을 찾아 해소할 생각은 하지 않고 정부 수매를 의무화함으로써, 밀이나 콩 같은 잡곡류를 재배하던 농가까지 벼농사로 전환해 쌀 생산이 더 늘어나는 결과를 초래할 수 있는 것이다.

• 농업 경쟁력을 높이고 고부가가치 산업으로 육성해야

이제는 우리나라도 신규 농업 진출 대기업과 기존의 중소 농업회사 그리고 영농조합 법인 간 유기적인 협력 관계를 통해 농업의 규모화와 첨단산업화 및 도시 소비자와의 농축산물 직거래가 이뤄짐으로써 우리 농축산물의 가격과 품질 경쟁력을 농업 선진국 수준으로 높일 수 있게 되었다. 이렇게 해서 지금까지 농축산물 유통 구조의 왜곡 현상으로 인해 생산자는 제값을 못 받고 소비자는 턱없이 비싼 가격으로 농축산물을 구입할 수밖에 없는 난제(難題)도 자연스럽게 해소될 것이다.

한편, 중국·인도를 비롯한 전 세계 신흥국들의 지속적인 식량 등 농축산물 수요 증가, 농축산물을 이용한 다양한 가공식품 및 기호식품 개발로 사양 산업으로 취급되었던 농업이 신성장 산업으로 주목받게 되었다. 이러한 추세에 발맞추어 농업과 BT·NT 기술 융·복합을 통해 농축산물을 재료로 고급 식품, 의약품, 바이오 에너지를 생산하고 관광농업을 활성화하는 등 농업을 고부가가치 산업으로 육성해야 한다.

국내에서 농업 현대화 사업 참여 기업을 많이 육성하고 글로벌 경쟁력까지 갖추게 함으로써 세계적인 농업 기업을 배출해 내는 것도 빼놓을 수 없이 중요한 일이다. 아울러 기업체의 농업 참여와 IoT, 빅데이터, AI 기반의 첨단산업화를 통해 대량의 일자리를 새롭게 창출함으로써 실업률을 크게 낮추도록 해야 한다.

최근 농협중앙회에서 도시형 스마트팜을 만들어 이곳에서 귀농·귀촌 교육을 실시한다고 한다. 전국적으로 이런 교육 시설을 많이 만들고 구직 청년들 가운데 귀농·귀촌을 원하는 사람들을 대상으로 첨단 농업기술을 익히도록 교육하여 새로운 일자리를 마련해주는 것도 좋을 것 같다.

일체유심조(一切唯心造)

정치 개혁

　동서고금을 막론하고 국가 위기 국면에서 걸출한 정치지도자가 이끄는 개혁의 성공적 추진으로 위기를 기회로 바꿔 강대국의 꿈을 이룩한 사례가 많다. 고대 진(秦)나라 상앙, 중국의 덩샤오핑, 영국의 대처, 독일의 슈뢰더·메르켈 등을 들 수 있다. 이렇게 한 나라의 개혁적인 정치지도자 및 정치권의 출현은 그 나라의 운명이 크게 뒤바뀔 수 있는 원동력이 된다.

　그렇지만 국가 위기 국면에서 개혁적인 걸출한 정치지도자도 개혁 의지로 결집한 정치권의 모습도 찾아보기 어려운 우리나라 현실에서는 그저 꿈같은 얘기가 아닐 수 없다. 우리나라에서는 보수가 집권하든 진보가 집권하든 현 안보와 경제 위기를 극복하고 통일 강국(統一强國)[36]의 꿈을 향해 나아갈 수 있도록 제대로 된 국가 개혁을 추진하기 어려운 것 같다.

36　우리나라가 통일 대업을 이루고, 아울러 세계 주요 강대국의 일원이 되는 것을 의미한다.

우리나라 정치의 양극화

• 보수와 진보, 국가 위기 극복 위해 가치 융합 필요

원래 보수와 진보의 구분은 현대 민주주의 발원지인 서구에서 그 뿌리를 찾을 수 있다. 서구 민주주의 국가에서 보수는 정부의 역할을 줄이고 시장 중심의 경제 운용을 통해 성장 위주의 정책을 추구하는 경향이 있다. 반면에 진보는 정부의 역할을 늘리고 시장경제에 개입하여 경제·사회적 불평등을 완화하고자 하는 정책을 추구한다.

우리나라에서 권위주의적 정부 행태가 유지된 1980년대 중반까지는 보수와 진보의 구분이 뚜렷하게 나타나지 않았으나, 1980년대 말부터 급속한 민주화가 진행되면서 서구 선진국들처럼 보수와 진보의 구분이 분명해졌다. 그리고 1990년대 이후에는 보수와 진보가 성장과 분배 위주의 상이한 정책 이념을 표방하면서 번갈아 국정을 운영하고 있다.

그런데 현대 민주주의의 발원지인 서구와 미국에서는 지금 우리처럼 보수와 진보가 번갈아 집권해서 국정을 운영하면서도, 시대 상황과 국내 형세에 맞게 보수와 진보의 가치를 융합한 창조 정치를 구현함으로써 국익을 극대화하는 것처럼 보인다. 예를 들어 좌파(진보)의 슈뢰더 독일 전 총리는 2003년 3월부터 위기에 처한 경제를 살리겠다는 일념으로 소득세율 인하, 노동시장 유연화, 재정지출 축소 등 우파(보수)적 개혁정책을 강하게 밀어붙임으로써 결국 독일 경제를 일으켜 세우는 원동력이 됐다.

영국의 진보인 노동당의 경우 마거릿 대처(Margaret Thatcher) 전 총리

일체유심조(一切唯心造)

의 국가 개혁이 착수된 1979년 이후 18년 동안 보수에 정권을 내주면서 위기에 처했지만, '신노동당'을 표방하며 기존 정강 정책을 보다 보수화함으로써 1997년 총선을 통해 정권을 되찾았다. 이때 토니 블레어(Tony Blair)가 이끄는 노동당은 하원 659석 중 418석(63%)을 차지하는 압승을 거두었다. 호주 또한 보수 정부의 오커스(AUKUS) 가입 등 대중 견제 정책에 반대하던 노동당이 집권하자마자 전임 정부의 정책을 계승해 미국과의 안보 동맹을 강화함과 동시에 중국과의 교역도 정상화하는 등 국익 위주의 정책을 펴고 있다.

미국은 보수와 진보가 미세한 부분에서 여러 차이점들이 존재하지만 국가 안보와 경제 발전 및 첨단기술 개발 등 국가 이익을 챙기는 일에는 매사에 한목소리를 내면서 적극적으로 대응하는 모습을 보여주고 있다. 일본은 보수인 자민당이 1.5당(여당1+야당0.5) 체제 즉, 보수가 국회 의석의 과반수를 유지하면서 계속 집권을 하고 있다. 일본 보수는 국내 정치적 안정을 토대로 군사 강국화를 추구하면서 미국과 혈맹 관계를 유지함과 동시에 중국과의 경제 교류도 소홀히 하지 않는 등 매우 영리한 외교 행보를 보여주고 있다.

21세기는 융합의 시대이다. 전통 제조업과 정보기술(IT) 융합을 통해 혁신적인 제품을 만들어 내지 않고서는 글로벌 경쟁에서 살아남을 수 없으며 4차 산업혁명 대열에서도 낙오될 수밖에 없다. 정치도 마찬가지다. 보수와 진보의 가치가 시대 상황 또는 국가 형세를 감안하여 일정 비율로 융합되지 않고서는 국가 발전을 기대할 수 없다. 더욱이 우리나라에서 보수와 진보의 가치인 안보, 성장, 복지, 경제민주화 등은 국가를 유지·발전시키고 국민 삶의 질을 향상시키는 데 빠져서는 안 될 핵심 가치들이다. 이는 선택의 문제가 아니라 조합 또는 융합의 문제인 것이다. 다시 말해서 보수와 진보 가운데 "어느 쪽의 정책을 취할 것이냐" 하는 문제가 아니라 세부 정책 항목별로 "어느 쪽 정책을 몇 퍼센트 정도 취하고 다른 쪽 정책을 몇 퍼센트 정도 취할 것이냐" 하는 문제인 것이다. 나아가서 양쪽의 정책 가운데 몇 개 항목을 창조적으로 융합해서 완전히 새로운 정책을 만들어 내는 전략이라고 할 수 있다.

우리가 현 안보와 경제 위기를 슬기롭게 극복해 가면서 4차 산업혁명 선도 국가로 굴기하려면 서구 선진국들처럼 국가 위기 해소와 각종 개혁 과제 추진에 적합하도록 보수와 진보의 가치를 융합하는 창조 정치를 구현해야 한다. 다시 말해서 우리나라 진보는 현 경제 위기를 극복하기 위해 성장을 중시하는 보수의 가치를 과감히 받아들여야 한다. 보수 또한 경제민주화는 말할 것도 없고, 그때그때 상황에 따라 온건적·진취적인 안보관 등 진보의 가치를 슬기롭게 받아들일 수 있어야 한다.

우리나라에서는 지금까지 진보 집권 시에는 중국과 북한에 대하여 한없이 유화적인 태도를 유지해오다가 보수가 집권하면서부터 정반대적인 태도를 보이는 것이 일상화되어 온 것처럼 보인다. 정치가 진정으로 국가와 국민을 위해 존재하는 것이라면 절대 이래서는 안 된다. 한 나라의 외교·안보 정책은 주변 강대국들의 역학 구도를 주도면밀하게 헤아려 국익을 극대화할 수 있는 최선의 정책 방안을 탐색한 후 오직 그 길을 따라 매진해야만 한다.

지금 천하 질서는 국익을 위해서라면 '적과의 동침'도 불사하는 실리 외교가 대세다. 미국과 서방의 대중국 전략도 '디커플링(decoupling, 탈동 조화)'에서 '디리스킹(derisking, 위험 완화)'으로 변환하는 추세다. 앞에서 예를 든 일본과 호주처럼 미국과의 동맹 외교에도 적극적이고 중국과의 경제 외교도 소홀히 하지 않는 것이 국익을 극대화하는 길이다. 북한이든 중국이든 항상 대화의 창을 열어놓고 관계 개선을 위한 노력을 아끼지 말아야 할 것이다. 최근 들어 미·중, 중·일, 북·일 간 대화 움직임이 감지되는 가운데 오직 우리만이 대중, 대북 대화의 문이 굳게 닫혀 있는 실정이다. 상대방은 대화를 할 생각이 없는데 우리 쪽에서 대화를 하지 못해 안달하거나 상대방을 이기기 위해 힘을 기르기보다 상대방의 선의에만 지나치게 의존하는 등 지속 가능하지 않은 평화지상주의만은 철저히 배제해야 하지만, 대화 그 자체를 굳이 회피할 필요는 없지 않을까.

덩샤오핑은 '검은 고양이든 흰 고양이든 쥐만 잘 잡으면 된다(黑猫白猫論)', 즉 '사회주의든 자본주의든 인민을 잘살게 하는 것이 중요하다'면서 사회주의 계획경제 체제를 더 이상 고집하지 않고 시장경제를 사회주의에 접목하는 대변혁을 일으켜 경이로운 경제성장을 끌어냈다.

• 보수와 진보, 태생적 한계로 위기 심화

우리나라에서는 덜 숙련된 보수와 진보가 번갈아 가면서 국정을 운영하다 보니 정권이 바뀔 때마다 주요 정책 기조가 완전히 뒤바뀌는 현상이 되풀이되고 있는 실정이다. 심지어 지난 정부에서 핵심 국정 과제로 선정하여 추진했던 정책들은 무조건 안 된다는 식의 편협한 국정 운영이 지속되는 가운데, 지난 30년 동안 우리나라에서는 5년 단위의 불연속적인 국정 과제 수행과 각종 포퓰리즘 정책 추진이 일상화되어 왔다.

이로 인해 우리는 그동안 북한과의 군비 경쟁에 매우 소극적으로 대처함으로써 자주국방 태세를 충분히 구축하지 못했을 뿐 아니라, 우리 경제의 각종 구조적 문제점을 심화시켜 헤어나기 어려운 위기 국면에 처하도록 하는 결과를 가져왔다.

다시 말해서 우리 정부가 북핵위협으로 인한 안보 위기, 각종 구조적 문제점으로 인한 경제 위기를 극복하기 위해 국방개혁과 경제성장 정책들을 지속적으로 강도 높게 추진해야 함에도 그러지를 못해 상황이 더욱 나빠지는 결과를 초래한 것이다. 이런 가운데 정치권에서는 거의 매년 실시하는 대통령, 국회의원, 지자체장 선거에서 표를 얻기 위해 경쟁적으로 각종 포퓰리즘 공약을 남발함으로써 상황을 더욱 어렵게 만들었다.

지금까지 말한 것이 2016년 이전까지 우리 정치권에서의 보수와 진보의 모습이었다. 그런데 2016년 겨울 점화된 촛불집회 이후 우리나라에서 덜 숙련된 보수와 진보는 아예 기형적인 모습으로 일그러져 대한민국의 미래를 더욱 어둡게 만들고 있다.

촛불 민심을 등에 업고 기세등등하게 등장한 문재인 정부는 극단적인 '진보 가치' 일색의 각종 역주행 정책으로, 국민들로 하여금 '두 번 다시 경험하고 싶지 않은 나라'를 만들었으며, 2020년 총선을 통한 169석 확보로 또다시 거대 야당의 길을 가고 있다. 이에 반해 각종 개혁 과제의 성공적 추진으로 이 나라를 위기에서 구해내야 할 사명을 띤 보수는 거대 야당의 힘에 눌려 '보수의 가치'를 제대로 구현하지 못한 채 지지율 30%대를 벗어나지 못하고 있다.

　　　　　　　　　　　　　　　　일체유심조(一切唯心造)

보수와 진보의 파행

• 진보의 역주행

한 가정을 이끌어가는 과정에서 가끔씩 아버지와 어머니의 생각이 다른 것은 아주 자연스러운 현상이지만, 상황에 따라서는 어느 한쪽의 이견이 커다란 문제를 일으킬 수도 있다. 예를 들어 아버지는 약간의 여유 자금으로 가족 여행을 가자하고 어머니는 가구를 구입하자고 하는 등 의견이 갈릴 수 있다. 하지만 아버지는 자녀가 자신의 재능과 소질에 따라 이과를 선택하고자 하는 데 찬성하는 반면, 어머니는 자녀 의사에 반해 문과 쪽으로 가야 한다고 계속 억지를 부린다면 어머니의 고집이 자녀의 앞길을 망칠 수도 있다. 자녀의 미래 성공 여부를 좌우할 진로 문제를 결정해야 하는 특수 상황에서 어머니의 생각은 자녀의 앞길을 망칠 수도 있는 아집이 되는 것이다.

마찬가지로 우리나라가 남북 대치 상황도 없고 경제 구조에도 별문제가 없다면 안보 문제에 대한 여·야 간 이념 차이가 크게 문제될 것도 없고, 성장 우선이냐 분배 우선이냐를 놓고 얼마든지 다툴 수 있다. 그렇지만 지금 우리는 우리에게 없는 핵무기를 보유하고 나날이 그 성능을 높여가면서 도발을 멈추지 않고 있는 북한과 대치하고 있다. 또 우리 경제가 세계 10~13위의 경제력을 보유하게 되었다지만 속으로는 여러 가지 구조적 병폐로 깊은 골병이 든 상태이며, 최근 들어 대내외적 경제 환경 악화로 깊은 침체의 늪에 빠져들어가고 있다. 이와 같은 위기 상황에서 분배보다는 당연히 성장 위주 정책이 필요하고, 국방, 규제, 노동, 교육 등 개혁 과제를 적극적으로 추진할 필요가 있는 것이다.

더욱이 그동안 역대 정부에서 시행한 정책에 대한 학습 효과 또한 무시할 수 없다. 같은 정책을 수차례 반복 실시한 결과 기대했던 효과가 나타나지 않거나 오히려 정책을 시행하지 않은 것만 못한 역효과를 보일 경우에는 당연히 당해 정책을 폐기하는 게 맞다.

그동안 진보가 추진했던 안보 정책의 대표적인 사례로 '햇볕정책'을 살펴보자. 이는 1998년 출범한 김대중 정부에서 '따스한 햇볕을 보내 북한을 변화시킬 수 있다'는 확고한 신념을 바탕으로 야심차게 추진하기 시작한 정책이다. 그렇게 2조 원이 넘는 돈을 지원했지만 북한 정권은 조금도 변하지 않고 핵개발에 전력투구했으며, 우리가 인도적 차원에서 지원한 돈의 일부가 핵개발 자금으로 전용됐다는 의혹만 불거졌다.

따라서 이 경우에는 기존의 햇볕정책 대신 보다 합리적이고 실용적인 대북 지원을 하는 것으로 일찌감치 정책 방향을 수정해서 시행하는 것이 좋았을 것으로 생각된다. 즉, 인도적인 차원에서 굶주리는 북한 동포들에게 직접 식량을 나눠줌으로써 대북 지원 금액 또는 물자의 타용도 전환을 방지하거나, 대북 지원 조건으로 북한 지도부의 주민들에 대한 인권 개선을 요구하는 것 등이다.

경제 정책에 있어서도 진보에서는 줄곧 국내 대기업들을 적으로 돌리면서 대기업 규제법안 만들기에 주력해 왔지만, 미·중 패권 전쟁과 글로벌 공급망 교란 등 대내외적 경제 여건 악화로 우리 경제가 깊은 침체의 늪에 빠져들어가는 상황에서 우리가 세계 10~13위의 경제력을 유지하고 있는 게 삼성 등 글로벌 대기업들이 애쓴 덕분이 아닌가.

일체유심조(一切唯心造)

이 나라 진보의 반기업 정서는 '을지로위원회'와 관계가 깊다. 을지로위원회는 '을(乙) 지키는 민생실천 위원회'의 준말로서 더불어민주당 의원 77명이 소속돼 있다. 을지로위원회는 원래 각종 불공정한 갑을(甲乙) 관계를 해결하는 일에 주안점을 두고 활동을 해오다가 차츰 기업인과 근로자 또는 대기업과 중소기업을 '갑'과 '을'로 갈라쳐 '갑'을 적대시하기 시작했다. 을지로위원회는 반혁신(反革新)의 대표적 사례인 '타다금지법'을 주도해 2020년 3월 6일 국회 통과를 관철시키기도 했다. 그러나 결국 2023년 6월 1일 대법원에서 타다가 불법 콜택시 영업을 한 것이 아니라고 무죄를 선고함으로써 타다금지법은 무리한 입법이었음이 확인된 셈이다.

더욱이 문재인 정부 5년간 과도한 최저임금 인상, 비정규직 정규직화, 주 52시간 근로제, 졸속 부동산 정책 등으로 국가 경제는 물론 민생까지 곤경에 빠뜨렸다는 사실이 만천하에 드러났다.

지금까지 이 나라 진보는 계속해서 본말(本末)이 전도된 길을 가고 있었던 것처럼 보인다. 국가 안보와 경제를 살리기 위해서 이념을 운용하는 것이 아니라 자당(自黨)의 이념을 지키기 위해서 안보와 경제 정책을 활용한 것이다. 국민의 입장에서 보면 국가 존립과 국민 행복을 위해 정치도 필요하고 정부도 필요한 것이다.

만약에 어느 정당의 이념과 정책이 국가 안보와 경제 발전 그리고 민생에 도움이 안 되고 오히려 해가 된다면 그 정당은 국민의 지지를 받을 수 없다.

• 구태의연한 보수

우리나라가 산업 근대화와 함께 민주화의 꿈을 이루고 보수와 진보가 뚜렷하게 구분되기 시작하면서 등장한 첫 정부는 '문민정부'를 표방한 보수진영의 김영삼 정부였다. 김영삼 정부는 집권 초기 군사문화 청산 등 과감한 개혁 조치를 통해 지지율이 80%를 상회하는 등 호조를 보였으나, 보수의 가치라고 할 수 있는 성장 위주의 각종 개혁 과제들을 제대로 소화해 내지 못해 임기 말에 치명적인 IMF 환란을 초래하고 말았다. 그로부터 10년 후 노무현 정부의 경제 정책 실패를 만회할 책무를 떠안고 집권한 보수진영의 이명박 정부 역시 경제 개혁에 대한 비전 및 추진력이 부족한 데다, 집권 초기 광우병 사태로 인해 국정 추진 동력을 상실함으로써 보수의 가치를 제대로 구현하지 못했다. 이명박 정부로부터 바통을 이어받아 보수로서 연속 집권에 성공한 박근혜 정부는 규제개혁 등 경제 위기 극복을 위한 각종 개혁 과제 수행에 많은 공을 들였으나, 진보의 거센 반대와 정책 추진력 부족 등으로 각종 개혁 추진이 흐지부지되고 말았다. 게다가 집권 말기 '최순실 국정농단 사건'이 불거지면서 6개월에 걸친 국정마비 사태를 가져왔고, 헌정사상 처음으로 현직 대통령이 파면되었다. 이렇게 우리나라 보수는 1993년 2월부터 2017년 4월 사이에 14년을 집권하면서 성장 위주의 각종 개혁 과제 추진을 통해 침체된 경제를 살리는 데 실패함으로써 국민적 지지기반을 확보하지 못했다. 더욱이 지난 박근혜 정부에 대한 민심 이반과 극심한 내홍으로 인해 우리나라에서 보수는 설 자리가 없어지면서 국민들에게 관심 밖의 존재로 밀려나게 됐다.

우리나라에서 보수의 무기력함은 지금 우리에게 절실한 각종 개혁 과

일체유심조(一切唯心造)

제 추진을 어렵게 만드는 결정적 원인을 제공하고 있다. 지금 우리나라는 성장보다 분배를 중시하는 진보가 2016년 촛불 집회 이후 5년간 집권하면서 심한 역주행으로 우리나라 경제와 민생을 황폐화시켰음에도 어찌된 영문인지 2020년 총선에서 169석 확보라는 경이로운 실적을 올림으로써 5년 만에 정권을 회복한 보수 정부를 무력화시키고 있다.

지금 우리나라 보수 여당은 예나 지금이나 구태의연한 모습 그대로 지난 문재인 정부 5년간의 정책 실패에 대한 반사 효과를 충분히 누리지 못한 채, 자신들에게 부여된 소명을 다하지 못하고 있다. 다시 말해 지금 우리 대한민국이 '이대로 주저앉느냐 대역전의 기회를 장악하느냐' 하는 중대한 갈림길에서 사사건건 개혁의 발목을 잡는 진보 야당을 넘어서 각종 국가 개혁 과제들을 본격적으로 추진해야 할 보수 여당 또한 무기력해서 제 역할을 제대로 수행하지 못하고 있다는 말이다. 지난 2020년 총선 때 이미 문재인 정부의 안보 및 경제 정책 실패가 가시적으로 충분히 드러났음에도 총선에서 참패를 당해 각종 개혁 과제 수행에 절대적으로 필요한 입법권을 장악하지 못하게 된 것도 따지고 보면 보수 여당 스스로 자초한 일 아닌가.

지금 우리나라 보수 여당에게 주어진 소명은 지난 문재인 정부 5년 동안 역주행으로 취약해진 안보와 경제를 되살려냄과 동시에, 여러 가지 복합적인 변화의 물결이 밀려오는 대변혁의 시대에 대처해 나갈 수 있도록 힘을 모아 국정 로드맵을 새로 짜는 일이 될 것이다. 아울러 2024년에 치러질 22대 총선에서 과반 의석을 확보해 국정 추진 동력을 살려내는 일이 급선무다. 지금 당장 산적해 있는 경제와 민생 관련 정책들을 처리하기 위해서는 169석 거대 야당과도 어느 정도 소통이 이뤄져야 하고, 그러기 위해서는 국민 지지율을 한층 끌어올려야 할 것임에도 어찌된 일인지 좀처럼 속 시원한 모습을 보여주지 못하고 있다.

정치개혁 방안

지금 우리나라는 북한 핵위협과 동아시아 정세 불안 등 안보 위기와 저출산 고령화, 저성장 고물가, 우리 경제의 구조적 문제점 심화 등 경제 위기가 중첩된 상황으로서, 위기 극복을 위한 각종 개혁정책보다 남북 대화 및 포퓰리즘적 보편적 복지에 집착하는 진보 이념으로는 현 위기 상황을 극복하기 어렵다. 그래도 우리가 처해 있는 현 위기 상황을 인식하고 일정 부분 개혁 의지를 보여주고 있는 보수 여당이 환골탈태하여 국민 지지를 획득한 후, 진보 야당과의 협조 체제를 구축해 가면서 현 위기를 기회로 만들 수 있는 각종 개혁정책을 역동적으로 추진해야 한다.

우리나라 진보가 변하지 못하는 이유는 무엇일까? 1980년대 활발히 전개된 학생운동과 민주화운동에 참여한 386세대(1980년대 386세대가 지금은 586세대가 됨)가 자연스럽게 진보에 합류하게 되면서 점점 우리나라 진보의 핵심으로 자리매김하게 되었다. 586 세대는 김대중 정부 때부터 정치권에 대거 입문하기 시작했으며, 이후 노무현 정부를 거치면서 정치권은 물론, 학계, 언론계, 법조계, 문화계, 노동계까지 골고루 진출하여 핵심 세력화되었고, 막강한 좌파 시민단체들과도 연계됨으로써 이제는 그 이념과 정책들을 바꾸고 싶어도 그렇게 하기가 쉽지 않을 것 같은 생각이 든다. 이제 이 나라 진보는 자기 스스로도 자신을 통제하기 어려운 거대 집단이 돼버린 것이다.

일체유심조(一切唯心造)

'지피지기 백전불태(知彼知己 百戰不殆)'라고 했다. 대한민국 보수는 이와 같은 우리나라 진보의 실상을 정확하게 파악하고 각오를 새롭게 해야 한다. 첫째, 보수가 단기간 내에 진보를 능가할 정도로 덩치와 세력(하드 파워)을 키울 수는 없지만 소프트파워 측면에서 국민에게 어필할 수 있는 각종 개혁정책들을 많이 만들어 내야 한다. 그러고 나서 '국가 담론의 장'을 통해 국민 여론을 결집함으로써 정책 추진의 추동력을 확보해야 한다. 대한민국 보수는 원내와 원외를 막론하고 자신보다 훨씬 큰 덩치를 보유하고 있는 진보와 대등한 위치에서 싸우기 위해 저들과 차별화된 비대칭 전략이 절대로 필요하다는 점을 명심하지 않으면 안 된다. 그 차별화된 비대칭 전략이 바로 진보 이념과 정책을 압도할 수 있는, 그리고 국민들 마음속에 깊은 감동과 공감을 불러일으킬 수 있는 개혁정책들을 만들어 내놓는 일이다. 그런데 여기서 한 가지 유념해야 할 사항이 있다. 생활이 어려운 계층일수록 개혁에 따른 일시적 고통을 견디기 어려울 것으로 생각해 개혁을 반대할 가능성이 높다는 점이다. 현재 쪼들리는 생활고를 버텨내는 일에 급급해서 개혁을 생각할 여유가 없을 뿐 아니라, 개혁은 국민들에게 '허리띠를 졸라매라'고 강요하는 경향이 있다고 생각해서 생활이 더 어려워질까 봐 두려운 것이다. 따라서 국가 개혁 로드맵을 작성하면서 민생 문제를 주요 정책 과제에 반드시 포함하고 강력한 실천 의지를 표명함으로써 국민들을 안심시켜야 한다.

둘째, 한국 진보에 극좌 시민단체 등 외부 세력이 있는 것처럼 보수에도 태극기 부대 등 극우 성향의 외부 세력이 시대에 뒤떨어지고 국민 정서에도 전혀 맞지 않는 캐치프레이즈를 내걸고 장외 집회를 일삼아 국민들에게 한국 보수 이미지를 크게 떨어뜨린 바 있다. 정작 정통 보수는 조용한데 아웃사이더인 극우 세력이 큰소리로 외쳐대니 일부 국민들은 이들 말이 곧 한국 보수의 이념이라고 생각한 것이다. 한국 보수가 환골 탈태해서 국가 안보와 경제를 살리는 구국 정당으로 거듭나기 위해서는 극우 세력과 결별하는 것이 급선무지만 내 살점을 떼 내는 일이 쉽지는 않을 것이다. 가장 좋은 방법은 한국 보수가 질적·양적으로 크게 성장해서 극우 세력을 자연스럽게 자신의 영향력 안으로 흡수하는 길이다.

셋째, 우리나라 진보는 자녀 입시 비리로 1심에서 징역형을 선고받은 전 법무부 장관과 대형 비리 사건으로 수사를 받고 있던 당 대표를 시위까지 벌이면서 감싸는 등, 지난 집권 기간 '공정과 정의'를 입버릇처럼 외쳐대던 것과 전혀 다른 민낯을 보여 왔다. 보수는 이와 같이 문재인 정부 이후 한국 진보가 놓쳐버린 '공정' 프레임을 되살려 보수 이념으로 뿌리내리도록 해야 한다. '공정(公正)'이나 '공공선(公共善)'은 공화주의37 적 가치에서 나온 말로 공화주의는 원래 보수의 이념이라고 할 수 있다.

넷째, 지금까지 우리나라 정치권의 모습은 여·야 간에 서로 헐뜯고 비방을 일삼기 때문에 그 어느 쪽도 승자가 될 수 없고 국민의 눈으로 볼 때 둘 다 한심한 존재로 보일 뿐이다. 이럴 때 어느 한쪽이 상대방에 대한 비방을 멈추고 오직 국가 안보와 경제 발전 그리고 민생 관련 정책 개발에 전력투구하는 모습을 보여준다면, 국민 지지율이 그쪽으로 완전히 기울어지리라는 것은 삼척동자라도 짐작할 수 있는 일이다.

1966년 1월 샤스트리 전 인도 총리의 갑작스런 서거로 국대당 내부에서 차기 총리 후보 간에 치열한 각축전이 벌어졌다. 당시 유력한 총리 후

---

37 개인의 사적 권리보다는 시민으로서 갖춰야 할 덕을 강조하는 정치적 이데올로기.

일체유심조(一切唯心造)

보였던 '드사이'와 '난다'는 오만함과 상호 비난으로 둘 다 국민들에게 호감을 얻지 못했는데, 지지기반이 열세에 있었던 인디라 간디가 두 사람과 차별화된 전략으로 국민의 마음을 얻어 결국 최종 승자가 됐다. 그는 상대방의 어떠한 공격에도 평정심을 잃지 않고 겸손하고 예의 바른 태도를 유지했기 때문에 국민들로부터 호감을 얻을 수 있었다.

한국 보수가 과감한 변신을 통해 환골탈태한 모습을 먼저 보여주게 된다면 진보 또한 변하지 않을 수 없게 될 것이다. 이렇게 해서 우리나라 정치권이 미국처럼 여·야를 초월해서 국가 발전을 위해 전력투구할 수 있는 체제로 대전환이 이뤄진다면 정부와 공직사회 또한 국정을 효율적으로 잘 이끌어가게 될 것이다.

정부와 공직사회 개혁

정부 개혁

• 정부 수뇌부에 누구를 앉힐 것인가

조선 시대 선조 임금이 임진왜란 발발 1년 전에 류성룡 등의 추천을 받아 이순신을 전라좌수사로 발탁해 앉힌 것은 결과적으로 누란의 위기에 처한 국난을 극복하게 한 구국의 결단이었다. 반면에 중국 전국시대 조(趙)나라의 효성왕은 진(秦)나라와의 장평(長平) 전투에서 병법에 밝지만, 실전 수행 능력이 부족한 조괄(趙括)을 대장군으로 임명했다가 진나라에 대패한 것은 물론 조나라 40만 대군이 생매장되는 대재앙을 겪게 되었다. 이처럼 한 나라의 정부 또는 군 수뇌부에 누구를 앉히느냐에 따라 나라의 운명이 크게 갈릴 수 있다.

그런데 우리나라에서 총리와 장관 및 주요 기관장을 임명하기 위해 거쳐야 하는 인사청문회가 국정을 가장 효율적으로 이끌어 갈 수 있는 인물을 고르는 데 있다기보다 후보자의 지난 행적을 파헤쳐 결정적인 결

일체유심조(一切唯心造)

점을 찾아내는 데 주력하는 것처럼 보인다. 예나 지금이나 아무리 능력이 출중하고 충성심이 강한 사람이라도 한두 가지의 결점은 있게 마련이다. 더욱이 우리나라에서 지도층 인사들의 도덕성이 그다지 높은 수준이 아닌데도 그중에서 무결점 인사를 찾아 발탁하려다 보니, 국정을 가장 효율적으로 이끌어갈 수 있는 걸출한 인재를 발탁해야 한다는 원칙에 충실할 수 없는 딜레마에 빠지는 것 같다.

지금 우리나라는 북핵위협과 불안한 동아시아 정세 등 안보 위기와 저출산·고령화, 저성장·고물가, 우리 경제의 구조적 문제점 심화 등 경제 위기가 중첩된 총체적 위기 상황이다. 이와 같은 비상시기에 국정을 이끌어가야 하는 총리와 장관 및 주요 기관장 자리에는 무엇보다 위기를 대역전의 기회로 만들 수 있는 걸출한 인물이 절대적으로 필요하다. 따라서 개혁 의지와 소신 그리고 탁월한 국정 수행 능력을 갖춘 인물을 발탁하는 데 인사청문회의 중점을 두어야 한다. 1차 청문 결과 지도자로서의 탁월한 자질과 능력이 인정된 경우에는 2차 청문 절차인 도덕성 검증을 비공개로 진행하고, 도덕성이 사회적 지탄 받을 만한 수준이거나 우리나라 고위 공직자 평균보다 미달되는 경우가 아니면 청문을 통과할 수 있게 해야 한다. 그리하여 위기를 대역전의 기회로 만들 수 있는 걸출한 인물을 등용할 수 있게 길을 항상 열어두어야 한다.

• 정부 수뇌부의 역할 및 권한 강화

정부 수뇌부에 걸출한 인물을 앉히는 것 못지않게 중요한 것은 그들이 장기적인 안목으로 소관 분야의 국정을 쇄신하고 각종 개혁 과제들을 소신껏 역동적으로 추진할 수 있는 권한과 기회를 충분히 부여하는 일이다. 먼저, 총리와 장관 등 정부 수뇌들이 소관 분야의 장·단기 개혁 과제들을 구상하고 주요 정책 과제 추진을 진두지휘하여 성공적으로 마무리 지을 수 있도록 충분한 재임 기간을 보장해 주어야 한다.

우리나라에서는 정부에 대한 국민 지지도 저하 또는 무슨 큰일이 생길 때마다 총리 또는 장관을 교체하는 일이 너무 자주 일어나 역대 장관들의 평균 재임 기간이 1년을 넘기기 어려운 실정이다. 미국의 오바마 행정부 1기(2009년 1월~2013년 1월)에서 장관 15명 중 13명(87%)이 대통령의 임기 4년 동안 자리를 유지한 것과 대조적이다. 그나마 잦은 교체 시기마다 후보자를 내정하고 인사청문회를 거치는 과정에서 총리와 장관 자리를 장기간 비우게 되는 일이 자주 발생하곤 한다.

다음으로, 총리와 장관들이 소관 부처의 각종 국정 현안과 개혁 과제들을 소신껏 입안해서 추진하고 그 결과에 책임지는 책임총리 및 책임장관제를 시행해야 한다. 대통령의 국정 철학이 담긴 큰 그림만 내려주고 나머지는 총리와 장관들이 알아서 집행하도록 맡겨둠으로써, 대통령은 더 큰 국정 철학과 국제정치적 이슈 그리고 새로운 개혁 과제 구상에 집중하면서 국정 전반에 걸친 큰 흐름을 조절할 수 있게 될 것이다.

우리 속담에 '강한 장수에게는 약졸이 없다'고 했다. 강하고 효율적인 공직사회를 만들기 위해서는 최고위 공직자들이 먼저 강하고 효율적이어야 한다. 그다음에는 최고위 공직자의 강하고 효율적인 국정 운영 스타일이 일반 고위 공직자와 중간 관리자들에게 전파되고 나아가서 전 기관으로 파급되도록 지도력을 발휘해야 한다.

임진왜란이 발발하기 1년 전, 전라좌수사 이순신 홀로 다가올 전란에 대비하여 군선(軍船)을 건조 또는 보수하고, 조수와 물길을 살피고,

일체유심조(一切唯心造)

각종 전략을 개발하는 데 여념이 없었다. 임란이 발발하자 그는 사전에 파악해 둔 조수와 물길, 왜군 진영에 대한 정보수집 결과 등을 종합해서 창의적이고 치밀한 전략을 수립하였으며, 나아갈 때와 물러날 때를 헤아려 아군의 피해를 최소화했다. 지도자로서 걸출한 능력과 부하 사랑하는 마음까지 남달랐던 그는 휘하 장병들과 혼연일체가 되어 23전 23승 불패 신화를 만들어 냈다.

최고위 및 고위 공직자는 지도자로서 필요한 모든 덕목을 갖추고 창의적이고 혁신적인 정책 개발에 앞장서면서 한번 결정한 일은 반드시 해내고야 마는 성공 신화를 만들어가야 한다. 이렇게 해서 최고위 및 고위 공직자가 내리는 지시는 모두가 핵폭탄급이 되어야 한다. 그래야 지시 내용이 말단 공무원에 이르기까지 골고루 퍼져나가 당초 기대했던 정책 목표를 100% 달성할 수 있다. 그렇지 않고 활시위를 당겨 화살을 쏘아 보내는 식이 되어서는 지시 사항이 전달되는 과정에서 갈수록 힘이 빠져 당초 기대했던 정책 목표 달성이 어려워지게 될 것이다.

공직사회 개혁

• 각종 이기주의와 편의주의 풍조 타파

지금 우리에게 닥친 여러 위기 상황들을 잘 헤쳐나가기 위해서는 개혁적이고 걸출한 정부 수뇌부를 중심으로 이 나라의 150만 공직자들이 창의적, 능동적, 적극적인 자세를 유지하면서 각종 국정 과제 수행에 매진해야 한다.

그리고 이를 위해 이들 공직자들이 몸담은 공직사회 또한 대승적, 진취적, 역동적인 모습으로 거듭나야 한다.

지금까지 역대 정부에서 추진해 온 각종 개혁 과제들이 제대로 추진되지 못한 것은 국정 목표에 부합하는 대승적 차원의 업무처리가 이뤄지지 못하고, 각 부처 또는 부서의 입장만을 생각하는 업무처리 관행이 만연해 있기 때문이다. 또 이렇게 된 근본 원인은 각 부처 및 부서 소속 공직자들의 이기주의와 편의주의 때문이다.

우리 공직사회에서 주요 개혁 과제들을 처리하는 데 장애가 되는 각종 이기주의와 편의주의를 극복하려면 어떻게 해야 할까? 모든 공직자들이 자신이 맡은 업무의 최상위 정책에 해당하는 국정 목표를 확실하게 이해하고, 마음에 새기고, 그 목표에 부합하는 방향으로 모든 업무를 수행하는 것이다.

일반적으로 전체적인 흐름을 파악하지 못하고 근시안적인 사고를 가진 사람을 가리켜 "나무만 보고 숲은 보지 못한다"라고 한다. 우리나라 공직자들이 수행하는 모든 업무는 정부에서 설정한 국정 목표에 속해 있는 한 그루의 '나무'에 해당한다. 그런데 우리 공직자들이 자신이 수행하는 업무의 '숲'에 해당하는 국정 목표를 염두에 두지 않고 주어진 업무에만 집착할 경우 자칫 소탐대실의 우를 범하게 될 수 있다. 예를 들어 어느 공직자가 벤처기업 지원 업무를 수행하면서 언젠가 대박을 터뜨릴 수 있는 창조적 아이디어와 기술력을 보유한 기업을 단지 대출 기준에 미달된다는 이유로 지원 대상에서 탈락시켰다면 결과적으로 국가 경제에 큰 손실을 줄 수 있다. 벤처기업지원 업무가 속한 최상위 정책의 의

일체유심조(一切唯心造)

미를 제대로 이해하지 못하고 불합리한 규정에 스스로 얽매어 국가 경제 발전에 이바지할 좋은 기회를 날려버리는 셈이다.

따라서 공직자 업무 수행의 준거가 되는 각종 예규, 훈령, 지침 등을 관련 국정 목표에 부합하는 방향으로 개정·보완하고, 공직자들이 각종 업무를 수행할 때 상위 정책인 국정 목표를 항상 마음에 새기고 그 취지에 부합하는 일 처리가 이뤄지도록 해야 한다. 이를 위해 공직자 근무 평정 시 '국정 목표에 부합하는 일 처리 수준'에 대한 평가 항목을 신설하는 것도 필요하다.

얼마 전까지 '신의 직장'으로 불리던 공무원 인기가 시들해지면서 최근 들어 전체 공무원 중 40%가 넘는 MZ 세대(20~40세)를 중심으로 '공무원은 국민의 공복(公僕)'이라기보다는 '공무원도 민간기업 근로자와 같이 경제적 편익을 추구하는' 직장인이라고 생각하는 분위기가 팽배한 것 같다. 지금 우리에게 필요한 국가 개혁을 성공적으로 추진하기 위해서는 150만 공직자들이 투철한 사명감으로 개혁 추진에 매진해야 하는데, 우리나라 공무원들의 '공인(公人) 의식'이 갈수록 희미해지는 것 같아 걱정이다. 그렇다고 MZ 이후 세대의 가치관 변화를 억지로 되돌릴 수는 없는 일이다.

공무원들에게 '공인 의식'과 '공복 의식'으로 무장해 개혁 추진의 선봉에 설 것을 요구하는 대신, 공무원 보수 또한 단계적으로 인상하는 방안을 강구할 필요가 있다. 공직사회의 생산성과 효율성을 높이는 것도 일종의 투자로 생각해서 공무원 보수를 5년간 5%씩 올려주는 등 처우 개선을 시행함과 동시에, 공직사회의 생산성과 효율성을 획기적으로 높여 국가 발전과 민생안정에 괄목할 성과를 올리도록 해야 한다.

• 공직자들이 무사안일 행태에서 벗어나야

우리나라에서 각종 개혁 과제들이 제대로 추진되지 못하는 보다 근본적인 원인은 우리나라 공직자들의 고질적 병폐인 무사안일에 있다고 할 수 있다. 우리 공직사회에서 '일을 많이 하는 사람이 징계도 많이 받는다'는 말을 흔히 들을 수 있었다. 지난날 일을 적극적으로 많이 하다 보면 일부러 업무를 부당하게 처리하고자 한 것은 아닌데 본의 아니게 결과가 이상한 쪽으로 흘러가 징계를 받게 되는 경우가 종종 있었다.

예를 들어 수십 년 전에 어느 공기업 직원이 본사 건물을 지을 부지 구매업무를 처리하면서 아주 적합한 부지를 선정했는데, 땅 주인이 고집을 부리는 바람에 감정평가 금액을 초과하는 금액으로 부지를 매입했다가 나중에 징계를 받았다고 한다. 그런데 부지를 매입하고 십수 년이 지나 땅값이 10여 배가 올라서 그 직원은 자기 회사의 자산 가치를 크게 높인 공로자가 됐다는 것이다. 이런 일은 에너지 공기업에서 해외 자원개발 업무처리 과정에서도 일어날 수 있는 일이다.

이렇게 주어진 업무를 너무 적극적으로 추진하다 보면 자칫 '징계' 또는 '주의' 등 불이익을 당할 수도 있고 몸도 힘들어지니 '적당히 자리보전이나 하면서 꼬박꼬박 월급 챙기고 때가 되면 승진도 하자'라고 생각하는 풍조가 만연하게 된 것으로 보인다. 이런 생각을 하는 공직자 수가 10%, 20%를 넘어 절반 이상을 차지한다면 그 나라는 희망이 없다고 봐야 한다. 지금 우리나라는 과연 어느 수준일까? 정확하게 파악할 수는 없겠지만 그다지 낙관적인 수치가 나올 것 같지는 않다.

이와 같이 우리 공직사회에 무사안일 풍조가 만연하게 된 이유는 무엇일까? 아마도 그것은 우리 공직사회 특유의 온정주의 그리고 열심히

일체유심조(一切唯心造)

일하는 사람과 그렇지 않은 사람에 대한 상·벌이 분명하지 못한 데 있지 않을까 하는 생각이 든다.

우리 공직사회의 경우 포상 기준이 모호하고 어떤 경우에는 남발되는 경향이 있다. 근무 성적과 관계없이 인사권자의 마음에 드는 사람 중에서 부서별로 각종 포상을 적당히 분배하여 시행하는 것이 일반적인 경향이다. 승진 임용의 경우에도 직무수행 능력보다는 연공서열이나 인사권자와의 친소(親疎) 관계가 우선시되는 인사 관행이 일반화되어 있다. 게다가 적당히 윗사람의 비위를 맞추면서 규정에 어긋나는 일은 하지 않지만 주어진 업무를 매우 소극적으로 처리하는 등 무사안일한 사람은 전혀 처벌을 받지 아니한다. 이와 같은 우리나라의 공직사회 풍토가 공직자들로 하여금 국가적으로는 반드시 필요한 일이지만 개인적으로 부담이 되는 업무는 되도록 기피하는 경향이 있고, 일을 하더라고 윗사람의 눈치를 살피면서 매우 소극적으로 처리하게 된 것이다.

그렇다면 이와 같이 우리 공직사회에서 암적 존재라고 할 수 있는 무사안일 풍조를 근절하기 위해서는 어떻게 해야 할까? 우선, 공직자 포상 및 승진 기준과 요건을 확실하게 정해야 한다. 그리고 나서 남다른 창의력과 노력으로 맡은 분야에서 뛰어난 업적을 이뤄낸 공직자를 적극적으로 발굴하여 포상 또는 승진 임용하고, 특히 탁월한 업무처리 능력과 리더십을 갖춘 공직자에 대한 특별승진 제도를 확대 시행하는 것이다. 물론 적극적인 업무처리 과정에서 사업 목표 달성에 실패하거나 약간의 실수가 발생한 경우에도 이를 최대한 용인할 수 있는 풍토가 조성돼야 한다.

한편, 정부와 감사원에서는 각종 규정 위배자 뿐 아니라 주어진 업무를 매우 소극적으로 처리하거나, 정부의 개혁정책에 반하는 태도를 유지하거나, 업무 실적이 일정 기준에 미달되는 등 무사안일 공직자에 대한 징계 및 퇴출 규정을 마련하여 확실하게 시행해야 한다.

이를 위해 정부는 모든 공직자의 업무 실적 등을 객관적으로 공정하게 평가할 수 있는 인공지능(AI) 기반 인사 평정 시스템을 구축해서 운용할 필요가 있다. 이를 통해 공직자 개인별·부서별 업무 실적과 성과 등을 정확하게 측정·분석하고 그 결과에 따른 피드백(feedback) 절차까지 순환이 이뤄지도록 해야 한다. AI 기반 인사 평정을 함으로써 앞에서 말한 것처럼 인사권자와의 친소 관계에 따라 포상, 전보, 승진 임용 등이 결정되는 폐단이 사라지고 능력과 실적 위주의 공정한 평가가 이뤄질 수 있다. 또 이와 같이 과학적 방법에 의한 인사 평정 시스템을 이용해 직무수행 능력이 현저하게 떨어지고 업무 태도가 심하게 불성실한 공직자를 가려내는 일도 무난하게 수행할 수 있게 될 것이다.

• 공직사회에 기업형 모델 도입

현 정부에서 한국판 나사(NASA)라고 할 수 있는 우주항공청 설치를 계기로 우주항공 분야에 최고의 전문가를 영입할 수 있도록 연봉 상한을 없애는 등 파격적 보수체계를 마련하기 위한 입법을 추진하고 있다. 국회에서 관련 법안이 통과될지는 두고 봐야 알겠지만 차제에 우리나라 전체 공무원과 공공기관 임직원을 대상으로 파격적인 포상금 제도를 도입해서 시행하는 방안을 강구하는 것이 좋을 것 같다. 단, 소요 예산을 감안해서 처음에는 전체 공직자의 0.1% 이하를 상한으로 정해서 제도를 운영하고 차츰 그 범위를 확대하는 방향으로 추진해야 한다.

일체유심조(一切唯心造)

포상금은 공직자가 국가 안보, 경제 발전, 기술 개발, 세입 증대, 예산 절감 등에 기여한 금액 또는 환산 금액의 일정 비율을 지급하는 방식으로 주어져야 한다. 예를 들어 어느 공직자가 담당 업무와 관련하여 새로운 업무처리 방식 또는 기술을 개발함으로써 국가 또는 지방 세입 증대 또는 예산 절감에 기여했을 경우 기여 금액의 일정 비율을 포상금으로 지급하는 식이다. 또 숨은 세원 발굴에 특별한 노하우를 가지고 있는 기존 세무 직원 또는 계약직 직원이 새로운 세원 발굴에 성공했을 경우 추가 세수 금액의 일정 비율을 포상금으로 지급할 수도 있다. 이렇게 해서 일반 세무 직원이 할 수 없거나 의지를 보이지 않는 숨은 세원 발굴 업무를 성공적으로 수행함으로써 국가 안보와 경제 발전을 위해 부족한 예산을 충당할 수 있는 길이 열리게 될 것이다.

공직 비리 척결

박정희 전 대통령이 시해된 10·26사태 이후 이 나라 권력 실세로 등장한 신군부에서는 1980년 7월 초부터 사회정화 차원의 대규모 공무원 숙정(肅正)을 단행했다. 이때 있었던 참으로 어처구니없는 이야기 하나를 소개하고자 한다. 당시 신군부에서는 숙정 대상 공무원을 각 기관별로 할당하는 방식으로 일을 처리하고 있었다. 이때 어느 지방 소재 국가 기관에 4명의 숙정 대상 공무원이 배정되었는데, 마침 이 기관에는 상습적으로 금품을 수수하고 각종 이권을 챙기는 것으로 명성이 높은 직원 4명이 있었다고 한다. 따라서 이 기관 소속 전 직원들이 "숙정 대상자는 바로 이 사람들이 될 것"이라고 믿어 의심치 않았다. 당사자인 직원들도 "드디어 올 것이 왔다"라고 생각하면서 모든 것을 체념한 상태였다고 한다.

그런데 얼마 후 숙정 대상 공무원이 발표되었는데 결과가 너무도 뜻밖이었다. 당연히 숙정 대상에 포함되리라고 생각했던 4명은 멀쩡하게 살아남았고, 평소에 병가를 많이 냈거나 민원인과 다툰 일로 '주의' 처분을 받은 직원 등 4명이 숙정 대상으로 발표되었다. 사실 이 기관에는 비리 또는 업무 부당 처리 등으로 징계처분을 받은 직원이 없었다고 한다. 물론 비리 그 자체가 없었던 것이 아니라 적발된 직원이 없었다는 말이다. 그래서 주의 처분을 받았거나 병가를 많이 낸 직원들이 숙정 대상에 포함된 것으로 보였다. 당시에는 전국 각 기관에서 이와 유사한 사례들이 많았다.

공직 비리와 관련해서 이렇게 해묵은 이야기를 끄집어낸 이유는 우리 공직사회에는 아직도 여전히 위 사례처럼 불합리한 일들이 끊임없이 발생하고 있기 때문이다.

• 공직자 비리 조사의 한계 :
대도(大盜)는 쉽게 잡히지 않는다

나는 국가 사정기관의 한 축인 감사원에서 28년을 근무하면서 일정 기간씩 비리 공직자에 대한 조사 업무를 수행하곤 하였다. 그런데 공직을 떠난 지 10여 년이 지난 지금까지도 매우 불만족스럽고 어쩌면 부끄럽기까지 한 것은, 비리 공직자 조사 업무를 수행하면서 정말 질이 나쁜 비리 공직자는 놔두고 비교적 경미한 비리를 저지른 공직자를 적발해서 처벌을 받게 한 경우가 많았다는 사실이다.

일체유심조(一切唯心造)

상습적인 거물급 비리 공직자일수록 교묘하게 비리의 흔적을 남기지 않아 사정의 칼날을 피해 가는 반면, 아마추어 수준의 사소한 비리를 저지른 공직자일수록 혐의가 쉽게 드러나 처벌을 받게 되는 경우가 허다하다. 우리나라에서는 정치인의 뇌물수수 혐의가 드러나 세상을 떠들썩하게 만들다가 용두사미처럼 흐지부지되는 일들이 가끔씩 발생하곤 한다. 이들 비리 정치인들은 대부분 특정인으로부터 거액의 돈을 현금으로 은밀하게 받기 때문에 흔적이 남지 않고, 검찰에 불려갈 경우에도 혐의를 완강하게 부인하기 때문에 법원에서 무죄로 풀려나오곤 하는 악순환이 되풀이되는 것이다. 그리고 이처럼 정치인 및 고위 공직자와 특정인 간 뇌물수수가 이뤄지면서 그 대가로 입법 로비, 부실 공사, 부정 납품, 인사 특혜 등 각종 비리가 자행됨으로써 국가 안보와 경제를 해치고 사회 정의를 훼손하기도 한다.

그렇다면 국가 안보와 경제 발전에 커다란 해악을 끼치면서 교묘하게 요리조리 빠져나가는 거물급 비리 공직자들을 남김없이 잡아들일 수 있는 방법은 무엇일까? 결론부터 간단히 말하자면 그것은 ① 비리 공직자들의 현금 수수를 차단할 수 있는 방안을 강구하고, ② 사정기관들의 공직비리 관련 정보 수집 기능을 강화하고, ③ 사정기관 간 협조체제를 강화하는 방안 등을 생각해볼 수 있겠다.

최근 한국토지주택공사(LH)발 '아파트 철근 누락' 사태에서 볼 수 있는 것처럼 경제 발전을 저해하고 국민 안전을 위협하는 전관예우 즉 '관피아' 비리도 문제다. 현직 공직자들은 퇴직 공직자가 있는 업체에 각종 이권을 제공하고 본인 퇴직 후에는 다시 그 업체에 들어가 이권을 제공받는 악순환이 되풀이되는 것이다. 정부·공기업과 민간업체 간 '악어와 악어새' 관계에서 서로 도움을 주고받는 가운데 자연히 관리·감독 관계가 느슨해질 수밖에 없는 것이다. 이는 LH에 국한되는 문제도 아니고 대증 요법적인 일회성 대책으로 끝나서도 안 되는 문제다. 9년 전 세월호 참사 때도 해양수산부 등 관련기관의 전관예우 즉 '관피아' 논란이 거세게 일어 적어도 행정부 차원에서는 더 이상 이 땅에서 전관예우 관행이 발붙일 수 없을 것으로 보였다. 그렇지만 그동안에도 이 땅에서 전관예우 즉 '관피아' 폐해가 조금도 줄어들지 않았다는 것이 명백하게 입증된 셈이다. 각종 대형 사고가 터질 때마다 정부의 강경 대책에 대응하는 민간업체들의 수법도 날이 갈수록 발전하고 있다. 한 마디로 말해서 '대마불사(大馬不死)형' 구조적 비리라고 할 수 있다.

국가 사정 활동은 이와 같이 국가 안보와 경제를 해치고 사회 정의를 훼손하면서 은밀하게 이뤄지는 뇌물수수와 이권 카르텔 등 공직자 비리 행위를 척결하는 데 최우선적으로 중점이 두어져야 한다. 다시 말해서 아마추어 수준의 사소한 비리를 저질은 공직자를 적발하는 것보다 상습적인 거물급 비리 공직자를 적발하는 데 훨씬 더 비중을 두고 사정 활동을 전개해야 한다. 상대적으로 무거운 비리를 저지른 공직자는 살아남고 가벼운 비리를 저지른 공직자들만 줄줄이 처벌을 받게 된다면 이 땅에 정의가 살아 있다고 할 수 없다.

• 4차 산업혁명, 공직 비리 척결에도 획기적인 전환점 될까

중국은 4차 산업혁명 시대에 즈음한 첨단 신기술 개발에서 우리나라를 계속 앞질러가고 있다. 지금 중국인들은 일상생활에서 현금이 필요 없는 시대를 살아가고 있는 것 같다. 크고 작은 모든 결제를 손에 들고

일체유심조(一切唯心造)

있는 휴대폰으로 간단하게 처리한다. 이렇게 되면 우리 일상생활에서 현금은 자연스럽게 불필요한 존재로 인식될 수밖에 없을 것이다. 개인 간 소액의 현금 거래가 불가피한 경우에도 휴대폰으로 간단하게 처리할 수 있는 앱을 개발하면 될 것이다.

1993년 당시 김영삼 정부에서는 금융거래의 투명성 확보를 위해 '금융실명제'를 도입하였다. 이후 금융실명제는 국내에서 금융거래를 통한 검은돈의 유통을 차단하는 등 경제 정의의 실현에 어느 정도 기여했다는 평가를 받고 있다. 그렇지만 금융거래가 아닌 은밀하게 현금을 주고받는 데서 비롯되는 각종 비리 행위는 여전히 이 나라 경제와 사회 정의를 해치는 주범으로서 그 뿌리가 뽑히지 않고 있다.

지금 우리에게 반드시 필요한 각종 개혁 과제들을 성공적으로 추진하기 위해서는 그 무엇보다 우리 정치권과 공직사회에 만연한 각종 비리를 척결하는 일이 최우선적으로 선결돼야 한다. 그렇다면 우리 안보와 경제를 해치고 국가 개혁 추진에도 걸림돌이 되는 공직 비리를 척결하기 위해 이제는 '금융실명제'에 이어 '현금실명제'를 도입하는 방안을 생각해 볼 수도 있지 않을까? 우리의 일상생활에서 현금이 전혀 필요 없게 되면 현금은 단지 법인 또는 개인이 보유하는 동산(動産)으로서의 기능만을 갖게 될 것이므로, 일정한 조건과 범위 내에서 특정 법인 또는 개인의 현금 보유 및 입출금 내역을 실사하는 것이 가능할 수도 있다. 즉, 공직자윤리법에서 지정하는 공직자 등의 현금 보유 및 입출금 현황을 실사함으로써 현금으로 은밀하게 거래되는 뇌물수수 행위 등을 적발할 수 있는 길이 열리게 되는 것이다.

물론 처음부터 쉽게 이뤄질 수 있는 일은 아니지만 어느 정도의 시행착오를 거치면서 차츰 공직 비리 방지 시스템으로 정착할 수 있게 될 것이다. 이를 위해 조폐공사에서 신권을 발행할 때 칩을 부착하여 필요할 때 현금 유통 경로를 추적할 수 있게 하는 등의 조치가 필요할 수도 있다.

• 공직 비리 관련 정보수집 기능 강화

공직 비리와 관련된 각종 정보는 당사자의 투서 또는 제보와 각 사정기관의 공식 또는 비공식 첩보 활동을 통해 수집된다. 비리 공직자에게 직접 현금을 건넨 당사자는 은밀한 거래 내용을 아주 상세하게 알고 있으므로, 이런 사람이 심경 변화를 일으켜 사정기관에 투서 또는 제보할 경우에는 해당 비리를 파헤칠 수 있는 실마리가 제공되는 셈이다. 당사자의 투서나 제보가 없는 경우에도 사정기관의 조사관 또는 정보수집관이 각종 점조직을 통해 관련 당사자들에게 접근하거나 특수 요원을 비리가 진행되는 현장에 침투시키는 등의 방법을 동원하여 비리 내용을 탐지해낼 수도 있다.

상습적이면서 은밀하게 현금 거래로 이뤄지는 뇌물수수 등 비리 행위를 일반적인 사정 활동을 통해 적발하는 것은 불가능에 가까운 일이다. 그렇지만 당사자의 투서 또는 제보가 있거나 비리 내용에 대한 구체적인 정보가 입수된 경우에는, 무엇보다 누구를 조사할지 대상자가 확정되고 조사 내용과 방법도 어느 정도 파악할 수 있으므로, 당해 사건 조사가 반은 성공한 것이나 다름없다. 그런데 우리나라에서는 각 사정기관 간 공직 비리 정보의 수요와 공급이 심한 불균형을 이루고 있어 상습적

일체유심조(一切唯心造)

이고 은밀하게 진행되는 구조적·고질적인 공직 비리 척결이 어려운 실정이다. 다시 말해서 어떤 사정기관에서는 수많은 공직 비리 관련 정보를 캐비넷에 꼭꼭 숨겨두고 있으면서 실제 활용도는 미미한 실정이며, 어떤 사정기관에서는 공직 비리 조사 인력과 노하우를 충분히 보유하고 있음에도 관련 정보가 턱없이 부족하여 '장님 코끼리 만지기' 식의 비능률적인 조사 활동을 벌이고 있는 것이다.

따라서 사정기관 간 정보 공유 및 상호 지원은 물론 각종 공직 비리를 각 사정기관들이 분담 또는 합동조사 등의 방법으로 처리할 수 있게 사정기관 간 협조 체제를 구축하는 것이 필요할 것으로 보인다.

• 사정기관 간 협조 체제 강화

우리나라에서 국가 사정기관이라고 하면 감사원, 국무총리실, 국민권익위원회, 검찰청, 경찰청 등이 있다. 이들 사정기관에서는 저마다 고유 업무의 한 분야로서 공직 비리 조사 업무를 수행하고 있지만, 정부 차원의 큰 흐름 없이 제각각 뿔뿔이 흩어져서 조사 업무를 수행하다 보니, 보다 큰 사정기관으로서의 위력을 보여주지 못하고 있는 것 같다. 만약에 이들 사정기관들이 국가 사정 총사령부를 중심으로 결집하여 이 땅의 비리 공직자들에게 집중포화를 퍼붓는다면 저들이 과연 얼마나 버텨낼 수 있을까?

그동안 정부의 지속적인 공직부패 척결 의지에도 불구하고 여전히 극성을 부리면서 국가 안보와 경제 발전을 저해하는 공직 비리를 뿌리 뽑기 위해서는 사정기관 간 벽부터 당장 허물어야 한다. 이를 위해 국내 사정기관들의 공직 비리 조사 업무를 총괄하고 사정기관 간 협조를 이끌어낼 수 있게 상설기구로서 사정기관 협의체(협의체)[38]를 두는 것이 좋을 것 같다. 각 사정기관에서는 협의체의 총괄·기획 하에 체계적이고 유기적인 정보수집 활동을 벌임과 동시에, 사정기관 간 정보 공유 및 상호지원을 통해 각 사정기관들이 관련 정보를 충분히 활용함으로써 은밀하게 진행되는 각종 구조적·고질적인 비리들을 남김없이 척결하도록 해야 한다.

아울러 협의체를 통해 공직사회 내부에 늘 존재하는 각종 공직 비리의 유형과 행태 등 정확한 실태를 남김없이 파악한 후, 각종 비리의 유형, 규모 등에 따라 즉시 처리 또는 중·장기 과제로 구분하고, 사정기관별 분담 또는 합동조사 등의 방법으로 강력한 사정 활동을 해야 한다.

• 국가 사정활동 강화로 인한 부작용 최소화

공직 비리 척결을 위해 사정 활동을 강화하다 보면 자칫 공직자의 사기 저하 및 복지부동, 기업 활동 위축 등 부작용이 나타날 수 있다. 국가 위기 극복을 위해 공직자들이 분발하고 기업 활동을 활성화해야 할 시점에서 정반대의 현상이 일어나는 것은 절대로 안 될 일이다. 따라서 중증 암 환자에게 치료 효과가 뛰어나면서도 부작용이 거의 없는 '신개념 항암제'가 필요한 것처럼, 비리 공직자만 꼭 집어서 철저한 조사를 진행하고 선량한 일반 공직자와 기업인에게는 전혀 피해가 없는 '신개념 조사기법'을 개발할 필요가 있다.

---

38 각 사정기관의 실무 대표자들로 구성된 사무국에서 일상 업무를 담당한다.

일체유심조(一切唯心造)

앞에서 말한 대로 수집된 정보를 통해 숨은 비리 공직자의 정체가 드러나면 사정 활동의 대상이 분명해지면서 사정의 물줄기도 고요하게 흘러가 공직사회와 기업 활동을 위축시키는 일도 일어나지 않을 것이다.

특히, 방산 비리 조사의 경우 국가 안보를 해치는 비리 행위를 근절해야 한다는 목표와 군 전력 강화 및 방위 산업을 육성해야 한다는 목표가 서로 상충할 수도 있으므로 기획 단계에서 세심한 주의를 기울여야 할 것으로 보인다. 그동안 검찰과 감사원의 강도 높은 방산 비리 조사의 영향으로 첨단무기 구입과 개발 업무 등 담당자들 간에 보신주의에 입각해서 창의적, 적극적인 사업 추진을 회피하는 풍조가 퍼져 있다고 한다.

적극적인 업무처리 과정에서 발생한 실패와 실수에 대하여는 최대한 책임을 면제해줌으로써, 오로지 국방력 강화 차원에서 첨단무기 구입과 개발 업무에 매진하도록 해야 한다. 오히려 보신주의에 입각해서 창의적, 적극적인 사업 추진을 회피하는 등 무사안일 행위에 대한 조사와 처벌을 강화하는 것이 필요할 것으로 보인다.

• 공직자 사기진작 위해 국가 감사체제 개선

우리나라 공직자들이 가장 싫어하는 행사 중 하나를 꼽으라면 '감사'를 지목할 것 같다. 행정의 신뢰성과 효율성을 확보하기 위해 감사는 꼭 필요하지만 이로 인한 부작용 또한 만만치 않다. 즉, 감사원, 소관 중앙부처, 상급기관, 자체감사기구 등 여러 감사기관이 제각각 다른 잣대를 들이대면서 같은 업무에 대하여 중복되는 감사를 함으로써 수감기관의 업무 수행에 지장을 초래하는 경우가 많고, 공직자 사기 저하, 소극적인 업무처리 등 많은 부작용이 뒤따르기도 한다. 문제는 정부 안에 각급 감사기관들이 같은 감사 중점(重點)과 잣대를 적용하여 일관성 있는 감사를 실시하게 하고, 감사결과 똑같은 처리 기준을 적용하며, 수감기관별 감사 빈도와 중복 여부를 상호 조정하는 등의 총괄·기획 시스템이 갖춰져 있지 아니한 데 있는 것 같다.

이에 감사원이 국가 최고 감사기관으로서 중앙부처를 포함한 국가기관, 지자체, 공기업 등의 모든 감사활동을 국가 전체적인 관점에서 기획·조정하고, 감사 실시 및 처리에 관한 표준을 정해 각급 감사기관이 준수하도록 할 필요가 있다. 아울러 위 모든 기관 및 단체를 대상으로 수감기관별 감사 빈도와 중복감사 실태를 실시간으로 점검·조정함으로써 전국 피감사기관들의 수감 부담을 크게 덜어주도록 해야 한다.

이와 같은 감사체제 개선을 통해 모든 공직자들이 감사로 인한 스트레스를 덜 받고 보다 진취적, 적극적, 창조적인 업무처리 스타일을 유지함으로써 국가 위기 극복을 위한 국정 수행에 큰 보탬이 되도록 해야 한다.

감사원은 예산 편성·집행 관련 정책감사, 공직 비리 조사, 성과 감사, 특명 감사 등 특수 분야 감사와 전국 감사기관 총괄·기획 업무를 담당하고, 자체감사로서 수행이 가능한 기관운영 감사 등은 해당 자체감사기구에 일임하는 것이 좋을 것 같다. 그 대신 각급 자체감사기구의 자체감사 수행 적정 여부를 사후 확인·점검하는 시스템을 유지해야 한다.

이와 같은 역할 분담을 통해 감사 빈도와 사각지대를 동시에 줄일 수

일체유심조(一切唯心造)

있고, 자체감사의 질도 감사원 감사 못지않은 수준[39]으로 끌어올림으로써 공직사회 전반에 걸친 업무 능률의 향상을 기할 수 있다.

예산의 효율적 운용

• 정부 예산의 효율적 운용

2023년도 예산(638.7조 원)의 주요 편성 내역을 보면 보건·복지·고용 226조 원, 일반행정 112조 원, 교육 96조 원, 국방 57조 원, R&D 31조 원, 산업·중소기업·에너지 26조 원, SOC 25조 원, 농림·수산·식품 24조 원 등이다. 복지 분야 예산이 전체 예산의 35%를 차지하고 있다.

미국이나 중국 같은 나라는 국가 안보와 경제 발전을 위해 막대한 예산을 사용하고 있다. 우리나라가 동맹국인 미국과 국력 격차가 크게 벌어져도 국가 안위에 큰 영향은 없다. 그러나 이웃 강대국이면서 우리와 이념이 다른 중국과의 국력 격차가 크게 벌어지는 것은 국가 안위에 매우 커다란 영향을 미칠 수밖에 없다. 필자가 수없이 강조하는 바이지만 우리는 특히 중국과의 국력 격차가 크게 벌어지지 않도록, 가능하면 국력 격차를 조금씩이라고 좁혀 갈 수 있도록 최대한의 노력을 기울여야 한다.

---

39 자체감사기구 소속 감사 요원들은 당해 또는 산하기관 업무에 정통하고 취약 업무에 대한 정보수집도 쉬우므로 감사원의 전문 감사 기법을 전수받아 적극적인 감사를 수행하기만 하면 감사원 감사 못지않은 수준의 감사 실시가 가능하다.

따라서 국력 강화를 위해 가장 필요한 예산인 국방 및 경제(산업·중소기업·에너지, SOC, 농림·수산·식품) 분야 예산을 최대한 늘려야 한다. 여기서 가장 손쉬운 방법은 부피가 큰 복지 분야 예산을 크게 줄여 안보·경제 분야 예산으로 전용하는 것이지만 이는 좋은 방법이 될 수 없다. 앞에서 말했듯이 국가 개혁을 추진함에 있어 민생 분야를 외면하고서는 절대 성공할 수 없기 때문이다. 따라서 현행 복지 예산은 그대로 두거나 조금씩 늘려가면서 국방 및 경제 분야 예산을 최대한으로 확보하는 방안을 강구해야만 한다.

첫째, 같은 규모의 돈을 쓰더라도 쓰는 방법에 따라 지출 효과는 크게 차이가 날 수 있다. 하림그룹 창업주 김홍국 회장은 11살 때 외할머니가 사준 병아리 10마리를 부지런히 잘 키워서 7년 후에 닭 5,000마리, 돼지 700마리로 확대하였고, 결국 자산규모 12조 원이 넘는 국내 굴지의 농축산 대기업으로 성장했다. 정부 예산도 전년도의 편성 또는 집행 예산을 그대로 답습할 것이 아니라 그보다 더 미래 투자 가치가 높은 사용처가 있는지 여러 대안을 놓고 비교·분석함으로써 가장 생산적이고 효율적인 예산 편성 및 집행이 이뤄져야 한다.

둘째, '일자리 예산'과 '저출산 예산'처럼 막대한 예산을 사용하는데도 정책 효과가 형편없이 낮은 예산 사업에 대하여 감사원이 정책감사를 하고, 정책 실패의 원인을 분석·규명함으로써 새로운 정책 대안을 제시하도록 하는 제도를 정착시킬 필요가 있다. 안보, 경제, 민생 관련 대규모 예산 사업 중 예산 지출의 경제적 효과가 낮은 사업을 정책감사 대상으로 선정하고, 관련 분야 전문가들의 도움을 받아 기간 제한 없이 집중 감사를 하도록 하는 것이다. 정책감사 전담팀에서는 예산 편성 및 집

일체유심조(一切唯心造)

행에서 실적에 이르기까지 전 과정에 대하여 종합적·입체적으로 실사하고 분석함으로써 실적 부진의 원인이 어디에 있는지 정확하게 밝혀내고, 예산 지출의 경제적 효과를 최대한으로 높일 수 있는 정책 대안을 제시해야 한다. 경우에 따라서는 이후 정부 예산 편성 시 일부 예산 항목을 폐지하거나 새로운 예산 항목을 신설하도록 하는 대안을 제시할 수도 있다.

셋째, 국회 예산 심의 과정에서 지역구 국회의원들의 지역 사회간접자본(SOC) 예산 등 나눠먹기식 예산 편성이나 '쪽지 예산' 등 불공정 관행은 반드시 사라져야 할 폐단이다. 이 또한 '국가 담론의 장'을 통해 지속적으로 국민 여론에 호소해서 국민의 뜻에 따라 반드시 근절되도록 해야 한다. 우리는 오랜 관행을 통해 국가 권력 구도에서 마치 국회가 행정부보다 우위에 있는 것으로 착각하는 경향이 있다. 하지만 삼권 분립의 원칙에 따라 국회와 행정부는 서로 대등한 입장에서 상호 견제하는 입장에 있다는 점을 분명히 해 둘 필요가 있다. 따라서 국회의원들이 예산 심의 과정에서 옳지 못한 방법으로 정부 예산을 좌지우지하는 행위에 대하여는 떳떳하게 그 부당함을 지적하고 시정을 요구해야 한다. 만약에 국회에서 행정부의 정당한 주장에 대하여 묵살하는 태도를 보일 경우에는 '국가 담론의 장'을 통해 국민의 힘을 빌려 입법부의 횡포를 견제하도록 해야 한다.

이렇게 안보·경제 관련 예산의 효율적 사용으로 예산 지출 효과를 높이고, 다른 분야 예산에 대한 합리적 구조조정을 통해 마련된 예산을 추가로 투입함으로써 2030년대까지 1차적으로는 일본을 추월하고 다음으로 중국을 바짝 추격할 수 있는 실탄을 충분히 확보할 수 있으리라고 믿는다. 단, 복지 예산의 경우 우리 국민들의 민생이 조금이라도 나아지는 수준을 유지하는 범위 내에서, 저소득층 지원과 관련 없는 예산 축소 등을 통해 예산 구조조정이 이뤄지도록 해야 한다.

또 국가 안보와 경제 발전 재원을 마련하기 위해서는 기존 예산을 효율적으로 운용하는 것 못지않게 지하경제 같은 숨은 세원(稅源)을 발굴하는 방안 또한 폭넓게 강구할 필요가 있다. 우리나라 지하경제 수준은 국내총생산(GDP) 대비 20% 정도(약 400조 원)로 추정되며 경제협력개발기구(OECD) 회원국 평균 추정치(10%)보다 현저하게 높은 것으로 알려져 있다. 마약과 성매매, 도박 등 불법 행위 또는 고소득 직업군이나 자영업자들의 탈세 행위를 추적해서 추징하는 것은 무척 어려운 일이지만, 적어도 OECD 회원국 수준(10%)으로 지하경제 규모를 줄이겠다는 목표를 세우고 최선의 노력을 경주할 필요는 있다고 본다. 그렇게 해서 연간 200조 원 규모의 추가 재원을 확보할 수 있다면 국가 안보와 경제 발전을 위해 부족한 예산을 상당 부분 충당할 수 있게 될 것이다.

• 복지 예산의 효율적 운용

복지 예산은 국가 전체 예산에서 차지하는 비중(35%)과 국민 삶의 질 향상에 미치는 영향이 너무나도 크기 때문에, 현행 복지 예산 집행의 효율성 및 지원 효과를 정밀하게 측정·분석한 후 복지 예산 편성·집행 방법을 개선해 나가는 일을 소홀히 해서는 안 된다.

먼저 현행 복지 예산의 집행 효율성과 지원 효과를 어떤 방식으로 측정·분석할지, 분석 결과를 어떻게 활용하여 각각의 지원 항목별로 집행 효율성과 지원 효과를 최대로 끌어올릴 수 있을지 구체적인 매뉴얼을

일체유심조(一切唯心造)

작성할 필요가 있다. 아울러 각각의 복지 예산 집행 효율성 및 지원 효과를 정밀하게 측정·분석할 수 있는 인공지능(AI) 기반 빅데이터 시스템을 구축·운용하도록 해야 한다.

이를 통해 현행 복지 예산 중 민생안정에 전혀 도움이 안 되는 것으로 판명된 예산 항목은 차년도 예산 편성 시 안보·경제 관련 예산에 전용(轉用)하도록 하고, 민생안정 효과가 미흡한 것으로 나타난 예산 항목은 예산 편성 및 집행 방법을 변경함으로써 예산 지출 효과가 향상되도록 개선 방안을 강구해야 한다. 민생안정에 도움이 안 되는 예산을 연구·개발(R&D) 예산 등으로 전용함으로써 경제성장에 기여할 수 있다면, 이후 복지 예산 증가로 이어져 민생안정에 실질적으로 기여할 수 있게 될 것이다.

나아가서 같은 복지 예산이라도 생계 보조비 같은 소비성 예산보다는 귀농 및 일자리 교육 지원 등 소득 창출 효과가 있는 곳에 예산을 지원하고자 하는 노력을 기울여야 한다. 즉, 빈곤층에 일률적으로 기초생활보장금을 지원하는 것보다는 지원 대상 유형을 ① 당장에 현금 또는 현물 지원이 절박한 경우, ② 자활 의지와 능력을 갖추고 있지만 자금 또는 기회가 없거나 무엇을 어떻게 해야 할지 방법을 찾지 못하는 경우, ③ 특정 분야에 재능을 갖추고 있으나 교육 또는 훈련 기회를 얻지 못한 경우, ④ 자활 능력을 갖추고 있음에도 게으르고 의타심이 많아 빈곤·저소득층을 벗어나지 못하는 경우 등으로 확실하게 구분한다.

그리고 나서 ①의 경우에는 현금성 지원을 계속하고 ②~③의 경우에는 자신의 재능과 특기를 살려 기술 교육을 받도록 하거나, 귀농을 알선·지원하는 등으로 지원 방법을 바꿀 필요가 있다. 그러나 ④의 경우에는 자립정신을 키워줄 수 있는 프로그램을 진행하면서 본인이 각성할 때까지 지원 대상에서 제외한다.

무엇보다 주어진 복지 예산을 가장 효율적·생산적으로 집행하는 첩경은 지금과 같은 천편일률적 지원 대신 각각의 유형별로 맞춤형 지원을 제공함으로써 그들 모두가 하루속히 빈곤·저소득층에서 벗어나도록 하는 것이다.

한편, 위 복지 예산 효율화 시스템 내에 민·관 복지 예산[40]의 누수 현상을 물샐 틈 없이 감시할 수 있는 프로그램을 따로 설치함으로써 아까운 복지 예산이 새나가는 것을 최대한 방지할 필요가 있다.

• 보편적 복지제도는 선별적 복지로 바뀌어야

우리나라 복지 체제는 1970년대 이전까지만 해도 '선별적 복지' 위주로 운영되었으나, 1989년 이후 '전 국민 의료(건강)보험' 제도가 시행되면서부터 우리나라 복지 체제가 이미 서구 선진국 못지않게 보편적 복지 국가로 정착이 되었다고 볼 수 있다. 다만, 보편적 복지 지원의 혜택이 사회적 약자 모두에게 공평하게 돌아가도록 제도 개선해가면 된다. 예를 들어 기존 건강보험을 자영업자, 특수 형태 근로 종사자, 플랫폼 종사자를 포함하는 '전 국민 고용보험'으로 확대해서 실시하는 것 등이다.

그렇다고 해서 우리나라 복지제도가 무조건 보편적 복지 체제로 다 바뀌어야 하는 것은 아니다. 현행 보편적 복지제도 중에서도 막대한 예산이 소요되면서 사회적 약자인 빈곤·저소득층을 배려한다는 취지에

---

40 민간 복지단체 가운데 정부 보조금 또는 국민 성금으로 복지사업을 운영하는 단체의 예산 집행 실태에 대해서는 정부 차원의 확인·조사가 필요하다.

일체유심조(一切唯心造)

맞지 않는 보편적 복지제도는 국민적 합의를 거쳐 선별적 복지제도로 바꾸어야 한다.

더욱이 우리나라 진보처럼 무조건 '국민 1인당 10~100만 원씩 나눠 주자식'의 보편적 무상복지 정책을 새로 도입하는 것은 엄격하게 제한할 필요가 있다. 물론 소득이 높은 계층에서 세금을 더 많이 걷고 소득이 낮은 계층에서는 적게 걷어서 모두에게 똑같이 나누어 줘도 분명히 소득재분배 효과는 있다. 그러나 정부 입장에서 부의 양극화 현상을 최소화하기 위해 저소득층의 소득을 어느 정도 수준까지 높여주어야 하는 정책 목표가 있기 때문에, 복지 예산을 국민 모두에게 똑같이 나누어 주는 것보다는 소득이 높은 계층에는 덜 주고 소득이 낮은 계층에 더 주는 정책을 펴는 쪽이 훨씬 바람직하다. 같은 복지 효과를 내면서도 예산이 훨씬 덜 들어가기 때문이다.

사실 우리나라 진보는 부자보다는 저소득 계층을 더 많이 챙기는 정책을 선호하는 편이다. 그런데도 복지 예산을 저소득층에 더 많이 주는 대신 부자와 저소득 계층에 똑같이 나누어 주자고 하는 게 왠지 이해가 안 될 수도 있지만, 그 이유를 알 것 같기도 하다. 사실 유권자 가운데 저소득 계층보다는 중산층 이상이 수적으로 훨씬 많기 때문에 표를 얻는데 유리하다는 계산이다. 전형적인 포퓰리즘 사고이다. 더욱이 어처구니없는 것은 박근혜 정부 이후 원래 선별적 복지를 정책 기조로 삼는 보수마저 진보와 보편적 복지 경쟁을 벌이는 현상을 자주 볼 수 있다는 점이다.

보편적 복지의 원조 국가라고 할 수 있는 북유럽 각국에서도 우리나라처럼 1인당 10~100만 원씩 무조건 지급하는 나라는 없다. 굳이 근거를 찾아보자면 기본소득 개념을 원용한 것으로 보이지만, 엄밀히 따지면 기본소득 요건에도 맞지 않는다. 기본소득에는 보편성, 무조건성, 정기성, 개별성, 현금성, 충분성 등 6가지 원칙이 있는데, 우리나라 진보에서 내세우는 국민 1인당 10~100만 원 지급 정책은 '정기성'과 '충분성' 원칙에 위배된다. 충분성의 원칙을 제외하더라도 정기성 원칙에 위배되어 기본소득으로 인정할 수 없다. 정기성 원칙을 충족하기 위해 국민 1인당 월 10만 원씩만 정기적으로 지급해도 연 60조 원가량이 소요된다. 우리나라 국방비 예산과 맞먹는 수준이다. 지금 우리나라 재정 형편으로 이만한 예산을 기존 복지 예산 외에 추가로 지출하는 것은 불가능한 일이다.

그래서인지 지금까지 세계에서 미국 알래스카주를 제외하고는 기본소득제도를 시행하는 나라가 한 군데도 없다. 알래스카는 인구가 73만여 명에 불과하고, 석유 등 천연자원 수입 일부를 활용해 알래스카 영구기금을 조성한 후 그 수익금 일부를 주민들에게 지급해오고 있다. 스위스는 2016년 6월 5일 기본소득에 대한 국민투표 실시 결과 찬성 23%, 반대 77%로 부결되었다.

우리나라에서 창신동 모자 사망 사건 같은 복지 사각지대를 해소하는 방안으로 안심소득제 도입에 관한 논의가 이뤄지고 있지만 이 제도를 도입할 경우 재원 부담이 만만치 않다. 즉, 안심소득제가 기본소득제에 비해서는 효율적이지만 현행 선택적 복지제도에 비해서는 매우 비효율적이고 재원이 훨씬 많이 소요된다. 따라서 복지 사각지대를 해소하기 위해 특단의 대책이 필요하지만 그 대안으로 안심소득제 보다는 현행 선택적 복지제도를 보완하는 방안을 강구하는 것이 훨씬 효율적

일체유심조(一切唯心造)

이다.

2022년 4월 창신동 모자 사망 사건의 발단은 이들이 지은 지 80년 넘은 낡은 한옥을 보유하고 있다는 이유로 기초생활수급 대상에 포함되지 못한 데 있다. 인공지능(AI) 기반 빅데이터 시스템을 통해 기초생활수급 대상자 선정 방식을 획기적으로 개선함으로써 실질적인 빈곤층이 기초생활수급 대상에서 누락되는 일이 없도록 해야 한다.

아무튼 한정된 예산의 효율적 집행을 위해 보편적 복지제도를 선별적 복지제도로 환원하는 일이 급선무인데 이 또한 거대 진보 야당의 생각이 바뀌지 않는 한 불가능한 일이다. 그럼 어떻게 해야 할까? 우리나라에서 중산층 이상에 속하는 국민 가운데 연간 10~100만 원 정도 지급되는 보편적 복지 지원금에 매달리는 사람은 없다. 문제는 우리나라에서 보수나 진보나 거의 다를 바 없다고 생각하기 때문에 어느 한쪽이 조금만 선심을 써도 마음이 그쪽으로 기우는 것이다. 만약에 국민들 마음속에 보수가 진보에 비해 국정 수행능력이 탁월하다는 인식이 자리 잡게 된다면 푼돈 수준의 선심성 예산에 마음이 흔들리지 않고 보수가 하는 말에 귀를 기울이게 될 것이다. 국내 여론조사기관인 한국갤럽이 2021년 1월 22일 발표한 4차 재난지원금 지급 관련 여론조사 결과에서도 재난지원금을 소득 수준을 고려해 선별적으로 지급하는 것이 좋다는 의견이 47%, 소득에 상관없이 전 국민에게 지급하는 것이 좋다는 의견이 32%로 나타났다.

왜 우리 국민들은 정기적으로 지급되는 기존 복지지원 혜택보다 재난지원금처럼 간헐적으로 국민 모두에게 일정 금액씩 지급되는 혜택에 더 관심을 기울이는 걸까? 우리 모두는 복잡한 세상을 바쁘게 살다보니 갈수록 건망증이 심해지는 것 같다. 그래서 정부나 지자체에서 제공하는 다양한 복지 혜택을 대부분 잊고 살아가는 경향이 있다. 따라서 기존 복지시스템에서 자동 지급되는 각종 혜택에는 무관심하다가 갑자기 새로운 항목의 복지 혜택이 주어지면 새삼스럽게 정부나 지자체에 대하여 고마움을 느끼고 기분이 좋아지는 것이다.

그래서 이런 생각을 해 보았다. 정부와 지자체에서 시행하는 각종 복지 혜택을 일목요연하게 정리해서 정기적으로 공표하는 것이다. 이때 '복지 예산 집행의 효율화 정책' 시행으로 혜택이 늘어난 부분도 함께 공표함으로써 국민들의 기존 복지지원시스템에 대한 관심도를 높이는 것이다. 이렇게 함으로써 기존 복지 혜택에 비해 지극히 미미한 정도에 불과하면서 국가 예산만 축내는 선심성 현금 지원에 대한 선호도가 줄어들지 않을까? 정부에서도 국민들과 소통하면서 기존 복지지원 혜택이 국민들에게 더 돌아갈 수 있도록 노력하는 유인이 될 수 있으니 일거양득이 아닐까?

• 국내 복지사업 총괄, 주어진 예산으로 최대의 효과를

복지 예산 지출 효과를 더욱 더 높이기 위해 보건복지부, 지자체, 복지재단, 민간 복지단체, 개인 등 민·관 복지사업 주체들이 각각 추진하는 복지사업을 총괄하는 기구를 두는 것도 좋을 것 같다. 여기서 복지사업 주체들이 긴밀하게 연계하여 빈곤·저소득층에 대한 복지지원 사업을 합리적으로 분담하도록 하는 것이다. 이렇게 정부 예산과 민간 기부금 및 성금을 망라하여 빈곤·저소득층에게 합리적인 배분이 이뤄지도

일체유심조(一切唯心造)

록 함으로써 복지 예산(정부예산·기부금·성금)의 중복, 비효율, 낭비 요인
을 없애고 모든 지원 대상자들에게 골고루 실속 있게 돌아가도록 하자
는 것이다.

여기서 민·관 복지사업 총괄 시스템 운영과 함께 필요한 것은 사회복
지 사업에 대한 민간 기부 확대를 통해 복지 예산 구조조정으로 줄어드
는 복지 재원을 최대한으로 채워 나가는 것이다. 즉, 공적 예산이 줄어
드는 만큼 민간 복지사업 주체들이 제공하는 지원 규모를 늘리고 정부
복지 예산과 연계함으로써 비상시국 하의 빈곤·저소득층 지원을 꾸려나
가자는 것이다.

이것은 부족한 복지 재원 충당을 위해 각종 세금을 인상하는 것보다
훨씬 현명하고 바람직한 정책이 될 것이다. 이는 우리 사회에서 부자들
이 도덕적 의무(noblesse oblige)를 이행하는 모습을 보여줌으로써 사회
통합을 촉진하는 효과가 있을 수도 있다. 아울러 민간 복지단체 또는
개인들이 내는 기부금으로 국가 안보와 경제 발전을 위해 부족한 예산
을 충당할 수 있다는 사실은 기부자들의 애국심을 불러일으키는 계기
가 될 수도 있을 것이다.

그런데 우리나라에서는 부자들의 기부를 저해하는 각종 규제가 많아
서 다른 선진국들처럼 기부 문화가 활성화되지 못하고 있다. 대한상공
회의소 발표에 따르면 각국의 기부문화 수준을 나타내는 2022년 '세계
기부지수'에서 한국은 119개국 중 88위를 기록했다. 부자들이 취약 계
층을 위해 평생 모은 돈을 내놓겠다는데 각종 세금이나 규제로 이를 막
는 어처구니없는 일이 더는 발생하지 않도록 관련 규제를 남김없이 풀

고, 우리 사회에도 복지 선진국들처럼 노블레스 오블리주 문화가 활성
화되도록 대대적인 캠페인을 벌여야 한다.

일체유심조(一切唯心造)

지방자치단체 및 공공기관 개혁

지방자치단체 개혁

• 지자체 공무원 비리 발생 증가

민선 자치제가 시행된 지 28년이 지난 지금 우리나라 지방자치제도는 지방 토착 비리, 포퓰리즘적 예산 낭비, 각종 인사 비리, 비능률적인 지방의회 운영 등으로 얼룩진 모습이다.

감사원 소속 감사연구원이 2017년부터 2021년까지 감사원과 행정안전부 및 자체감사기구 감사 처분 내용을 분석한 결과, 최근 들어 지자체 공무원들의 비리 발생 건수가 늘었고, 특히 지자체 고위 공무원들을 중심으로 인·허가, 인사, 계약, 보조금 지급 등 분야에서 각종 비리가 계속 이어지고 있는 것으로 나타났다. 이들 지자체 공무원들의 직무유기, 직권 남용, 뇌물수수 등 범죄 발생 건수도 이명박 정부(2008~2012년) 때 연평균 676명, 박근혜 정부(2013~2016년) 때 연평균 580명, 문재인 정부(2017~2021년) 때 연평균 696명이 발생하는 등 최근 들어 증가 추세를 보이고 있는 것으로 나타났다.

민선 자치제가 시행된 1995년 이후 재직 중 금품수수 등 비리를 저지른 지방자치단체장(단체장)들이 사법처리 대상이 되어 임기를 채우지 못하고 떠나는 일이 지속적으로 발생하고 있다. 경기도 용인시는 1995년부터 2018년까지 재직한 6명의 시장 모두 뇌물수수와 부정 청탁 등 비리 행위로 징역형을 선고받았다. 충북 괴산군, 경남 고성군, 경남 창녕군 등은 1995년 이후 재직한 군수 모두 또는 절반 정도가 뇌물수수와 부정 청탁 등 비리를 저질러 임기를 채우지 못한 채 자리에서 물러났다. 민선 자치제가 시행되면서 이 땅에 풀뿌리 민주주의를 꽃피우게 되었다는 자긍심을 갖게 된 것은 좋은 일이지만 풀뿌리 민주주의가 제대로 정착되지 못한 데서 오는 폐해가 너무 큰 것도 사실이다. 무엇보다 민선 단체장들이 막대한 선거자금 조달을 위해 각종 비리에 연루되기도 하고, 선거 때 도움을 준 기업, 단체, 개인 등에게 보은을 하기 위한 부정 청탁이 만연하기도 한다.

대내외적으로 어려움이 가중되는 비상시국 하에서 각급 지자체들이 국가 주요 정책 과제들을 일선에서 제대로 소화해 낼 수 있을지 우려하지 않을 수 없다. 최근 정부에서 역점을 두고 추진하고 있는 신재생 사업 추진 실태만 보더라도 이와 같은 우려가 현실로 나타나고 있음을 엿볼 수 있다. 국무조정실 정부합동 부패예방추진단과 산업통상자원부가 2021년 9월부터 2022년 8월까지 전국 12개 지자체를 대상으로 합동점검을 실시한 결과, 2019년부터 2022년 8월까지 4개 지자체에 1조 1,000억 원이 투입된 신재생에너지 관련 395개 사업 중 99개 사업(25%)에서

일체유심조(一切唯心造)

201억 원 상당의 허위세금계산서 발급 등을 통해 141억 원가량의 부당
대출이 이뤄진 것으로 밝혀졌다.

• 지방선거제도 개선 등을 통해 토착 비리 근절

지방 토착비리 성행의 원인을 제공하는 단체장 및 지방의원 선거제도
를 개선하는 방안에 대하여 논의해 보기로 한다. 최근 들어 각종 선거
사범에 대한 벌칙 규정과 단속이 대폭 강화되어 향응 또는 금품 제공
등 불법 선거운동이 발붙일 수 없게 되었다지만, 선거운동 현장을 깊숙
이 들여다보면 후보자와 전혀 무관한 것으로 위장한 제3자에 의한 불법
선거운동이 여전히 기승을 부린다고 한다.

따라서 불법 선거운동에 대한 신고와 조사에만 의존할 것이 아니라
제3자에 의한 위장 선거운동에 대한 정보수집 등을 통해 그 실상을 정
확하게 파악한 후, 이를 발본색원하는 방안을 마련함과 동시에 공정선
거 풍토 조성을 위한 대국민 홍보에도 전력을 기울여야 한다.

다음으로 돈 안 드는 선거 그리고 후보자 똑바로 알기 선거운동의 일
환으로 'IT 선거 공영제'를 시행할 것을 제안한다. 법률로 정한 공영선거
운동을 제외한 대부분의 선거운동은 선거기획사에서 대행하고 후보자
는 주연 배우처럼 기획사에서 시키는 일만 해야 한다. 선거기획사는 공
식적인 IT 선거운동 프로그램에 따라 후보자가 걸어온 길, 인터뷰, 각종
공약과 정책 발표, 후보자 간 또는 후보자와 유권자 간 토론, 만남, 대
화 내용 등을 녹화·편집하여 TV, SNS, GPT 등을 통해 유권자들에게
전달하는 것이다.

이렇게 해서 지역 주민들이 선거운동 기간 중 입후보자들이 출연하는

다큐멘터리 영화를 보는 것처럼 그들이 지니고 있는 가치관, 태도, 그동안 살아온 행적 그리고 지역 발전을 위한 정책 구상 내용 등을 보고, 듣고, 느끼고, 비교·검토하는 것이 가능하다. 이렇게 해서 모든 후보자들이 공식 선거비용만으로 선거를 치를 수 있게 되고, 유권자들도 지금보다 마음에 드는 후보자를 고르는 일이 더 쉬워질 것이다. 이처럼 돈 안 드는 선거제도가 정착되면 자금 동원 능력과 관계없이 지역 발전을 위해 헌신할 수 있는 유능한 후보자를 당선시킬 수 있으며, 이들이 선거비용 조달을 위해 각종 이권에 개입하는 등 토착 비리도 대부분 사라지게 될 것이다.

특히, 우리나라 기초의회의 경우 의원들의 행정 전문성 결여, 고압적 태도, 부당한 행정 간섭 등으로 지자체 직원들의 업무 수행에 지장을 초래하거나 사기를 떨어뜨리는 등 폐해가 극심한 실정이므로, 선거제도 개선을 통해 참신하고 유능한 지방의원을 선출하도록 해야 한다. 지역 주민들이 IT 기술을 이용한 선거홍보 영상을 통해 각 지방의원 후보들의 면면을 입체적으로 심도 있게 들여다볼 수 있다면, 탁월한 의정활동 능력을 갖춘 인물들이 지방의원으로 선출될 가능성도 그만큼 커지게 될 것이다.

각 기초단체별로 기초의원 추천위원회를 두어 의원 정수의 2~3배수 정도의 의원 후보를 선정한 후 그 단체가 소속된 광역의회에서 최종 선출하는 방안도 검토해볼 수 있다. 이 경우에는 이들 기초의원 후보들에게 지역 사회 명망가, 각계 전문가, 공무원 퇴직자 등 일정한 자격요건을 두는 것도 좋을 것이다.

그리고 기왕 2011년 2월에 대통령령으로 발효된 '지방의회의원 행동강

일체유심조(一切唯心造)

령(행동강령)**41**을 전국 지자체 의회에서 조례로 정해 모든 의원들이 준수하도록 해야 한다. 상위 법령에서 조례로 정하도록 한 규정을 기한 내에 이행하지 않을 때는 이행을 강제할 수 있는 제도를 시행하는 것도 필요하다.

아울러 위 행동강령이 사문화되지 않게 지자체별로 시민 감시기구를 결성하여 지방의원들의 행동강령 준수 여부를 철저하게 감시하도록 해야 한다. 위 시민 감시기구에서는 기초 지방의원들이 고압적인 자세, 부당한 행정 간섭, 과도한 자료 요구 등 지방 행정의 원활한 수행을 저해하고 공무원의 사기를 떨어뜨리는 행위를 자제하도록 하는 역할도 수행해야 한다.

민선 자치제하에서 발생할 수 있는 인사 및 토착 비리를 근절하기 위해 단체장의 측근 직원들이 가신(家臣) 역할을 하면서 각종 이권 개입을 주도하고 차기 선거 준비에 전념하는 등 비리 행위에 대한 특별 감찰을 강화하는 방안도 고려해볼 수 있다. 이를 위해 각급 자체감사기구 및 감사원에서는 단체장 주변 측근 직원들의 각종 이권 개입이나 정치적 중립 의무 위반 등 비리 행위에 대한 정보수집 기능을 크게 강화해야 한다.

• 지자체 예산 낭비 방지 시스템

민선 자치제하에서 단체장의 타당성 없는 공약사업 등에 대한 중앙정부의 통제에는 한계가 있으므로 단체장의 예산 낭비에 대한 주민 통제

---

41 지방의원들이 각종 이권 또는 인사에 개입하거나 비리에 연루되는 일 없이 청렴하고 공정한 자세로 직무를 수행할 수 있게 이들이 준수해야 할 행동 기준을 정하고, 세부적인 사항은 각 지자체 의회에서 조례로 정하도록 했다. 그런데 위 행동강령이 발효된 지 3년 6개월이 지난 2014년 8월까지 전국 지자체 245곳 가운데 60곳(24%)만이 관련 조례를 제정했다고 한다.

시스템을 확실하게 구축·운영하는 것이 좋을 것 같다.

경기도 용인시 주민과 시민단체들은 2013년 10월 타당성 없는 경전철 사업 추진으로 막대한 재정 손실을 초래한 전·현직 용인시장 3명과 담당 공무원 6명 그리고 용역기관인 한국교통연구원 등을 상대로 사업비 1조 32억 원을 물어내라는 주민소송을 냈다. 용인시는 경전철 개통 시 하루 이용객이 16만 명에 달할 것이라는 용역 결과만 믿고 경전철 사업을 추진, 2013년 4월 개통하였으나 이용객이 하루 평균 2만 명도 안 돼 민간 사업자에게 이후 30년간 매년 295억 원씩의 손실보전금을 지급해야 한다.

이 건은 2017년 9월 항소심에서 사실상 주민들이 패소[42]함으로써 낭비된 사업비는 한 푼도 건지지 못하게 됐다. 따라서 가장 좋은 방법은 지자체에서 타당성 없는 사업을 추진하고자 할 때 주민과 시민단체들이 나서서 그 부당성을 지적하고, 감사 청구 또는 권위 있는 전문기관에 사업 타당성 조사를 의뢰하는 등 사전 통제 수단을 발휘하는 것이다.

용인시와 같은 지자체의 예산 낭비 사례는 지금까지 현재진행형이다. 서울시에서 2016년 3월부터 추진해 2022년 7월 개통된 종묘~세운상가~진양상가로 이어지는 길이 1km의 공중보행로가 대표적인 사례. 세운상가 주변을 보존하기 위한 도시재생사업의 일환으로 서울시 예산 1,109억 원을 들여 추진한 사업이지만 이용자가 거의 없어 사업 목적과는 거리가 멀어졌을 뿐 아니라, 서울시 도시계획 추진에 장애물로 지목돼 철거 논란까지 일고 있는 실정이다. 그 밖에도 새만금 잼버리 예산

---

42 법원에서는 용인시가 관련자에게 10억여 원의 배상 책임을 물으라고 일부 승소 판결을 했지만 이는 사업 추진 과정에서 일부 업무를 부당 처리한 데 대한 책임을 물은 것이며, 소송의 본질인 예산 낭비 혐의에 대하여는 고의성이 입증되지 않았다는 등의 이유로 기각했다.

일체유심조(一切唯心造)

낭비 등 전국적으로 이와 유사한 예산 낭비 사례들이 차고 넘치는 실정이다.

다음으로 복지 예산의 경우 정부는 정부대로 지자체는 지자체대로 각각 많은 예산을 투입하여 각종 지원을 해주고 있으나, 지자체마다 지원 기준 및 금액이 천차만별이어서 중복 지원, 편중 지원, 예산 낭비 등을 초래할 개연성이 크다.

2022~23년부터 시행되는 몇몇 지자체의 신생아 및 청소년지원 실태를 살펴보면, 대전시는 신생아에 대해 3년간 매월 30만 원(계 1,080만 원)씩을 지급한다. 대전시 대덕구는 초등학교 4~6학년생에게 매월 2만 원씩(연간 10억2천만 원)의 용돈을 지급하다가 2022년 7월에 취임한 구청장에 의해 폐지됐다. 충남도는 관내 어린이·청소년에게 버스요금을 무료로 지원(1일 3회 이내, 연간 288억 원)한다. 대구시는 임산부 콜택시 이용 요금의 70%를 지원(월 2만 원 한도)하고, 출산 축하금으로 둘째 아이는 100만 원, 셋째 아이부터는 200만 원을 지원한다. 부산시는 출산 지원금으로 첫째 아이는 200만 원, 둘째 아이부터는 300만 원을 지급하며, 만 0~1세 아이에게 매월 30만 원의 영아수당을 지급한다. 광주시는 신생아에게 2년간 1,740만 원(정부 지원금 포함)의 출생·육아수당을 지급한다. 쌍둥이 등 다태아 가정에는 100만 원을 추가 지급한다. 부산시 북구와 충남 아산시는 셋째 아이 출산장려금을 50~100만 원에서 1,000만 원으로 한꺼번에 10~20배나 올렸다. 전남 강진군은 출산 육아 수당으로 아이 1명당 만 7세까지 매달 60만 원씩(계 5,040만 원)을 지급한다. 충남 홍성군은 고교 입학생에게 입학준비금 30만 원을 지급한다. 강원도 양구군은 초등학생은 30만 원, 중학생은 40만 원, 고교생은 50만 원씩의

입학 축하금(상품권)을 지급한다. 전남 구례군은 2023년부터 초·중·고
등학교 신입생에게 20만 원씩의 입학준비금(상품권)을 지급한다.

이렇게 일부 지자체의 경우만 예를 들었을 뿐인데도 머리가 아픈데 전
국 지자체를 통틀어서 나열해 놓으면 정신이 하나도 없을 것 같다. 아
무리 좋게 생각해도 이건 아닌 것 같다. 국토 면적이 크지도 않은 나
라에서 아이가 어느 지방에 태어났느냐에 따라 이렇게 차별을 받는 나
라가 또 어디 있을까? 감사원 조사 결과에 따르면 전남 해남군의 경우
2012~14년간 출산장려금 300만 원씩을 지원받은 가구 중 26%가 다른
지방으로 이사를 했다고 한다. 지자체마다 출산장려금이나 영아·아동
수당 등 지원 항목별로 지원 기준이 다르고 금액 차이가 많이 나기 때
문이다.

물론 출산율 저하로 고민이 많은 우리 입장에서 출산 지원 예산을 늘
려서라도 출산율을 높일 수 있다면 그보다 좋은 일이 없다. 하지만 이렇
게 합리적인 정책적 고려 없이 들쑥날쑥 지원금을 지급한다고 해서 전
국적으로 출산율이 올라가지는 않는다.

이 또한 출산율을 높이겠다는 충정이라기보다는 차기 지방선거를 겨
냥한 선심성 지원이라는 것을 모르는 사람은 없다. 그리고 지금 전국 지
자체에는 위에서 예를 든 것 외에 수많은 선심성 예산 낭비 또는 비합
리적 지출 사례들이 차고 넘친다. 이렇게 타당성 없는 사업 시행이나 선
심성 지출 등 예산 낭비로 인해 전국 지자체 평균 재정자립도는 2017년
53.7%에서 2018년 53.4%, 2019년 51.4%, 2020년 50.4%, 2021년 48.7%
로 계속 낮아지면서 갈수록 빚만 늘어나게 된다.

정부는 차제에 전국 지자체의 항목별 예산을 한눈에 비교·분석할 수

　　　　　　　　　　　　　　일체유심조(一切唯心造)

있는 시스템을 만들 필요가 있다. 그러고 나서 중앙정부와 지자체 간 예산을 중복 지급하거나, 지자체 간 지급 기준이 현저하게 차이가 나는 등 비합리적인 예산 지출 사례들을 정밀 분석한 결과에 따라 '지자체 복지 예산 지출 지침'을 작성·시달할 필요가 있다. 우리나라 전국 지자체의 재정자립도가 50%도 안 되는 마당에 아무리 민선제라고 해도 지자체 마음대로 예산을 펑펑 쓸 수는 없는 일이다.

아울러 지자체의 예산 낭비를 방지하기 위한 최후의 보루로서 지자체 파산제를 도입할 필요가 있다. 미국은 1930년부터 지자체 파산제를 운영하고 있는데, 지금까지 500곳이 파산 선고를 받았다고 한다. 일본 홋카이도 유바리시는 2007년 3월 파산 선고를 받아 지방공무원과 지방의원을 절반 이상 줄이고 복지 정책도 대폭 수정하게 되었다.

한편, 지자체 파산제가 기능을 발휘할 수 있으려면 중앙정부의 지자체에 대한 재정 보조 시스템도 합리적으로 바뀌어야 한다. 다시 말해 그대로 두면 얼마 후에 파산제 적용 대상이 될 지자체에 계속 재정 보조를 하여 파산제를 회피할 수 있는 길을 열어주어서는 안 된다.

• 지자체 통폐합으로 행정 효율을 높여야

우리나라는 주요 경쟁국들에 비해 유난히 땅덩이가 작고 교통수단과 정보통신 기술의 발달로 세상은 갈수록 좁아지고 있다. 이런 환경 그리고 이런 세상에서 광역 및 기초 지자체를 지나치게 세분화하는 것은 과도한 선거비용, 지역 간 갈등, 행정력과 예산 낭비, 각종 개발 사업의 효율성 저하, 글로벌 도시 경쟁력 저하 등 여러 가지 비효율과 낭비를 가져올 수밖에 없다.

이에 광역 지자체의 경우 현재의 '도' 개념을 없애고 전국을 10개 정도의 특별시, 광역시, 자치시 등으로 통폐합하는 방안이 있다. 기초 지자체의 경우 228개 시·군·구를 100개 이내로 통폐합해야 한다. 그러고 나서 각 광역 대도시 중심으로 특성화된 지역개발사업을 추진하여 글로벌 대도시로 키워나가야 할 것이다.

예를 들어 싱가포르 면적의 2.6배이고 자연경관이 뛰어나 국제적 인지도가 높은 제주특별자치시를 싱가포르 수준의 글로벌 대도시로 키워내는 것 등이다. 서울에서 제주까지(해저터널 개설 후) 2시간 30분에 갈 수 있는 고속열차를 개통하고, 제주지역 개발 사업에 대한 정부, 지자체, 민간, 외국인 투자를 획기적으로 늘려 이곳을 세계적인 국제 자유무역도시로 키워내야 한다.

우리나라에서 지자체 통폐합은 반드시 이뤄져야 할 개혁 과제임에 틀림없지만, 정치권의 이해관계가 크게 걸려있는 문제로서 성공하기 쉽지 않은 일이다. 국가 담론의 장에서 심도 있게 검토한 결과를 공론에 붙여 국민들의 확고한 지지를 얻은 후에 추진해야 할 것이다.

▎공공기관 개혁

전국적으로 700개가 넘는 국가 및 지방 공기업 가운데 다수 공기업들이 만성 적자와 과도한 부채에 허덕이고 있다. 그런데 이들 부실 공기업들을 하나하나 깊이 들여다본다면 부실의 원인과 규모 그리고 이를 치유하는 데 필요한 개혁 유형도 제각각 다를 수밖에 없다. 정부는 개혁 대상 부실 공기업에 대한 정확한 실태 파악을 통해 이들 각각의 정상화

일체유심조(一切唯心造)

에 필요한 개혁 수위(민영화, 경쟁체제 도입, 구조조정, 경영 쇄신 등)를 결정한 후 맞춤형 개혁 프로그램을 작성하여 그대로 실행해야 한다. 각각 다른 증상으로 중병을 앓고 있는 환자들에게 똑같은 처방으로 똑같은 약만 투여해서는 아무런 효과를 거둘 수 없고 오히려 병을 키울 수 있다.

우리나라 36개 주요 공기업의 영업이익은 2016년 27조 6,255억 원에서 2020년 8조 3,231억 원으로 69.9%나 줄었으며, 순이익은 9조 원에서 – 6,000억 원으로 돌아섰다. 반면에 이들 공기업의 인건비는 같은 기간 9조 7,730억 원에서 11조 7,888억 원으로 2조 158억 원이 늘었다. 이들 공기업의 임직원 수가 12만 6,972명에서 15만 79명으로 18.2% 늘어난 데다 지난 문재인 정부에서 비정규직을 대거 정규직으로 전환했기 때문이다. 이만하면 우리나라 공기업의 부실 수준을 충분히 짐작하고도 남음이 있지 않을까?

• 부실 공기업 정상화 위해 민영화 또는 경영 혁신 필요

지금 국내에는 민간기업 같으면 주가 폭락 등으로 기업 경영이 한계 상황에 이르렀어야 할 공기업들이 많지만, 국가라는 보증수표 때문에 마지막 쓰러지는 순간까지 망하지 않고 명맥을 유지할 수 있다. 바로 이 점이 그동안 우리나라 공기업들로 하여금 느슨하고 방만한 경영 스타일을 유지하도록 만들었는지도 모르겠다. 국내외 모든 기업들이 일일신(日日新) 우일신(又日新)의 자세로 나날이 새로운 변화를 추구하면서 질주하는데, 우리나라 공기업들은 그동안 정부의 과보호 하에 너무 안일하게 대처해 왔다.

이처럼 그동안 국내 공기업들이 느슨하고 방만한 경영 스타일을 유지해 온데다가, 사장, 감사 등 공기업 수뇌부에 전문 경영인 대신 낙하산 인사를 앉힘으로써 정치권과 정부의 입김만 늘어나고 민간기업 수준의 경영 효율성을 기대하는 것은 갈수록 어려운 상황이 되었다. 이렇게 해서 부실화된 국내 공기업들을 정상화하는 첩경은 특별한 경우를 제외하고는 이들 모두를 민영화하는 것이다. 그리하여 공기업 부실을 조기에 근본적으로 해소함과 동시에, 유능한 민간 대기업들에게 새로운 사업 기회도 제공하고, 공기업 매각을 통해 들어오는 막대한 재원을 경기부양 자금으로 사용함으로써 위기에 처한 이 나라 경제를 살릴 수도 있다.

지금과 같이 경제가 침체되고 대기업들이 마땅한 투자처를 찾기 어려운 상황에서 공기업 민영화는 경제 활성화 대책의 하나로서 유용한 카드가 될 것 같은 생각이 든다. 마거릿 대처 전 영국 총리는 영국 정부가 국가 주요 산업을 국유화함으로써 민간기업 경영자들이 기업가 정신을 발휘하여 국가 경제를 활성화할 기회를 박탈한 것으로 생각하였다. 그리하여 집권 기간 중 주요 대형 국유기업의 대부분을 포함한 48개의 국영기업을 민영화하였다.

그런데 그동안 우리나라 역대 정부의 공기업 민영화 추진 실태를 보면 1998년 이후 김대중 정부 5년 동안 포스코 등 대형 공기업 8곳을 민영화한 것을 제외하고는 그 후 20년 동안 민영화 실적이 지나치게 미미하였다. 2013년 이후 박근혜 정부와 문재인 정부에서는 아예 공기업 민영화 추진이 중단된 상태였다.

우리나라에서는 석유공사, 가스공사, 광물자원공사 등 자원개발 공기업들이 공기업 특유의 전문성 부족, 단기 실적 쌓기, 외형적 성과에 대

일체유심조(一切唯心造)

한 집착, 비전문가인 정치권과 정부의 지나친 간섭 등으로 지난 10여 년간 해외 자원개발 사업의 부실을 초래함으로써 막대한 손실을 입었다. 그 후 우리나라에서는 해외 자원개발 위축 현상이 벌어져, 해외 자원개발 투자 규모가 2014년 19억 2,800만 달러에서 2020년 2억 7,200만 달러로 줄어들었다. 이 기간에 우리나라 에너지 자급률은 16%에서 12%로 떨어졌다. 일본이 27%에서 41%로 늘어난 것과 정반대 현상이 벌어진 것이다.

처음부터 자원개발 사업을 공기업에 맡길 것이 아니라 민영화했어야 함을 입증해주는 사례라고 할 수 있다. 원래 해외 자원개발 사업은 민간기업이 감당하기에는 리스크가 커서 공기업이 담당하도록 하는 것인데, 우리나라는 정반대로 가는 것 같다. 따라서 자원개발 공기업들을 모두 민영화함과 동시에 정부와 민간 자원개발 기업들이 참여하는 독립적인 '자원개발 위원회'를 설치·운영함으로써 장기적인 안목의 적극적 투자가 가능할 수 있도록 해야 한다. 해외 자원개발 투자 및 사업 관리는 민간기업에 맡기고 정부는 자원 외교와 리스크가 큰 해외 자원개발 등 민간기업들이 감당하기 어려운 분야에 대한 지원을 해주는 것으로 역할 분담이 돼야 한다.

미·중 패권 전쟁과 우크라이나 전쟁에 이어 지금 세계는 자원전쟁으로 치닫고 있다. 광물 수입 의존도가 95%에 달하는 한국으로서는 자원위기라는 또 하나의 위기가 다가오고 있는 것이다. 자원개발 공기업 민영화를 서둘러야 하는 이유다.

한편, 민영화가 필요하지만 공익과 국민 편익 등을 고려해 공기업의 지위를 유지하기로 한 경우에는 당해 공기업에 대한 구조조정 또는 인사 및 경영 쇄신 등 강도 높은 경영 혁신을 단행해야 한다. 그리하여 실질적으로는 민영화가 이뤄진 것과 비슷한 경영 상태를 유지할 수 있어야 한다. 그런데 지금까지 역대 정부에서 간헐적으로 추진해온 공기업 개혁 프로그램을 보면, 속으로 깊은 골병이 들어있는 국내 부실 공기업들의 심각한 증상에 비해 개혁 처방이 지나치게 단순하고 강도가 너무 약하다는 생각이 든다.

정부에서는 만성 적자와 과도한 부채에 허덕이는 부실 공기업들에 대하여 부채 감축 및 방만 경영 개선 등에 관한 획일적 기준을 제시하는 등 대증요법적인 개혁 추진에 계속 머무르고 있는 것 같다. 부채 감축건만 하더라도 부채가 터무니없이 늘어나게 된 근본 원인을 심층 분석하여 구조조정, 사업 재편, 인사 및 경영 쇄신 등 경영 수지를 획기적으로 개선할 수 있는 개혁 프로그램을 추진하는 것이 필요하다. 무조건 자산을 매각해서 부채를 줄이는 것만이 능사는 아닐 것이다.

한전이나 지하철공사처럼 민생안정 차원에서 공공요금을 인상할 수 없어 적자가 누적되는 경우 임직원들의 적자 해소를 위한 개혁 의지를 기대하기 어렵다. 코로나19 팬데믹 기간 중 경제 침체에 대한 위기의식이 무뎌진 것과 마찬가지다. 따라서 이런 경우에는 민생안정 차원의 가격통제로 인한 경영 손실 부분에 대하여 민생안정 가점을 부여함으로써, 당해 공기업의 순수 경영 실적에 의한 평가가 이뤄지도록 해야 한다. 또는 모든 공기업을 민영화하고 민생안정을 위해 가격 통제가 필요한 경우에는 정부 기금에서 손실을 보전해주는 방안을 강구할 필요가 있다.

공기업 직원들의 승진 적체 해소를 위해 정년을 4~5년 앞둔 간부 직원들을 임금피크제 대상으로 분류해 무보직 상태에서 정년까지 근무하

일체유심조(一切唯心造)

도록 함으로써 사실상 유휴인력화하는 인사제도도 대폭 개선이 필요하다. 처음부터 인공지능(AI) 기반 업무실적평가 프로그램에 따라 승진, 전보, 성과상여금 등이 합리적으로 정해지도록 인사제도를 운영하고, 억지로 정년을 채우기 위해 무보직 상태로 근무하게 하는 불합리한 인사 관행은 없애야 한다. 그리고 유능한 직원들을 조기 승진시키는 대신 저성과자 퇴출 등 구조조정을 활성화해야 한다.

각종 비리와 무사안일, 방만 경영, 만성적인 적자 구조, 고비용·저효율을 초래하는 강성노조 등 갖가지 원인으로 심각한 중병을 앓고 있는 우리나라 공기업을 개혁하는 일이 이렇게 쉬운 일일까? 아마도 살을 도려내고 뼈를 깎는 아픔을 견뎌내지 않으면 이뤄질 수 없는 어려운 일이 될 것이다.

• 자체감사, 노조대책 등 내부통제 시스템 강화

감사원과의 공조체제를 유지하면서 경영과 업무 전반에 대한 심층 감사활동을 통해 임직원의 비리, 업무 부당 처리, 예산 낭비 사례 등을 빠짐없이 색출할 수 있는 독립적인 자체감사 시스템을 구축해야 한다.

특히 지금처럼 공기업 감사를 직무수행 역량과 무관하게 정치권이나 중앙부처에서 낙하산으로 내려보내는 관행은 반드시 사라져야 한다. 그들은 공기업 감사 자리를 그동안 정치권이나 중앙부처에서 애쓴 노고에 대한 논공행상 정도로 생각하여 주어진 임기 동안 자체감사 활동에 별로 신경을 쓰지 않는 경우가 대부분이다. 공기업 내부에서도 경영 혁신 차원의 자체감사가 활성화되는 것을 원하지 않기 때문에 서로 이해관계가 맞아떨어지는 셈이다.

최근 정부에서 공기업 사장, 감사 등에 대한 낙하산 인사를 근절하는 방안으로 일정 기간의 관련 업무 경력 등 '공기업 임원 직위별 세부 자격요건'을 정하도록 했으나, 이 또한 낙하산 인사를 근절하는 방안이 될 수 없었다. 아예 임원 자격요건을 정하지 않거나 두루뭉술하게 정해서 웬만하면 다 빠져나갈 수 있는 수준이다. 노골적으로 일정한 공무원 근무 경력을 조건으로 내걸어 퇴직을 앞둔 고위직 공무원이 낙하산으로 내려갈 수 있는 길을 터주기도 한다.

다른 임원과 달리 감사의 경우에는 당해 공기업 사장 등의 눈치를 보지 않고 자체감사 업무를 수행할 수 있는 조건이 당해 공기업 관련 업무를 잘 아는 것 못지않게 중요하다. 따라서 사장 등의 눈치를 보지 않고 소신껏 자체감사 업무를 수행할 수 있는 요건을 충족하면서 당해 기관 업무를 이해하고 분석할 능력을 갖춘 사람을 발탁 임용하도록 해야 한다. 또한, 공기업 감사를 능력 위주의 고위 공직자 출신으로 선임할 필요가 있는 경우에도 지금처럼 정년퇴직이 임박한 사람을 임용할 것이 아니라 감사 임기를 마친 후 다시 원래의 소속 기관 등에 복귀할 사람을 임용하되, 감사 재직 시의 업적에 따라 재임용 조건이 결정되도록 해야 할 것이다.

한편, 이상과 같은 각종 개혁 과제의 성공적 추진을 위해서는 당해 공기업 노조의 반발을 효과적으로 억제할 수 있어야 한다. 정부의 각종 개혁 과제 추진 과정에서 강성노조 등 이해관계 집단이 커다란 걸림돌로 작용한다는 것은 앞에서도 이야기한 바 있지만, 공기업 노조의 경우는 더욱 특별한 의미를 부여할 필요가 있다. 즉, 공기업 노조는 사기업 노조와 달리 국가와 국민을 위해 봉사해야 하는 공직자들로 구성된 집단

일체유심조(一切唯心造)

이라는 점이다. 따라서 공기업 노조는 공공성과 효율성을 최우선적으로 고려하여 정부 정책에 반하거나 국가 발전을 저해하는 결과를 가져올 수 있는 노동운동을 자제해야 할 특별한 의무가 있다. 경제 위기 극복을 위해 정부에서 추진하는 노동 개혁에도 공기업 노조가 솔선수범하여 민간기업 노조들이 뒤따르도록 해야 한다.

그런데 우리나라에서 민간기업 노조의 본보기가 돼야할 공기업 노조는 노동관계 법령에 반하거나 공정과 상식에 어긋나는 내용의 불합리한 단체협약을 체결하는 등 도덕적 해이가 도를 넘고 있다. 따라서 우리의 숙원 과제인 노동 개혁의 성공적 추진을 위해서라도 공기업 노조의 도덕적 해이 현상을 바로잡는 일이 급선무다.

우선 '모든 공기업 노조는 공공성과 효율성을 최우선시하여 정부의 공기업 정책에 반하는 노동운동을 자제해야 한다'는 의무 규정과 이를 위반할 경우 벌칙 규정을 신설하는 등 공기업 노조 관련 법령의 제·개정을 서둘러야 한다. 노조의 인사 및 경영권 개입과 과도한 복리후생제도를 불러오는 불합리한 단체협약도 체결하지 못하도록 법제화해야 한다. 아울러 정부 정책에 반대하기 위한 불법 파업 등 강성노조 활동에 대하여는 모든 공권력을 동원하여 강력하게 대처하는 등 정부의 확고한 개혁 의지를 보여주어야 한다.

교육 개혁

우리에게 교육의 역할은 참으로 무궁무진하다. 교육은 미래세대로 하여금 이 나라를 물려받아 더욱 강성하고 복된 나라로 만들어 갈 수 있는 능력을 키워주는 역할을 한다. 교육은 기술 혁신과 인재 양성을 통해 국가 경제 및 사회 발전이 이뤄지도록 하는 역할을 한다. 교육은 계층 이동을 통해 부의 양극화 현상을 완화시켜 주기도 한다.

그런데 언제부턴가 우리나라 교육이 문제가 많다고 한다. 우리나라 공교육이 부실해서 사교육에 많이 의존하는데 금수저와 흙수저 간 사교육비 격차가 심하고, 소위 '아빠 찬스' '엄마 찬스'로 인해 계층 이동이 어려워져 청년들에게 좌절감을 심어주기도 한다. 2022년 우리나라 사교육비 총액은 26조 원, 2020년 조사에서 사교육비가 부담이 된다고 생각하는 국민이 94%였다.

사교육의 목적은 오로지 수강생들이 원하는 대학에 들어가도록 하는 것이다. 그렇지만 학생들이 대학에 들어가는 것은 교육의 한 방편이지 그 자체가 목적이 될 수는 없다. 그런데도 우리 학생들은 학창 시절

일체유심조(一切唯心造)

의 상당 부분을 무시무시한 경쟁을 뚫고 오직 본인이 원하는 대학 또는 차선(次善), 삼선(三善)의 대학에 들어가기 위한 억지 공부에 매달려야 한다. 문제는 이렇게 많은 돈이 들어가는 사교육을 통해 올린 수능과 내신 성적이 실제로는 이 나라를 물려받아 더욱 강성하고 복된 나라로 만들어가야 할 학생들의 창의력과 문제 해결 능력을 제대로 키워주지 못하는 데 있다.

사교육을 근절하기 위한 방안은 크게 두 가지로 나눌 수 있다. 그중 하나는 무모할 정도로 치열한 경쟁을 통해 점수 순서로 대학 입학생을 뽑는 현행 대학입시제도를 바꾸는 것이다. 사교육을 없애고 학생과 학부모들의 부담을 덜어주기 위해 비롯된 '수능 과목 축소'가 변별력 감소 현상을 초래하게 되고, 다시 변별력을 높이기 위해 '킬러 문항'을 출제한 것이 사교육을 부추기게 되는 등 '입시를 위한 입시제도'는 반드시 사라져야 할 적폐가 되었다.

나머지 하나는 공교육의 질을 높여 학생들의 사교육 의존 심리가 사라지도록 하는 것이다. 서울대학교에서 2023학년도 이공계 신입생을 대상으로 수학 특별시험을 실시한 결과 1,624명 중 679명(41.8%)이 고등학교 수학을 다시 공부해야 할 정도로 기초수학 실력이 부족하다는 결과가 나왔다. 우리나라 부실 공교육의 민낯을 그대로 드러내는 사례다.

아울러 저소득 가정의 학생들이 공교육만으로 일류 대학에 들어가거나 젊은이들이 선망하는 좋은 직장에 취업할 수 있는 교육 환경을 만들어주는 것 또한 금수저와 흙수저 간 교육 격차를 해소할 수 있는 길이다.

런던에서 두 번째 가난한 지역으로 꼽히는 동부 자치구 '뉴엄'에 있는 소위 흙수저 공립고등학교인 '브램턴 매너 아카데미'가 영국의 양대 명문대학인 옥스퍼드와 케임브리지에 55명을 입학시켜 연간 학비만 7,000만 원이 들어가는 영국 최대 사립학교인 '이튼 스쿨'(48명)을 제쳤다고 한다. 이렇게 부모의 사회적 지위나 돈이 많고 적음에 상관없이 자신의 재능과 노력 여하에 따라 공교육만으로 국내 일류 대학에 들어갈 수 있는 기회가 공평하게 주어진다면, 다시 옛날처럼 '개천에서 용 났다'라는 성공 신화를 자주 들어볼 수 있게 될 것이다.

• 공교육에 혁신적 교육 모델 도입

저명한 미래학자인 앨빈 토플러(Alvin Toffler)는 2008년 9월 서울에서 열린 아시아태평양 포럼에서 "한국 학생들이 학교와 학원에서 미래에 필요하지 않을 지식과 존재하지 않을 직업을 위해 하루 15시간의 시간을 낭비하고 있다"라고 말했다. 15년 전에 한 말이지만 오히려 지금 우리에게 더 설득력 있는 말로 들리는 것 같다.

4차 산업혁명 시대가 본격화되면서 새로운 디지털 첨단기술들이 우후죽순처럼 생겨나고 우리 산업계에 지각 변동이 일어나고 있다. 이에 따라 산업 및 기술 혁신을 뒤쫓아 가야 하는 교육 분야에도 혁신의 물결이 일고 있으며 앞으로 더욱 거세질 전망이다. 지금 교육 선진국들을 중심으로 인공지능(AI) 및 디지털 첨단기술을 적용한 학습 기자재 활용, 학생들 스스로 조사·발표·토론하는 등 교사 중심에서 학생 중심으로의 수업 전환, 사고력·창의력 증진을 위한 논술형 평가 등 교육 방식의

일체유심조(一切唯心造)

대전환이 이뤄지고 있다. 우리는 이참에 미국·영국 등 교육 선진국들의 제도를 참조하여 4차 산업혁명 시대에 부응하는 혁신 모델로 본격적인 교육 개혁을 단행해야 한다.

 예를 들어 1968년 스위스에서 개발되어 2022년 기준 세계 159개국 5,700여 곳의 학교에서 시행하고 있는 '국제 바칼로레아(IB) 교육 프로그램'을 우리나라 교육 실정에 맞게 재구성하여 공교육에 적용하는 방안을 심도 있게 논의해보는 것도 좋을 것 같다. IB는 교육 방식을 토론과 프로젝트 위주의 수업과 논·서술형 절대평가 체제로 전환함으로써 기존 주입식 교육의 한계에서 벗어나 4차 산업혁명 시대가 요구하는 창조적 인재를 양성하는데 적합한 교육 모델로 인식되어 미국·영국 등 교육 선진국에서 큰 호응을 얻고 있다. 람 임마뉴엘(Rahm Emanuel) 전 미국 시카고 시장은 'IB 교육 시행 이후 일반 학생과 저소득층 학생 간 대입 격차가 20%에서 3%로 감소'한 사례 연구 결과를 보고 시카고 저소득층 공립학교에 IB 교육 체제를 도입했다. 토니 블레어 전 영국 총리도 4차 산업혁명 시대에 맞춰 영국 실정에 맞는 IB 교육 체제를 개발해서 적용할 것을 제언했다고 한다.

 우리나라에서도 일부 시·도 교육청에서 IB 교육 체제를 일선 학교에 도입한 사례가 있으나, 우리나라 교육계는 보수와 진보 성향에 따라 교육 정책에 대한 의견이 극명하게 갈리는 경우가 많아 아무리 좋은 제도라도 받아들이기 쉽지 않다. 이 또한 '국가 담론의 장'에서 객관적인 시각으로 충분한 검토를 거친 후에 학부모들의 의견 수렴을 거쳐 도입 여부를 결정하는 것이 좋을 것이다.

• 장래 직업과 연계한 실용적 교육

4차 산업혁명은 교육 분야에서도 위기와 기회의 갈림길이 될 수밖에 없다. 사물인터넷(IoT), 빅데이터, 인공지능(AI)을 기반으로 하는 디지털 생태계 하에서 미래 이 나라 경제와 사회를 이끌어가야 하는 학생들이 지금처럼 구태의연한 주입식 교육과 입시 위주의 학습에만 매달려서는 대한민국의 밝은 미래를 보장할 수 없다. 우리나라가 4차 산업혁명의 물결에 순항하지 못해 또다시 별 볼 일 없는 나라로 전락할 수도 있다는 얘기다. 당연히 공교육의 방향은 지금처럼 오로지 원하는 대학에 가기 위한 입시 위주 교육에서 벗어나 졸업 후 직장 또는 사회에서 개인의 능력을 최고도로 발휘하기 위한 것으로 대전환이 이뤄져야 한다.

그런데 공교육을 교육 본래의 목적에 부합하도록 개선하기 위해서는 현행 대학입시 제도를 완전히 바꾸어야 한다. 우선 학생들이 중학교 1·2학년 때 본인의 소질과 적성 등을 고려해 장래 진로를 결정하도록 해야 한다. 이때부터 학생들은 장래 진로에 부합하는 맞춤형 교육을 받게 되는 것이다.

예를 들어 장래 직업으로 외교관을 선택한 학생은 중·고등학교에서 필수 교양과목 및 공통 이수과목과 함께 국제관계학개론 및 외국어 등 기초전공과목을 공부한 후 외교관을 전문적으로 양성하는 대학에 들어간다. 대학 졸업 후 고급 엔지니어나 유망 벤처 기업인이 되고자 하는 학생은 필수 교양과목 및 공통 이수과목과 함께 기계, 전기, 전자 또는 컴퓨터 관련 기초 전공과목을 공부한 후 공학 계열 대학에 들어간다.

특별한 사유로 인해 중학교 때 장래 진로를 결정하지 못했거나 장래 진로를 변경할 필요가 있는 일부 학생들에게는 고등학교 1·2학년 때 진로를 결정 또는 변경할 수 있도록 기회를 부여하는 것도 필요할 것이다.

그런데 현행 자유학기제를 통한 진로 체험은 학생들의 흥미와 취미 위주로 구성되는 경우가 많아 평생 직업을 선택하기에는 미흡할 수도 있다. 사전에 충분한 자료 수집·분석을 통해 학생 진로를 정확하게 탐색할 수 있는 AI 기반 진로 탐색 프로그램을 구축한 후, 학생 본인의 적성, 소질, 관련 과목 성적 등을 종합적으로 반영한 효율적인 진로 탐색 및 결정이 이뤄지도록 해야 한다. 이렇게 해서 학생 개개인에게 딱 맞는 진로를 제시해주면서도 학생 본인이 진로 탐색을 위해 소비하는 시간은 최소화함으로써 그만큼 학업에 더욱 더 충실 할 수 있게 해줘야 한다.

또한, 학생 진로가 결정된 이후 학생 개개인의 학업 성적에 대한 평가는 AI 기반 평가 시스템에 의해 자동으로 평가 및 집계가 이뤄지고, 그 평가 결과에 따라 자신이 들어갈 대학이 자동 결정되는 방식으로 대학 입시 방법 또한 바뀌어야 한다. 위 공교육 시행 및 평가 프로그램은 국내외 최고의 교육 및 컴퓨터 전문가들에게 의뢰하여 우리나라에서 교육 본래의 목적에 완전히 부합하는 공교육 실행 및 평가가 이뤄지도록 만들어져야 한다. 여기서 우리의 강점인 정보기술(IT)과 빅데이터 시스템을 최대한 활용하는 방안을 강구해야 할 것이다.

• AI 기반 빅데이터 시스템 통해 대학 입학생 선발

대학입시 제도 개선의 종점은 중학교 때 본인의 진로를 결정하고 공교육 프로그램에 따라 맞춤형 교육을 받은 학생들이 어느 대학에 소속된 학과에 들어가느냐 하는 것이다. 그런데 여기서 한 가지 선행되어야 할 과제는 학과별로 국내 대학들을 몇 개의 유형으로 특성화하는 것이다. 같은 공과대학이라도 '갑' 대학은 컴퓨터 분야, '을' 대학은 기계 분야에 강점이 있다는 식으로 분류하는 것이다. 또 지방대학을 당해 지역에 있는 국가기관, 지자체, 공기업 및 기업체와 연계하여 취업을 쉽게 해주는 시스템을 구축하는 것도 필요하다. 이렇게 해서 서울과 지방, 일류와 이·삼류 등의 구별을 최대한 완화해주는 것이 필요하다.

지금 우리나라는 고등학교 졸업자 수의 급격한 감소로 대규모 대학 구조조정이 필요한 시점이다. 앞으로 본격적인 대학 구조조정을 추진하는 과정에서 대학 간 다양화 및 특성화를 통해 서울과 지방, 일류와 이·삼류 등의 구별을 최대한 완화하는 방안이 실현될 수 있도록 해야 한다. 그리고 나서 대학 입학생 선발은 정교하게 만들어진 AI 기반 빅데이터 시스템을 이용하여, 학생 개개인의 선호와 적성 그리고 '전국 공교육 평가 프로그램 네트워크'[43]에 집계된 학생별 평가 내역을 종합해서 본인이 들어갈 대학이 자동 결정되는 방식으로 시행하는 것이다. 결국, 대학입시를 잘 치르기 위해 공교육과 사교육을 병행하는 교육 모델에서 학생 본인의 소질과 적성 그리고 공교육을 잘 이수했는지 여부에 따라 자신이 들어갈 대학이 자동 결정되는 모델로 완전히 뒤바뀌는 것이다.

당연히 모든 학생들은 지금처럼 중·고등학교에서 대학입시 준비에 몰두하는 대신 앞으로 자신이 종사하게 될 직업 분야에서 최고의 능력을 발휘할 수 있도록, 대학 교육의 전 단계로서, 기초적인 지식과 기술 및 소양을 연마하는 것으로 공교육 방향의 대 전환이 이뤄지게 될 것이다.

---

43 학교 단위의 공교육 프로그램을 전국적으로 연결하여 실시간으로 학생 간 비교·평가가 가능하도록 만든 프로그램. 재학 중 학생 개개인의 지식과 기술, 소양, 정서, 과외활동 및 행동발달 사항 등이 종합 평가되도록 프로그램되어야 한다.

일체유심조(一切唯心造)

• 마이스터고 등 특성화고 활성화

고졸 학력만으로 주요 공기업과 대기업 또는 유망 중소기업에 취업하여 고급 기술자로 성공할 수 있는 등용문으로써 2010년에 개교한 21곳의 '마이스터고'가 2013년 2월에 첫 졸업생 3,375명을 배출하였다. 이때 이들 졸업생의 취업률은 93.4%나 되고, 마이스터고 출신 10명 중 4명이 대기업과 공기업에 취업하는 등 서울 명문대 못지않은 실적을 올렸다. 한국전력공사와 협력 관계인 수도전기공고는 공기업 취업률이 55.1%나 되었으며, 현대와 LG를 협력 업체로 둔 울산마이스터고와 구미전자공고는 대기업 취업률이 각각 75.5%, 50.9%였다.

2022년도 우리나라 고등학교 졸업자의 대학 진학률은 73.3%이다. 2020년 기준 미국 고등학교 졸업자의 대학 진학률은 63%, 독일은 54.8%인데 비해 지나치게 높은 편이다. 반면에 2021년 기준 우리나라 대졸 평균 취업률은 67.7%로 일본(84.4%) 등 선진국에 비해 매우 낮은 편이다.

앞으로 우리나라에서 마이스터고 등 특성화고를 늘리고 활성화하는 것은 대학 진학률을 선진국 수준으로 낮춤으로써 대졸 취업률을 90% 이상으로 높이고, 공교육이 장래 진로에 부합하는 맞춤형 교육으로 뿌리내리는 데 커다란 도움이 될 것으로 보인다. 마이스터고 등 특성화고를 졸업한 사람이 취업 후 본인의 능력에 따라 대졸자와 똑같은 대우를 받을 수 있는 기업문화를 만들어가면서, 본인이 원할 경우 산학협력 시스템을 통해 대학 과정을 이수할 수도 있게 충분한 기회가 주어져야 한다.

• 교원 평가제도 등을 통해 공교육의 질을 높여야

대학입시 제도 개선을 통해 중·고등학교 학생들이 맹목적인 입시 위주 공부에서 벗어날 수 있게 되면, 공교육이 국가와 산업 그리고 사회가 필요로 하는 창의적 인재 양성과 미래 지식기반 확충 위주로 실속 있게 운영될 수 있다. 단, 여기서 반드시 갖춰져야 할 또 한 가지 조건은 학교 현장에서 공교육을 담당하는 교사들의 연구 역량과 강의 기법 그리고 학생 교화(敎化) 능력이 뛰어나야 한다는 것이다.

2007년 6월 미국 워싱턴 D.C. 교육감이 된 미셸 리는 2009년 10월에 시의회가 교육 예산 2,100만 달러를 삭감하자 학교 운영 예산을 줄이는 대신 부실 학교와 무능 교사에 대한 구조조정을 단행했다. 그는 교원평가제를 통해 우수 교사에게 성과급을 올려주는 대신 무능 교사 500여 명을 해고하였으며, 일정한 성과 기준에 미달되는 학교 23곳을 폐교 조치하였다. 워싱턴 교원노조에서는 리 교육감의 교사 해고처분에 대하여 소송을 제기하였으나 법원에서도 무능 교사에 대한 해고처분이 정당하다는 판결이 나왔다.

그런데 우리나라에서는 공교육을 담당하는 상당수의 교사들이 더는 연구와 강의 기법 개발에 힘쓰지 않은 채 틀에 박힌 교육 방식에 안주하거나 무기력에 빠져드는 현상이 만연되고 있는 것 같다. 따라서 교원평가제도 및 경쟁체제 도입, 파격적인 성과급제, 무능 교사 퇴출 등의 제도를 구축하고 이를 확실하게 시행함으로써, 모든 교사들이 연구 역량과 강의 기법 그리고 학생 교화능력 등을 함양하는 데 전력을 기울이도록 해야 한다. 우리나라 교육 혁신 방향과 공교육 교사 역량을 일치시킴

일체유심조(一切唯心造)

으로써 오로지 암기식 대학입시 교육에 치중하는 학원 강사들이 발붙일 수 없는 교육 환경을 조성하도록 해야 한다.

• AI, VR, AR 등 기술을 이용한 첨단 학습 시스템 구축

4차 산업혁명 시대에 필요한 인재 양성을 위해서는 공교육 정상화에서 한 걸음 더 나아가 공교육을 첨단화하는 것이 필요하다. 다시 말해서 4차 산업혁명의 산물인 인공지능(AI), 빅데이터, 가상현실(VR), 증강현실(AR) 기술을 이용한 첨단학습 시스템을 구축·운용하는 등 일종의 학습 혁명을 일으키는 것이다. 학습 혁명을 통해 획일적인 주입식 학습 대신 학생 개개인의 특성을 고려한 맞춤형 학습이 이뤄진다.

학생들의 창의력·추리력과 탐구력을 키워주는 필수 과목이지만 학생들이 따분해하는 수학·과학에 흥미를 느낄 수 있게 해주고 학생들의 암기력과 이해력을 높일 수 있는 학습 방법을 개발하는 것도 가능하다. 한때 중·고등학교에서 학생 진로 탐색을 위한 현장 학습 장소를 구하지 못해 어려움이 많다는 말을 들은 적이 있는데, VR과 AR 기술을 이용하면 이런 문제도 자연스럽게 해결될 수 있다.

공교육에 '지능형개인교습체제(ITS)'를 도입해 해당 과목에 소질이 있으면서 기초가 있는 학생과 그렇지 못한 학생 각각에 대하여 난이도가 다른 수업을 받을 수 있도록 맞춤형 교육을 실시하는 등 AI 교육 혁명이 이뤄져야 한다. 학생들이 AI 조교의 도움을 받아 스스로 학습을 주도해 나가고, 교사는 첨단기술을 이용한 학습이 원활하게 이뤄지도록 도와주면서 학생들이 팀을 구성해 문제 해결 능력을 향상시키도록 하는 등 프로젝트 학습에 집중하는 것이다. 미국은 10여 년 전에 이미 ITS를 교육 현장에 도입했다고 한다.

예나 지금이나 초·중·고등학교에서 학생들이 수업시간에 잠을 자는 행태가 사라지지 않고 있다. 학생들이 학교 수업시간에는 잠을 자고 실제 수업은 방과 후에 학원에서 이뤄지는 폐단이 사라지지 않는 한 우리나라 교육 현장에서 사교육 근절이라는 목표 또한 이뤄질 수 없다. ITS 와 교사 강의 역량 제고를 통해 학생들이 수업을 따분해하지 않고 점점 진지한 태도로 수업에 임할 수 있는 분위기를 조성해 나가는 것이 급선무다.

• 학교 폭력

최근 자녀 학교폭력(학폭) 문제로 고위 공직자 임명 하루 만에 취소된 사건이 발생한 이후 학폭 문제가 크게 사회 이슈화되었다. 지금 우리나라 교육 현장은 학생들이 교사에게 폭언·욕설을 퍼붓고 폭력을 행사하는 등 교권 침해 행위에다 여러 가지 다양한 형태로 자행되는 학폭 등으로 인해 커다란 위기를 맞고 있다.

요즘 학폭은 여럿이 무리를 지어서 다른 학생들에게 폭력을 행사하거나 돈을 뺏는 것은 기본이고, 강제로 오물을 먹거나 몰래 가방에 집어넣는 등 점점 수법이 다양해지고 있다. 더욱이 디지털 시대를 맞이하여 이제는 학폭도 네트워크화되어 피해 범위가 갈수록 커지고 있는 실정이다. 피해 학생의 옷을 벗기거나 폭행 또는 희롱당하는 장면을 동영상으로 촬영해 유포하기도 하고, SNS를 통한 모욕적인 언사, 욕설, 협박 등으로 다른 학생들이 극심한 불안감 또는 수치심을 느끼고 스트레스를 받게 하는 등 걷잡을 수 없는 지경이 되어가고 있다. 심지어 이와

일체유심조(一切唯心造)

같은 신종 학폭이 명문 사립 고등학교에서도 발생했다고 하니 더더욱 심각한 문제가 아닐 수 없다. 학폭(학폭심의위원회 심의 건수)은 2021년에 1만 5,653건, 2022년 1학기 중에 9,796건이 발생했다.

최근에 중학교 3학년생이 온라인 도박 사이트를 운영하다가 보호관찰 처분을 받은 사건이 보도된 적이 있는데 그동안 수익금만 20억 원이 넘는다고 한다. 도박 사이트 회원으로 가입된 학생들은 도박 자금을 마련하기 위해 학폭은 물론 성인들을 상대로 한 협박, 공갈, 폭력 등으로 발전해 점점 범죄의 수렁으로 빠져들게 된다.

요즘 학교는 학교대로 정부는 정부대로 국회까지 나서서 학폭 근절 대책을 마련하고 있지만 쉽지 않을 것 같은 생각이 든다. 학폭, 온라인 도박 사이트, 교권침해 생각만 해도 눈앞이 캄캄해지는 것 같다. 이 정도면 교육 분야도 안보와 경제 분야 못지않게 분명 위기 상황이다. 보다 근본적인 개혁 방안을 마련해서 시행하지 않으면 안 될 것이다.

· 교권 침해 행위를 더 이상 내버려 둬서는 안 된다

초·중·고등학생들이 교사에게 폭력을 휘두르고 욕설을 퍼붓는 등 교권(敎權) 침해 행위가 수그러들지 않고 있다. 교권 침해 행위는 2017년부터 2019년까지 2,500건 안팎을 유지하다가 코로나19가 발생한 2020년에 1,197건으로 감소했으나 2021년 2,269건으로 다시 증가했다. 유형별로 보면 욕설 등 모욕과 명예훼손 1,271건, 상해·폭행 239건, 성희롱 207건, 수업 방해 122건, 기타 430건이었다.

대야에 가득 찬 물에다가 잉크를 한 방울만 떨어뜨려도 물 전체가 파랗게 변하고 만다. 학폭과 교권 침해 행위가 일부 학생들에게 국한된 문제라 해도 이는 교실 전체의 면학 분위기에 심각한 영향을 끼친다. 교사들도 더욱 적극적인 방식으로 학생 지도에 나설 경우 자칫 망신을 당하기 십상이므로 통상적인 지식 전달 이외의 폭넓은 학생 지도를 꺼릴 수밖에 없고, 심한 경우 극심한 스트레스와 자괴감으로 교직에 대한 긍지와 사명감마저 잃게 된다. 교권 침해로 정신과 치료를 받는 교사가 갈수록 늘어나고 있다고 한다.

중학생이 수업 중 교사의 얼굴에 폭행을 가하고 교단에 드러누워서 여교사를 촬영하고 여교사의 신체 부위를 그린 익명의 쪽지를 교탁 위에 놓아두는 등 교사의 권위가 완전히 땅에 떨어진 상황에서 공교육의 정상화를 기대하는 것은 연목구어(緣木求魚)나 다름없다. 더욱이 교사가 학생의 일탈 행위를 나무라고 훈계해도 자기들끼리 킥킥대며 대수롭지 않게 여기는 분위기가 만연된 상황에서 학생들의 일탈 행위를 바로잡는 일이 무척 어려울 것 같다.

그렇다면 이처럼 공교육 정상화에 악영향을 끼치는 교권 침해 행위를 근절하는 방안은 무엇일까? 먼저 우리 사회의 병폐 가운데 하나인 지나친 온정주의에서 탈피해야 한다. 우리나라는 교사의 학생 체벌을 금지하고 있다. 그렇지만 학생이 교실에서 교사를 폭행하고 폭언과 욕설을 퍼붓고 희롱하고 수업을 방해하는 행위가 공식적으로 통계에 잡힌 것만 연간 1,800건이 넘게 발생하는 현실에서 교사의 학생 체벌을 금지하는 것은 제대로 된 교육 방식이라고 보기 어렵다.

학부모들이 자녀를 학교에 보내는 목적은 필요한 지식 습득과 함께 국가·사회의 일원으로서 올바른 인격과 품성을 갖추도록 하기 위함이다. 더욱이 현대 우리 사회에서 부모와 자녀 간 대화와 소통이 비교적 원활하지 못한 점을 생각할 때 학생들의 올바른 정서 및 행동발달을 위한 학교 교육의 중요성은 크다고 아니할 수 없다.

그런데 교사가 학생을 올바른 길로 인도하기 위해 항상 좋은 말만 할 수는 없다. 때로는 심하게 꾸짖거나 사랑의 매를 들어야 하는 경우도 종종 발생할 수 있다. 학생들도 선생님이 항상 인자하기만 한 것이 아니라 때로는 아주 무서운 호랑이가 될 수도 있다는 생각에서, 간혹 공부가 싫증이 나고 엉뚱한 행동을 하고 싶은 충동이 일어나도 이를 자제할 수 있게 될 것이다. 이런 과정을 수없이 거치면서 자신을 바람직한 방향으로 통제할 수 있는 성숙한 인재로 자라나는 것이다.

다시 말해서 교사가 학생들의 품행을 올바르게 지도하기 위한 체벌이나 소지품 검사 등 훈육 수단을 일정한 범위 내에서 인정하는 제도를 확실하게 유지할 필요가 있다. 학교 내에 2~3명의 훈육 전담 교사를 두고 교내에서 폭력을 일삼는 문제 학생에 대하여는 강도 높은 훈육 처분을 내리는 것도 필요하다. 사실, 문제 학생에 대한 징계 조치의 일종인 정학 처분의 경우 문제 학생을 교화하는 수단으로서 부적합할 수도 있다. 계속 학교에 나오게 해서 학생으로서의 본분을 회복할 때까지 특별 교육을 받도록 해야 한다. 퇴학 처분을 내려야 할 만큼 문제가 심각한 학생의 경우에는 기숙사가 딸린 특수학교에 전학시켜 맞춤형 교육을 따로 하는 방안도 생각해볼 수 있다.

교사의 훈계에 맞서 욕설을 퍼붓거나 교사를 폭행하는 등의 패륜 학생에 대하여도 엄혹한 훈육 처분(체벌 포함)을 내림으로써 교사 훈육 행위의 실효성을 확보하도록 해야 한다. 그 대신 체벌 등 교사 훈육 행위는 교육상 꼭 필요한 경우에만 행해져야 하고, 일탈 행위의 정도에 비례해서 공정하게 집행돼야 하며, 교사 개인의 감정이 개입되어서는 안 된다. 교사가 학생을 자식처럼 생각하는 어진 품성, 오로지 학생의 밝은 미래만을 추구하는 훈육 방법, 그리고 뛰어난 교화능력을 갖추는 것이 필요하다.

한편, 학생들의 교권 침해 행위를 조장하는 일부 학부모들의 막무가내식 자녀 감싸기도 문제이다. 교사에게 욕설을 퍼붓고 폭행하는 등 학생 본분을 심하게 일탈한 학생을 학칙에 따라 징계 조치한 것을 가지고 학교 측에 항의하거나 경찰이나 검찰에 고소하는 사례가 끊이지 않고 있다. 학생이 잠을 자는데 깨웠다거나 싸움을 말리는 과정에 신체 접촉이 있었다고 해서 '아동학대범죄의 처벌 등에 관한 특례법(아동학대처벌법)'⁴⁴ 위반 혐의로 고소 또는 신고된 사례도 많다.

정부와 교육청에서 학폭과 교권 침해를 방지하기 위해 초·중등교육법과 학생인권조례 개정 및 '교원의 학생생활지도에 관한 고시' 제정 등 각종 대책을 내놓고 있지만, 이미 습관처럼 굳어버린 일탈 학생들의 학폭과 교권 침해 행위 그리고 자기 자식의 잘못은 모른 채 맹목적인 자식 사랑에 푹 빠져버린 일부 학부모들의 극성을 미온적인 법조항과 대증요법적인 '고시'만으로 바로잡기는 어려울 것으로 생각된다. 그렇다고 학폭과 교권 침해 및 아동학대 민원을 뿌리 뽑기 위해 강경 입법을 추진하는 것 또한 우리나라 정치·사회적인 여건상 쉽지 않은 일이 될 것이다. 학생과 학부모의 교권 침해 및 학폭을 뿌리 뽑기 위한 보다 근원적·종합적인 대책을 마련하고, 계속 그 내용을 보완해 가면서 간단(間斷)없이 추

---

44 아동복지법 제3조 제1호의 규정에 따라 '아동'이란 18세 미만인 사람을 말한다. 즉, 우리나라 초·중·고등학생에 해당한다.

진해 나가야 한다. 지금까지 그래왔던 것처럼 무슨 큰 사건이 발생할 때마다 다시는 그런 일이 재발하지 않을 것처럼 온갖 개혁 방안들이 한꺼번에 쏟아져 나오다가, 일정 기간이 지나고 나면 언제 그런 일이 있었느냐는 듯이 다시 원점으로 돌아가곤 하는 일이 되풀이되어서는 안 될 것이다.

이렇게 해서 교사들이 학생들의 도를 넘는 일탈 행위 및 학부모들의 무분별한 민원과 소송으로부터 받는 정신적 고통에서 완전히 벗어나게 해줘야 한다. 그리하여 우리나라 초·중·고등학교 교사들이 교직에 대한 긍지와 자부심을 가지고 연구 역량과 강의 기법 및 학생 교화능력 향상에 힘써 공교육 정상화, 첨단화 및 실용화가 이뤄지도록 해야 한다.

• 교권 침해, 학폭 등 일탈행위 근절 방안

학교에서 일탈 학생 제재의 최후 수단으로서 다른 학교로 전학(轉學)을 보내면 그것으로 끝이라고 생각하는 것도 문제다. 디지털 기술의 영향으로 학생 일탈 행위도 네트워크화되어 가는데, 가해 학생을 동급생인 피해자들에게서 좀 멀리 떼어 놓는다고 학폭 등 일탈 행위가 근절될 수 있을까? 또 학폭과 교권 침해를 일삼는 일탈 학생을 받아들인 학교는 어떻게 되는가? 만약에 이런 학생을 받아주는 학교가 없을 경우 이 학생은 어떻게 되는가? 일탈 행위를 생활기록부에 올리고 보존 기간을 늘리는 것도 어쩌다 우발적으로 일탈 행위에 가담한 일부 학생들에게는 억제 효과가 있을지 모르지만, 재학 중 좋은 성적을 유지해서 원하는 대학에 들어가기를 포기한 학생들에게는 별로 영향을 줄 것 같지 않다.

우선, 시간이 걸리고 힘이 들더라도 일탈 학생들을 몇 가지 유형으로 분류해서 이들이 자신의 밝은 미래를 위해 학업에 정진하는 대신 일탈 행위에 빠져들게 된 원인을 심도 있게 조사·분석하는 것이 필요할 것 같다. 그리고 나서 각각의 원인별로 맞춤형 특별 교육을 실시함으로써 일탈 학생들에게 꿈과 희망을 불어넣어 주고 자신들이 가야 할 길을 분명하게 제시해주는 것이다.

예를 들어 일부 학생들이 자신은 공부를 열심히 해서 좋은 대학에 들어가고 싶은데 책만 보면 잠이 쏟아지거나 자꾸만 잡념이 생겨서 도저히 공부를 할 수가 없다고 하면, 그런 유형의 학생들을 따로 모아놓고 교육 전문가의 도움을 받아 공부에 흥미를 느낄 수 있는 방법으로 수업을 받도록 해줄 수도 있다. 또 가정불화 등으로 스트레스를 받아 학생 본분을 일탈한 학생들에게도 그 분야 전문가의 도움을 받아 적절한 해법을 마련할 수 있을 것이다. 일탈 학생의 강압 또는 꼬임에 빠져 저들과 한 팀이 된 후에 팀에서 자유롭게 빠져나올 수 없게 된 학생들에게는 원조 일탈 학생들이 더 이상 영향력을 행사할 수 없도록 차단하는 방안을 강구해야 한다.

제2부에서 말한 것처럼 커다란 가마솥에서 펄펄 끓는 물을 식히고자 할 때 위에서 찬물을 계속 들이부어서는 물을 식힐 수 없고, 물이 끓는 원인이 되는 아궁이의 불씨를 제거해야만 한다.

모든 일탈 학생들에게 일률적인 학칙을 적용해서 교화를 시도하다가 안 되면 최후 수단으로 전학 조치하고 생활기록부에 올리는 것보다는, 일탈 학생 개개인의 일탈 사유에 따른 맞춤형 교육을 시행하는 것이 훨씬 교육 목적에 부합하고 성공 가능성도 높아질 것으로 생각된다. 그래

　　　　　　　　　　　　　일체유심조(一切唯心造)

도 안 될 경우에는 앞에서 말한 대로 문제 학생들만 따로 가르치는 특수학교에 보내 특수 교육을 받도록 해야 할 것이다. 위장병, 심장병, 암 등 다양한 병에 걸려 고통 받고 있는 환자들에게 일률적으로 소화제나 진통제만을 투여해서는 결코 병을 근원적으로 낫게 할 수 없고 오히려 병을 키울 뿐이다. 초·중등학생 등 저학년 때부터 교권 침해와 학폭이 만연되는 현실을 감안할 때 생활기록부 기재 등 대증요법보다는 일탈 유형별 맞춤형 교육을 통해 일탈 행위의 근원적 요인을 찾아 치유하는 방안을 강구하는 것이 좋을 것 같다.

그리고 무엇보다 교권 침해를 근절하기 위한 근원적 대책은 앞에서 말한 대로 현행 입시제도 개혁을 통해 공교육이 모든 학생들의 대학입시에 완전 부합하는 시스템으로 자리매김함으로써, 학생과 학부모들이 사교육 대신 학교와 교사에 100% 의존하고 존중하는 분위기를 만들어 나가야 한다.

이와 같이 일부 일탈 학생들에게 근원적 치료 방식을 적용한 정상화 교육을 실시함과 동시에, 토론형 자율 학습, 수준별 맞춤 학습, 장래 직업과 연계한 실용적 교육 등 공교육 정상화가 이뤄짐으로써 교실 내에서 면학 분위기가 조성될 때 일부 학생들의 일탈 행위는 차츰 자취를 감추게 될 것이다.

• 교육 현장이 이념화되어서는 안 된다

2014년과 2018년 지방선거에서는 전국 17곳 시·도 가운데 각각 13곳과 14곳 시·도에서 진보 성향 교육감이 당선됐지만, 2022년의 경우에는 9곳은 진보 성향, 8곳은 보수 성향으로 반반이다. 그런데 2022년 교육감 선거 결과 분포도를 보면 진보와 보수 성향으로 나뉜 선이 북서와 남동을 축으로 극명하게 그어져 있는 것을 볼 수 있다. 마치 국토가 남북으로 갈린 것 같은 모습이다.

정부 교육 정책은 보수와 진보 등 정치적 이념을 초월하여 국가 백년대계를 지향하는 장기적 비전에 따라 지속 가능한 정책으로 입안돼야 하며, 이렇게 해서 정해진 교육 정책은 전국적으로 통일되고 일관성 있게 집행돼야 한다. 그런데도 우리나라에서는 시·도 교육감이 보수 성향이냐 진보 성향이냐에 따라 일선 학교 운영과 교육 방식이 달라질 수 있으며, 특히 보수 집권 시에는 교육부와 시·도 교육청 간에 교육 정책을 놓고 의견이 대립되거나 갈등을 빚는 일이 발생하기도 한다.

진보 성향의 교육감들은 학생들에게 왜곡된 역사관과 국가관을 주입하면서 한편으로는 반정부 시위단체로 뿌리내려져 있는 전교조에 대하여도 상당히 우호적인 태도를 보이는 경향이 있다. 최근 진보 성향의 전·현직 교육감 2명이 전교조 출신 해직 교사를 부당하게 채용하도록 한 혐의로 1심 재판에서 징역형을 선고받거나 감사원 감사 결과 고발 조치된 것만 봐도 충분히 알 수 있는 일이다. 이들은 인사위원회에 압력을 행사하거나 해직 교사를 채용할 수밖에 없게 맞춤형 채용 조건을 붙이도록 지시함으로써 전교조 출신 해직 교사 4~5명이 채용되도록 했다. 이들 해직 교사 중 4명은 국가보안법 위반으로 징역형을 받고 해임된 자들이다.

따라서 진보적 이념에 치우친 교육 정책으로 교육 현장의 이념화를 확산시키는 교육감 직선제를 하루속히 폐지해야 한다. 우리보다 민주주의 전통이 오래된 선진국에서도 교육감 직선제를 시행하는 나라는 거의

일체유심조(一切唯心造)

없는 실정이다. 영국, 독일, 일본의 경우에는 지자체장 또는 지방의회에서 교육감을 임명하며, 프랑스는 대통령이 직접 임명한다. 미국의 경우 37개 주(워싱턴 D.C. 포함)는 주지사(시장) 또는 교육위원회에서 교육감을 임명하고 나머지 14개 주에서만 직선제로 뽑는다.

더욱이 우리나라처럼 교육 방식을 놓고 보수와 진보 간 이념 대립이 극심한 가운데 철저하게 이념 중립적인 교육 개혁이 필요한 입장에서는 당분간 프랑스처럼 교육감을 대통령이 직접 임명하는 제도를 시행하는 것이 합리적일 것으로 생각된다.

• 고등교육 개선

이상과 같이 초·중·고등학교 교육 개혁을 통해 자신의 진로에 맞는 맞춤형 교육을 충실하게 받은 학생들이 장래 직업에 연결되는 대학에 진학해서 본격적인 직업 교육을 받을 수 있게 된다. 지금처럼 무조건 대학에 들어가고 보자는 생각으로 입시 준비에 전념해서 장래 희망 직업과 무관한 대학에 들어가 학업을 마치고 나서 이곳저곳 취업 전선을 찾아 전전(輾轉)하는 사례는 거의 사라지게 될 것이다.

한편, 최근 들어 미국 등 교육 선진국에서 기존 학제를 크게 벗어난 파격적인 대학 교육 모델이 속속 등장하고 있다. 예를 들어 구글은 구글이 제공하는 일정 교육 과정을 이수한 학생에게 작은 학위에 해당하는 증명서를 발급하는데, 이것으로 여러 기업에 채용될 수 있는 기회를 얻게 된다는 것이다.

무크(MOOC)는 세계적인 명문대학 교수 혹은 기업의 CEO, 실무자들이 대규모 온라인 공개강좌를 통해 전문가 수준의 고품질 강의를 제공하기 때문에 일반 온라인 교육과 차별화가 되어 있다. 강의를 제공하는 대학과 연계하여 온라인 학위 과정도 운영하고 있고 온라인 강의만으로 학위를 취득할 수 있는 경우도 있다.

이와 같이 기존 학제에 얽매이지 않은 채 저비용 온라인 강의를 통해 필요한 기술을 습득하고 관련 자격증 또는 학위까지 취득해서 바로 취업 현장으로 직행하도록 함으로써 신산업 분야 인력 부족 해소와 청년 취업난 해결이라는 두 마리의 토끼를 한꺼번에 잡을 수도 있다. 대학 또는 고등학교 졸업 후 실업(失業) 상태에 있는 청년들 가운데 신기술 분야에 숨은 재능이 있고 배우고자 하는 열정이 충만한 사람들에게는 저비용으로 높은 수준의 첨단기술을 습득할 기회를 충분히 제공함으로써 첨단 신기술 분야의 고급 인재로 키워낸다. 그다음으로 당장 일자리를 얻는 것이 시급한 청년들에게는 무료 또는 저비용의 단기 온라인 강의를 통해 관련 자격증을 취득한 후 취업 현장으로 직행할 수 있는 기회를 제공한다.

교육 당국에서는 대규모 온라인 교육에 적합한 일부 대학이나 학과를 지정하여 국가가 필요로 하는 분야의 인재를 충분히 양성하는 방안을 강구할 필요가 있다. 이와 같이 기존 학제를 뛰어넘는 신개념 교육을 통해 일반 대학을 통해서는 단기간에 수요를 충족할 수 없는 분야의 인력을 충원할 수 있는 길이 열리게 될 것이다.

4차 산업혁명 시대가 도래하면서 AI 기반의 각종 첨단기술 수준 및 기술 인력 보유 현황이 그 나라의 국력을 판가름하는 기준이 되고 있

일체유심조(一切唯心造)

다. 또한 첨단기술 수준의 높고 낮음과 기술 인력의 많고 적음은 그 나라의 교육 수준과 역량에 달려 있다. 급속도로 진화해가는 첨단기술 수준에 부응하여 폭발적으로 그 수요가 늘어나는 고급 인재들을 미리미리 키워내야 하는 목표를 달성하기 위해 고등교육의 중요성은 아무리 강조해도 지나치지 않다.

제4부

—

대한민국
미래비전

드디어 우리나라가 세계 주요 강대국의 일원이 된다

우리나라는 한때 동아시아의 강국으로 군림하던 때가 있었다. 5세기의 고구려 광개토왕과 장수왕 시대에는 우리나라 영토가 중국 만주지방의 대부분을 차지하면서 동아시아의 주역으로 자리매김하였으며, 7세기 전반기의 고구려는 초강대국인 수·당에 맞서 조금도 흔들리지 않는 강대국의 면모를 유지할 수 있었다. 그러나 668년 나·당 연합군에 의해 고구려가 멸망한 뒤 우리나라는 중국이 지배하는 아시아의 주변국으로 밀려나 약소국의 지위를 유지해오다가 결국 20세기 초 신흥 강대국인 일본에 나라를 빼앗겼다. 그렇지만 우리는 여기서 좌절하지 않고 1945년 나라를 되찾은 후 온갖 고초와 노력 끝에 세계 10~13위의 경제대국으로 우뚝 서게 되었다.

• 돌고 도는 역사, 대한민국 다시 동아시아 강국으로

여기서 우리나라 국가 위상의 변화 추이를 장기적인 역사적 흐름으로 바라볼 때 5~7세기경 동아시아 강국으로서 전성기를 누리다가, 7세기 중반 이후에는 중국의 그늘 아래서 수백 년 동안 이류 국가로 그럭저럭 명맥을 유지할 수 있었다. 그러나 17세기 중반 이후 국력이 점점 쇠약해져 나라를 빼앗기는 수모를 겪는 등 국가 위상이 밑바닥까지 추락했다가 1960년대 이후 급속도로 상승 국면에 접어들었다.

지금 우리는 국가 위상이 바닥을 친 후 다시금 그 옛날 동아시아 강국으로 군림하던 시대로 되돌아가기 위한 반환점을 갓 통과한 상태이다. 물론 여기서 우리가 '토끼와 거북이' 우화처럼 게으름을 피운다면 모든 희망과 비전이 물거품이 되고 말겠지만, 역사의 커다란 물줄기는 틀림없이 그런 방향으로 움직이는 것 같다.

우리나라가 통일을 이루고 그 옛날 고구려 때처럼 아니 그보다 더한 강대국으로 자리매김할 때, 지금까지 우리에게 불리한 것으로 작용하던 지정학적 여건이 대한민국을 글로벌 중추 국가가 되게 하는 것으로 대전환이 이뤄질 것이다. 대한민국은 세계 1~3위의 경제·군사대국인 미국, 중국, 일본, 러시아가 각축을 벌이는 동아시아에서 주변 강대국인 중국, 일본, 러시아에 삥 둘러싸여 있다. 이와 같은 지정학적 여건은 우리의 국력이 주변 강대국에 훨씬 못 미칠 때 화근이 될 수 있지만, 우리의 국력이 거의 대등한 수준일 때는 강대국 간 또는 강대국과 개발도상국(개도국) 간 조정자로서 더욱 큰 임무를 수행할 수 있다.

사실은 한국이 G20 회원국이 되면서 강대국과 개도국 간 중재자의 역할이 기대된 바 있으나 지금까지 눈에 띄는 역할을 찾아보기 어렵다.

일체유심조(一切唯心造)

그렇지만 우리나라가 통일 강국이 된 후에는 약소국의 설움과 개도국의 고충을 뼈저리게 경험해본 나라로서 강대국과 개도국 간 조정자의 역할을 충실하게 수행해야 한다.

나아가서 우리가 국내 각종 분쟁과 갈등 그리고 세계에서 가장 폐쇄적이고 무모한 집단인 북한과의 이념적 갈등을 모두 극복하고 통일 강국을 이룬 다음에는 세계 평화와 질서를 파괴하는 국가 간, 인종 간, 종교 간, 종파 간 분쟁과 갈등을 해소하는 데 주도적인 역할을 담당해야 한다. 우리 스스로 각종 분쟁과 갈등을 해소한 경험을 바탕으로 세계 각지에서 분쟁과 갈등을 일으키는 당사자들에게 영향력을 행사함으로써 이들을 인류 화합의 장으로 끌어들여야 한다.

이를 위해 대한민국의 국제 정치 및 글로벌 경제 역량과 함께 문화적 역량 확충에도 노력을 아끼지 말아야 할 것이다. 우리나라가 문화 대국으로서 전 세계인이 우리 문화를 따르고 우리 문화에 동화되는 현상이 널리 퍼질 때 세계인에 대한 우리의 영향력은 한층 강화될 것이다.

• 강성해진 국력을 바탕으로 해양 진출에도 힘써야

예로부터 '바다를 지배하는 자가 세계를 지배한다'고 했다. 15세기 이후 돌아가면서 세계 패권국의 지위를 누렸던 스페인, 포르투갈, 네덜란드, 영국, 미국 등 강대국 모두 바다를 통해서 국력을 키우고 세계를 제패했다. 우리 대한민국은 삼면이 바다로 둘러싸여 있는데다 유라시아 대륙과 태평양을 잇는 교량국가의 위치에 있다. 하지만 안타깝게도 우리나라 해군력은 주변 강대국들에 비해 질적·양적으로 한참 열세다. 주변국들의 세계 해군력 순위가 중국 2위, 러시아 3위, 일본 6위인데, 우리의 해군력은 10위로서 일본의 3분의 1 수준에 불과한 실정이다.

400여 년 전 임진왜란 당시 조선 수군이 일본 수군과의 수적 열세를 극복해 바다를 장악할 수 있었던 배경은 질적 우세와 탁월한 전략이었다. 그리고 당시 이순신 장군은 임진왜란 발발 1년 전부터 군선(軍船)을 건조 또는 보수하고, 조수와 물길을 살피고, 각종 전략을 개발하는 등 왜군의 침략에 철저히 대비하였다.

그런데 400여 년이 지난 지금 미·중 갈등과 북핵 위기 고조로 동아시아 지역이 '세계의 화약고'로 부상한 가운데 중국, 일본 등 주변 강대국들이 해군력 증강에 총력을 기울이고 있음에도, 우리 정치권과 정부는 해군력 증강 의지가 미흡한 것 같다. 앞으로 동아시아 지역에서 각종 분쟁이 발생할 경우 우리의 상대는 일본보다 해군력이 훨씬 강한 중국이 될 수도 있는데 말이다.

지금부터라도 우리의 해군력을 단기적으로는 최소한 일본을 능가하는 수준으로 올려놓아야 하고, 중·장기적으로는 중국과의 해군력 격차를 최대한 줄이기 위해 총력을 기울여야 한다. 그리하여 우리나라가 통일 이후 중국, 러시아, 일본과 함께 동아시아 해역의 강자로 자리매김해야 할 것이다.

한편, 우리는 한반도 영해를 벗어나 공해(公海), 북극해, 심해저(深海底) 등 해양 세계로의 진출을 통해 국토가 협소하고 부존자원이 빈약한 취약점을 최대한 만회해야 한다. 지구 바다 면적의 60%를 차지하는 공해(公海)와 북극해 등은 앞으로 세계 각국 간에 아직은 인간의 손길이 닿지 않은 심해저 등 해양 생태계에 부존된 각종 자원에 대한 개발·이용

일체유심조(一切唯心造)

권을 놓고 치열한 경쟁이 벌어질 것이 틀림없다. 그러므로 경제성이 높은 공해와 북극해의 일정 구간에 대한 개발·이용권을 확보하기 위해서는 우리나라가 주요 강대국들과 대등한 경쟁을 펼칠 수 있는 국력을 갖추는 것이 급선무다. 우리가 해양 세계로 마음껏 진출하는 것은 우리나라의 국력을 키우는 데 필요조건이면서, 우리나라의 국력이 강해졌을 때 이뤄질 수 있는 충분조건이 될 것이다.

우리는 앞으로 언젠가 세계 각국 간에 공해, 북극해, 심해저 등에 대한 개발·이용 경쟁이 치열해질 때를 대비하여, 사물인터넷(IoT), 빅데이터, 인공지능(AI), 나노(nano) 기술 등을 이용한 탐사, 자원개발, 심해(深海) 등 극한 상황에서의 작업 기술 개발 등 사전 준비에 총력을 기울여야 한다.

우리 주도의 통일 대업 이루기

오랜 역사 동안 세계 여러 나라에서 같은 민족끼리 두 개 이상의 나라로 분열되었다가 다시 한 나라로 통합되는 역사를 되풀이해 왔다. 그렇지만 오늘날 세계에서 아직까지 분단국 상황을 유지하고 있는 나라는 손가락으로 꼽을 정도에 불과하며, 냉전시대의 유물인 이념 분단국으로서 서로 총부리를 겨누고 사는 곳은 한반도가 유일하다. 우리는 이와 같이 부끄러운 역사를 청산하고 7,700만 동포가 평화를 구가하면서 자손만대에 걸쳐 번영을 누릴 수 있도록 하루속히 통일 대업을 이뤄야 한다.

• 통일에 대한 준비를 서둘러야

2014년 1월 박근혜 전 대통령의 '통일 대박' 발언 이후 우리 국민들 사이에 통일에 대한 기대감이 높아졌다. 그런데 주변 강대국들의 이해관계가 복잡하게 얽혀 있는 한반도에서 우리보다 월등한 비대칭 전력으로 무장한 북한을 상대로 우리 주도의 통일을 이루는 것은 말처럼 그렇게 쉬운 일이 아니다. 더욱이 지금 우리나라는 세계 1~3위의 경제력과 군사력을 가진 주변 강대국들에게 둘러싸여 북핵 문제나 통일 문제 등에서 독자적으로 추진할 수 일이 하나도 없다. 어디까지나 우리의 국력이 주변 강대국들에게 휘둘리지 않을 정도로 커져서 적어도 한반도 문제만큼은 미국 등 우방국들의 도움을 받더라도 우리가 주도적으로 이끌어 갈 수 있는 힘을 보유해야 한다.

통일 대박도 어디까지나 우리가 주도하는 방식으로 통일이 이뤄졌을 경우에 얻을 수 있는 과실이다. 만약에 주변 강대국 간 타협이나 국제사회 중재에 의해 우리 의사에 반하는 방식으로 통일이 이뤄질 경우 자칫 우리에게 되돌릴 수 없는 재앙이 될 수도 있다.

2017년 초에 전 미국 국무장관 헨리 키신저가 당시 틸러슨 국무장관에게 제시한 미·중 빅딜 방안은 우리를 섬뜩하게 한다. 미국이 중국과 힘을 합쳐 김정은 정권을 붕괴시키고 한국 주도의 통일을 이루게 한 후, 주한미군을 철수해 한반도를 중립화하자는 것이다. 이렇게 되면 한국이 중국의 속국으로 전락할 것은 불 보듯 뻔한 일이다. 또 김대중 정부 이후 진보진영에서 내세웠던 '낮은 단계의 연방제 통일론'도 위험하기 짝이 없는 발상이다. 시간과 노력이 더 필요하더라도 우리가 주도하는 자유민주주의 체제하의 통일이 이뤄져야만 한다.

일체유심조(一切唯心造)

북한 정권 내부의 동요에 의한 급변사태가 발생할 경우 우리에게 통일의 기회가 앞당겨질 수 있다는 낙관론도 있지만, 경우에 따라서는 북한 급변사태에 대한 통제 실패로 우리에게 재앙이 닥칠 수도 있다. 또 경우에 따라서는 미·중·일 등 주변 강대국들이 개입하여 북한 지역을 독점 또는 분할 점거하는 등의 어처구니없는 사태가 발생할 수도 있다.

　따라서 우리는 "어서 빨리 통일이 되었으면" 하고 조바심을 낼 것이 아니라 "한반도에 통일의 기회가 도래하기 전에 통일 준비를 서둘러야 할 텐데"라면서 부지런히 움직여야 한다. 여기서 가장 바람직한 통일 준비는 제3부에서 논의한 각종 개혁 과제들을 성공적으로 수행함으로써 우리의 국력을 세계 주요 강대국 수준으로 올려놓는 일이다.

　무엇보다 북한의 핵무기 실전 배치에 따른 대비태세를 완벽하게 갖추는 것은 물론, 핵무기 이외의 군사력 면에서 북한보다 압도적 우위를 유지해야 한다. 그렇지 않고서는 우리가 주도하는 방식의 완전한 통일을 이루지 못할 것이기 때문이다. 우리 사회에 만연한 분열과 갈등을 해소하고 전 국민이 올바른 가치관과 국가관을 공유함으로써 국민 통합과 국론 결집을 이루는 것도 매우 중요한 일이다.

　지금까지 국내외 한반도 및 통일문제 전문가 대부분이 한반도에서 독일식 흡수 통일은 불가능한 것으로 보는 견해가 지배적이다. 대한민국이 계속 지금과 같은 상태를 유지한다면 분명 그럴 것이다. 하지만 우리나라가 기적 같은 경제성장을 이루어 세계 최빈국에서 세계 경제 10위국으로 올라선 것처럼, 다시 한번 제2의 경제개발을 통해 불가능을 가능으로 만드는 기적을 이뤄내야 한다.

　현란한 외교 전략으로 1871년 독일 통일을 이룩한 프러시아(프로이센)

재상 오토 폰 비스마르크는 "역사의 급류에서 신의 발자국 소리를 귀 기울여 듣고 있다가 그 소리가 들리는 찰나의 순간에 신의 옷자락을 잡 아채야 한다"라고 말했다.

제2의 경제개발을 통해 주변 강대국들에게 휘둘리지 않을 정도의 국력 을 갖추고 북한 핵공격에 대비하여 빈틈없는 방어 및 반격 태세를 갖추고 있다가 한반도에 통일의 기회가 찾아올 때 미국과 우방국들의 도움을 받 아 우리가 주도하는 방식의 통일 과업을 이룰 수 있게 돼야 한다.

그렇게 되기 위해 경우에 따라서는 중국과 일전을 겨룰 수 있을 정도 의 강한 군사력을 보유해야만 한다. 중국으로서는 우리가 주도하는 통 일을 어떻게 해서라도 막아야 하는 입장이므로 중국과 일전을 불사하 는 것은 불가피하다. 그 옛날 수·당의 수십만 대군을 물리쳤던 고구려 의 국력과 기상을 그대로 물려받아야 한다.

• 통일된 대한민국의 모습

통일 후 얼마 동안은 '경제·사회적 1국 양제(一國 兩制)' 체제를 유지하 면서 종합적인 국토·경제개발 계획을 추진하는 것이 필요할 것으로 보 인다. 그렇게 함으로써 통일 비용을 적게 들이면서도 통일 한국의 경제 력을 급속하게 키우는 일이 가능하게 될 것이다. 또한, 이 과정에서 사 상과 문화적 차이 등 극도로 이질화된 구 남북한 국민 간의 갈등 관계 도 서서히 완화시킬 수 있다.

만약 처음부터 남북한의 경제·사회 체제를 무조건적으로 통합시킬 경 우 갑자기 감당하기 어려운 경제·사회적 혼란에 직면하고, 남북한의 극 심한 경제 수준 격차로 인해 천문학적으로 들어가게 될 북한 재건 비용 등으로 통일 한국이 위기에 처할 수도 있다. 독일의 경우 통일 직후 동·서독 화폐를 1대 1로 교환토록 하는 등 단일 경제 체제로 즉시 전환함으로써, 구동독 지역 재건 비용이 1조3,000억 유로(약 2,200조 원)가 들어가는 등 필요 이상의 막대한 통일 비용을 지불하였다. 이로 인해 독일은 통일 후 10여 년이 지난 2000년대 초에 이르러 유럽의 병자라는 말을 들을 정도로 극심한 경제 위기를 겪었다. 우리는 그 당시 독일보다 오늘날 남·북 간 경제력 격차와 갈등 관계가 훨씬 더 심각한 상태라는 사실을 너무나 잘 알고 있다.

이렇게 우리가 주도하는 통일을 이룩한 후 남북한 통합을 단계적으로 지혜롭게 추진할 경우 엄청난 경제적 시너지 효과로 통일 한국이 세계적인 강국으로 부상할 수 있게 될 것이다. 북한의 지하자원 매장량은 한국의 20배가 넘을 것으로 추정된다. 특히, 뉴욕타임스 보도에 따르면 북한 지역의 가채(可採) 우라늄 매장량이 400만t에 달하여 북한을 제외한 전 세계 우라늄 매장량(474만t)에 육박하는 수준이라고 한다. 앞으로 전 세계적으로 원자력발전소, 우주개발 등 우라늄 수요가 급증할 경우 통일 한국에 엄청난 경제적 이점으로 작용할 것이다. 한국광물자원공사는 북한에 2,000만~4,800만t가량의 희토류가 매장돼있다고 발표했다. 최대치가 맞는다면 중국(4,400만t)을 제치고 세계 1위 희토류 보유국이며 최소치가 맞는다면 세계 4위다.

또한, 북한 지역의 경제 체제가 개방될 경우 값싼 땅값과 인건비, 노조 없는 기업 환경, 남쪽에 든든한 경제적 배경 등 기업을 경영하기 좋은 여건으로 인해 외국인 투자가 봇물 터지듯 밀려올 것이다. 게다가 통일 한국을 중심으로 한국, 중국, 일본, 러시아를 연결하는 고속도로, 고속철도, 송유관 등 건설을 통해 주변 3국과의 경제적 의존·협력 관계가 돈독해지고 함께 번영을 누릴 수 있게 된다.

아울러 통일 한국은 유라시아 대륙과 태평양을 연결하는 철도망의 기·종점으로서 유라시아 대륙과 일본 등 해양 국가들을 이어주는 연결자 임무를 수행할 수도 있다. 통일이 되면 그동안 남북 분단으로 막혀 있던 대동맥 혈관이 뻥 뚫리게 되는 것이다.

통일이 되면 우리 소유가 되는 금강산은 세계적인 명산으로 국제 관광의 명소가 될 것이 틀림없다. 그 옛날 중국 송나라 때 시인이 "고려국에 태어나 직접 금강산을 보기 원한다(願生高麗國 一見金剛山)"라고 예찬했던 금강산이 아닌가! 통일이 되면 금강산과 그 주변을 관광특구로 개발하여 세계에서 가장 신비롭고 우아한 관광 명소로 명성을 떨치게 된다. 통일 한국은 금강산으로 인해 그 존재 가치가 더욱 빛나게 될 것이다.

통일된 대한민국은 남북 대치상황이라는 커다란 혹을 떼어내고 주변 강대국들과 부담 없이 교류하면서 마음껏 국력을 키우고 국가 위상을 드높일 수 있게 된다. 그리하여 중국, 일본과 어깨를 나란히 하여 동아시아 질서를 유지하고 세계 정치를 이끌어가는 글로벌 중추국으로 부상하게 될 것이다.

▎문화 강국의 길

"나는 우리나라가 세계에서 가장 아름다운 나라가 되기를 원한다. 가장 부강한 나라가 되기를 원하는 것은 아니다. … 오직 한없이 가지고 싶은 것은 높은 문화의 힘이다. 문화의 힘은 우리 자신을 행복하게 하고

일체유심조(一切唯心造)

나아가서 남에게 행복을 주기 때문이다." 백범 김구 선생의 말이다. 그 분의 생각은 반세기를 훌쩍 넘어 우리에게 현실로 다가왔다. 언제부턴 가 우리 대한민국은 글로벌 문화시장에서 초강국으로 자리매김하게 된 것이다.

한 나라가 강대국으로서 그 지위를 오래도록 유지하기 위해서는 전 세계 모든 나라에 모범이 되고 표준이 되는 문화를 가져야 했다. 그 옛 날 로마제국이나 역대 중국 왕조들이 그랬고 오늘날 미국이 그렇다. 다 행히도 우리나라는 세계적인 문화 대국이 될 수 있는 전통과 자질을 충 분히 보유하고 있다. 우리의 자랑스러운 문화유산인 한글은 세계 350여 종의 문자 가운데 가장 뛰어난 문자로서 영어처럼 국제어로 사용하는 데 조금도 손색이 없다. 우리 한글은 UN에서도 과학적 문자 조합과 표 현의 우수성을 인정할 만큼 독창적이고 과학적, 체계적이면서 이 세상 의 모든 현상을 거의 완벽하게 표현해낼 수 있는 독보적인 문자이다. 게 다가 한국 현대 문화의 산물인 '한류(韓流)' 열기는 아시아와 중동을 거 쳐 전 세계로 뻗어 나가고 있다.

• 우리의 자랑스러운 한글, 국제어로 손색이 없다

일반적으로 한 나라의 언어가 국제어로 자리매김하는 데는 그 나라의 국력이 크게 좌우한다. 오늘날 영어가 국제어로 자리 잡게 된 것은 영국 과 미국이 차례로 세계 패권국의 지위를 보유했기 때문이다. 세계에서 한국어 사용자는 8,200만 명인 데 비해 영어 사용자는 15억 명이나 된 다. 언젠가 통일 한국이 세계적인 강국으로 부상하게 되면 우리 한글의 우수성이 크게 드러나면서 세계인이 즐겨 사용하는 국제어로 자리매김할 가능성도 그만큼 커지게 될 것이다.

그런데 우리 한글의 우수성에 비하여 우리는 그동안 우리의 자랑스러운 한글을 너무 홀대하고 한글 가꾸기에 너무 등한시한 것은 아닌지 반성해 보아야 한다. 영국의 셰익스피어 같은 작가들이 영어를 갈고 다듬어 세계적인 언어로 키우는 동안, 우리의 한글은 창제 후 500년간 지식층으로부터 사용이 배제되다가 일제 36년 동안 사용이 중단되기까지 했다. 해방 이후 한글 사용이 재개된 후에도 우리는 한글 어휘를 가꾸고 늘리는 등 세계적인 언어로 발전시키는 일을 소홀히 하였으며, 최근 들어 한글을 왜곡하고 한글의 품위를 떨어뜨리는 언어를 마구 만들어 퍼뜨리는 풍조까지 생겨났다.

언어를 가꾸고 발전시키는 일은 하루아침에 이루어질 수 있는 일이 아니다. 우리는 지금부터라도 한글 문법 체계를 재정비하고 새로운 어휘 개발 및 어휘를 가꿔 나가는 노력을 아끼지 말아야 한다. 아울러 문자를 가지지 못한 소수 민족[45] 또는 한류 영향권에 드는 나라들을 대상으로 한글 보급사업을 적극적으로 추진함으로써 한글의 우수성이 입증되고 세계에 널리 알려지도록 해야 한다. 언젠가 우리 한글이 국제어로 자리매김하게 된다면 한류와 함께 대한민국의 문화 대국화에 큰 힘이 되어줄 것이다.

---

45 전 세계에는 6,000여 종의 언어가 있는데 이를 표기할 수 있는 문자는 350여 종에 불과할 정도로 세계에는 자신들의 말을 표기할 문자를 가지지 못한 소수 민족이 아주 많다. 우리 한글은 2009년에 인도네시아의 소수 민족인 찌아찌아족이 사용할 문자로 보급되었다가 2012년에 중단된 적이 있다.

일체유심조(一切唯心造)

• 한류 만세

한류는 1990년대 중반에서 2017년까지 이어지는 1~3기 동안 중화권, 일본, 동남아로부터 시작해 아시아 전역으로 전파·확산되었으며, 제4기가 시작되는 2018년부터 온라인 동영상 서비스(OTT)의 물결을 타고 전 세계로 퍼져나가 세계 문화시장을 석권하기에 이르렀다. 이제 글로벌 OTT에서 한류 콘텐츠가 톱 순위에 오르는 것은 당연한 일처럼 여겨진다. 한국국제교류재단(KF)의 '2021 지구촌 한류 현황 보고서'에 따르면 전 세계 한류 팬은 116개국에서 1억5,660만 명으로 10년 전보다 17배나 늘어났다.

한류는 2021년 수출액이 125억 500만 달러(약 15조 원)에 달할 정도로 문화산업 진흥에도 큰 기여를 하고 있지만, 그보다는 한국을 소프트파워 강국으로 키워나가는 성장 동력으로서 역할이 더 중요하다. 한 나라가 강대국이 되기 위해서는 경제력·군사력 등 하드 파워와 함께 문화력으로서 세계에 영향을 미칠 수 있는 능력인 소프트파워를 갖춰야 한다. 따라서 우리는 이미 세계 문화시장에서 확고하게 자리 잡고 있는 한류를 지속적으로 키워나감으로써 우리나라가 소프트파워에서 세계 최강이 되도록 해야 한다.

이렇게 세계인들의 마음을 움직일 수 있는 감동적인 드라마, 음악, 영화, 스토리, 무용, 음식, 패션 등을 끊임없이 만들어 전 세계에 유통함으로써 우리나라가 세계 문화 허브로 확실하게 자리매김해야 한다. 한류가 지구촌 방방곡곡에 전파되어 세계인들이 다 함께 공유하게 되면, 지구촌 곳곳에서 갈등과 분쟁을 겪고 있는 국가와 민족 그리고 종파 간의 공감대 형성을 통해 이들 상호 간의 갈등과 분쟁을 해소하는 세계 평화의 전도사 역할도 수행할 수 있게 될 것이다. 한때 적대적 관계에 있는 이스라엘과 팔레스타인 젊은이들이 함께 K팝을 듣고 한국 드라마를 보면서 서로 자연스럽게 대화를 나누는 모습을 드물지 않게 볼 수 있었다고 한다.

• 살기 좋은 금수강산을 만들자

미국이 오늘날과 같은 세계 최대의 강대국이 될 수 있었던 이유 가운데 하나로 세계 각국의 수많은 인종이 마치 용광로처럼 섞여 거대한 합중국을 이룩한 점을 들 수 있다. 19세기 이후 종교적·정치적인 박해를 피하거나 경제적인 성공을 위해 유럽 각국의 수많은 학자, 발명가, 숙련 기술자, 자본가, 노동자, 농민들이 신천지인 미국으로 몰려왔다. 19세기 초부터 20세기 초까지 약 100년 동안 3,000만 명이 넘는 유럽인들이 미국으로 이주하였으며, 이 같은 두뇌와 산업인력들의 대거 이동은 유럽의 쇠퇴와 미국의 약진으로 이어졌다.

이제는 우리도 미국처럼 세계 모든 나라 사람들을 이 땅에 불러들여 함께 어울려 사는 다문화 사회가 되어야 한다. 그러자면 우리나라에서 외국인들이 사는 데 불편을 느끼지 않고 오히려 본국에서보다 더 안락한 생활을 누릴 수 있게 외국인 거주자를 위한 교육, 문화, 생활 등 인프라 구축에 힘써야 한다. 아울러 세계 모든 나라 사람들이 와서 살고 싶어 하고 그것이 여의치 않으면 잠깐 들렀다가 가고 싶은 마음이 드는 아름다운 나라를 만들어야 한다. 우리는 세계인들이 아름다운 금수강산에 반해 이 땅에 자리를 잡고 살거나 자주 들르고 싶은 마음이 들도록 국토를 더욱 아름답게 가꾸고 단장하는 일을 소홀히 하지 말아야 한다.

　일체유심조(一切唯心造)

사회 갈등이 최소화된 정의사회 구현

미래 우리 사회는 사회적·경제적 약자들이 고도로 선진화된 사법제도의 보호 아래 조금도 불편하거나 억울한 일을 당하지 않고 살 수 있게 돼야 한다. 간혹 본의 아니게 소송에 휘말리게 될 경우 정의감이 넘치는 유능한 변호사의 조력을 받아 비교적 적은 비용으로 소송을 진행할 수 있고, 보통 3~6개월이면 결론이 나서 이후 사업 또는 생활에 안정을 되찾을 수 있어야 한다. 전직 법관[46] 출신 변호사들은 공정하고 합리적인 소송 문화를 정립하는 데 앞장서고 사회적 약자 보호와 정의사회 구현에 선구자적 임무를 수행하는 등 사회 지도층 인사로서 만인의 존경과 사랑을 받게 된다. 이들은 돈이 없어 변호사를 선임할 수 없는 소송 당사자들을 위해 돌아가면서 국선 변호인을 자임하고 일반 의뢰인과 똑같이 소송 업무를 수행한다.

• 정의의 사각지대 해소

그동안 정치권을 중심으로 우리 사회의 양극화 현상을 완화하기 위한 경제민주화 논의가 뜨겁다. 그런데 이와 비슷한 논리로서 우리 사회에는 사회적·경제적 약자들이 각종 소송에 휘말려 들어갈 경우 대처 능력 부족으로 매우 곤경에 처하는 일이 자주 발생한다. 소위 돈 없고 백없는 사람은 각종 재판에서 상대적 불이익을 당하는 경우가 많아 '유전무죄, 무전유죄'라는 유행어까지 생겨났다. 우리 주변에서는 일반 서민들이 자의 반 타의 반으로 각종 소송에 휘말릴 경우 수임료도 비싸고 고액의

---

46 검사도 법관에 포함되는 것으로 간주한다.

성공보수금까지 따로 지급해야 하는 부담 때문에 승소율이 높은[47] 전관예우 변호사를 선임하지 못해 애를 태우는 모습을 많이 볼 수 있다.

세상에서 가장 공정하고 평등해야 할 소송 업무가 많은 돈을 들여 전관예우 변호사를 선임하면 승소율이 높아지고, 일반 변호사를 선임하면 승소율이 낮아지며, 그나마 변호사 선임할 비용도 없어 국선 변호인을 선임하면 승소율이 더욱 낮아지게 된다. 세상에 이런 법이 어디 있다는 말인가! 이는 경제민주화 논쟁의 주요 타깃인 소득 양극화 현상 못지않게 아니 어떤 의미에서는 소득 양극화 현상보다 심각한 우리 사회의 병폐요 어두운 면이다.

그런데도 그동안 정치권에서는 경제민주화를 위해 그렇게 많은 노력을 기울이면서도 사회적·경제적 약자들이 각종 소송에 휘말리면서 겪는 설움과 절망감에 대하여는 그다지 관심을 기울이지 않았던 것 같다. 미래 사회는 이처럼 정의의 사각지대에서 남모르게 고통받고 사는 사회적·경제적 약자들의 눈물을 닦아주는 법조 시스템이 구축돼야 한다.

• 전관예우 근절하고 재판 신속화

우리 사회 최고의 지식인 그룹이요 성직(聖職)이라고 할 수 있는 법관들이 퇴임 후에는 전관예우로서 큰돈을 버는 길이 보장된다는 말을 듣는다는 것은 어쩐지 씁쓸한 느낌이 든다. 법관 퇴임 후 평생 변호사 업무를 수행할 수 있다는 것만으로 만족하면서, 전관예우라는 말뜻이 현직 법관들과 일반 변호사들에게 귀감이 되고 존경을 받는 대상이라는

---

47 형사재판에서 무죄 판결을 받거나 형량이 낮아지는 것도 같은 개념에 포함하기로 한다.

의미로 받아들여진다면 얼마나 좋을까. 문제는 일부 전직 법관 출신 변호사들이 전관예우로 많은 돈을 버는 것이 사회적·경제적 약자들이 소송 수행 과정에서 겪는 좌절과 눈물로 직결된다는 사실이다.

법관 출신 변호사에 대한 전관예우 논란은 미국, 일본, 독일 등 다른 선진국과 달리 유난히 한국에서 문제가 되는 것으로 우리의 국격을 생각해서라도 반드시 근절돼야 할 폐단이다. 우리나라도 전관예우의 폐단을 없애기 위해 '전관예우금지법'을 만들어 시행하고 있지만 규제가 미약해서 사실상 효과를 거두지 못하고 있다. 이 또한 대증요법이 아닌 근원적 근절 방안이 마련돼야 할 것 같다.

사법부의 영향을 받지 않는 완전히 독립적인 사법개혁위원회를 설치하고 전관예우 관행을 근절하는 방안을 마련하여 국민 앞에 내놓아야 한다. 그리하여 국민적 지지를 바탕으로 절대로 전관예우가 통하지 않는 법조 시스템을 확실하게 구축해야 한다. 참신하고 유능한 새내기 또는 일반 변호사들이 각자 능력에 부합하는 수준의 사건을 최대한 수임하여 드라마의 주인공처럼 사회적 약자의 편에서 종횡무진 활약할 수 있는 무대를 마련해줘야 한다. 이렇게 해서 변호사의 소송 수행 능력이 법관과의 친분 관계가 아닌 변호사 자신의 실력과 노력으로 좌우되는 사회가 되어야 한다.

최근 들어서는 요즘 심각한 사회문제로 떠오른 학폭에도 또 다른 유형의 전관예우가 등장하는 것 같다. 학폭을 행사한 학생은 전직 검사 출신 변호사인 아버지 덕분에 소송으로 시간을 끌어 유명 대학에 입학할 수 있었던 반면, 학폭 피해자는 후유증에 시달리다가 학업을 중단하게 되는 참으로 불공평한 일이 또 언제든지 일어날 수 있으니 말이다.

이런 문제는 앞에서 말한 것처럼 전직 법관 출신 변호사들이 스스로 사회적 약자 보호와 정의사회구현에 선구자적 임무를 수행하겠다는 다짐을 통해서 해결해야 할 것으로 보인다.

한편, 국내의 다양한 사회 갈등 해소를 위해서는 각종 재판의 신속화를 통해 억울한 일을 당한 사람이나 기업 간 또는 개인 간의 갈등 관계를 즉시 또는 조기에 해소할 수 있어야 한다. 우리 사회 전반에 걸쳐 수많은 갈등 관계가 장기간 얽히고설키다 보면 그만큼 우리 사회의 활력이 떨어지게 된다.

그런데 우리나라에서는 웬일인지 그다지 복잡하지 않은 사건이라도 소송을 제기한 후 최종 판결이 이뤄지기까지는 보통 수년이 걸린다. 특히 억울한 일을 당해 소송을 제기했거나 잘못한 일이 없는데도 소송을 당한 사회적 약자 또는 중소기업인의 경우, 최종 판결로 억울함을 씻고 재산상의 손해를 보전하기까지 피를 말리는 하루하루를 보내야 하고, 심한 경우 재판 도중에 망해 버릴 수도 있다.

정치권과 법조계 그리고 정부에서는 이 문제를 사법 제도상 불가피한 일이라고 간과할 것이 아니라 문제점을 해소할 방안을 심도 있게 검토하여 합리적인 방안을 내놓아야 한다. 산적한 소송 건수를 감당하기에 법관 수가 턱없이 부족하다면 법관 또는 AI 판사를 대폭 늘려서라도 소송 기간을 크게 단축함으로써, 사회적 약자들의 고통을 덜어주고 사회 갈등을 완화하는 것이 꼭 필요하다.

미래 우리 사회는 각종 소송 제도가 두려움의 대상이 아니라 사회적·경제적 약자들의 근심을 덜어주고 애로사항을 해결해주는 고마운 존재로 획기적인 변화가 이뤄져야 한다.

일체유심조(一切唯心造)

세계에서 가장 살기 좋은 복지국가 및 스마트 사회 구현

• 세계 최고의 복지국가, 안심사회 구축

우리나라가 통일 강국이 되는 과정에서 막강해진 국부(國富)와 자연스럽게 늘어나는 조세 수입을 통해 그동안 국가 위기 극복 과정에서 자제해 왔던 복지 체제를 합리적으로 확대 재편하는 것이 가능하게 된다. 그동안 70여 년을 절망과 기아 속에서 힘든 고난의 세월을 보냈을 북한 동포들에게도 따뜻한 구호의 손길을 마음껏 보낼 수 있게 될 것이다.

그런데 사실은 아무리 나라가 부강해져도 상대적으로 가난한 사람 또는 불행한 사람은 있기 마련이다. 이와 같은 복지의 사각지대를 최소화하는 것이 복지 정책의 진수(眞髓)라고 할 수 있다. 우리는 지금부터 복지 사각지대를 최소화할 수 있는 세계에서 가장 합리적이고 효율적인 복지제도를 고안하여 점진적으로 정부 정책에 반영해 나가도록 해야 한다. 그리하여 우리나라가 통일 강국이 된 이후에는 세계 모든 나라 사람들이 부러워하는 최상의 복지국가를 반드시 구현하도록 해야 한다.

나아가서 이 땅에 세계인이 부러워하는 최상의 복지사회를 구현하기 위해서는 물질적인 풍요로움 못지않게 누구나 마음 놓고 살 수 있는 안심 사회, 성숙한 시민의식이 뿌리내린 아름다운 사회를 만들어야 한다.

그동안 TV를 보는 게 겁날 정도로 끔찍하고 어처구니없는 사건이 자주 일어났다. "이래서야 어디 마음 놓고 어딜 가거나 각종 시설을 이용할 수 있을까" 하는 생각도 든다. 미래 우리 사회는 치안 및 안전 유지에 필요한 각종 첨단 시스템을 충분히 갖추고 관련 공직자들의 자질 또한 크게 향상시킴으로써 모든 시민들이 불의의 참사, 사고, 피습을 당하는 일이 없도록 해야 할 것이다. 사물인터넷(IoT), 빅데이터, 인공지능(AI), 로봇 기반의 첨단기술과 우수한 인적 자원을 토대로 세계 각국이 부러워하는 한국형 치안 및 안전관리 시스템을 구축해야 한다. 사회 안전관리 강화 방안에 대하여는 제1부에서 자세히 살펴보았다.

• 전 국민이 한 가족처럼, 살기좋은 스마트 사회 구축

우리나라가 국가 개혁의 성공적 추진으로 통일 강국의 꿈을 이루고 문화대국으로 자리매김하면서 우리 국민들의 의식세계 또한 세계 모든 사람들의 귀감이 되고 모범이 될 만큼 깨어 있어야 한다. 이 나라의 미래를 이끌어갈 주인공인 꿈나무들은 세계 최고 수준의 공교육 시스템 덕분에 감수성이 예민한 학창시절부터 올바른 가치관과 인성 함양에 많은 공을 들임으로써 성숙한 민주시민, 애국시민, 문화시민으로 성장할 수 있어야 한다. 모든 사회 구성원들은 성숙한 민주·문화시민으로서 서로 공경하는 마음을 잃지 않고 정의사회 구현을 위해 다 함께 노력해야 할 것이다.

한편, 4차 산업혁명 시대를 맞이하여 IoT, 빅데이터, AI 기반으로 조성되는 만물초지능 생태계는 21세기 미래 산업구조뿐 아니라 우리가 사는 도시 형태까지 몽땅 바꿔놓을 것으로 보인다. 이와 같이 최첨단 정보기술(IT)을 이용하여 네트워크화되고 지능화되고 똑똑한 '스마트 시티(Smart City)' 시대가 도래하는 것이다.

지금 주요 선진국과 작지만 똑똑한 축에 들어가는 싱가포르, 두바이 같은 나라들을 중심으로 스마트 시티 개발 붐이 일기 시작하는 것 같은데, 우리는 지금부터라도 전국을 수많은 스마트 시티로 연결하는 프로젝트를 수립하고 그 추진에 박차를 가할 필요가 있다. 우리는 전국 스마트 시티 종합 개발을 통해 지역 간 갈등과 도시 안에서 발생하는 공해, 위생, 범죄, 교통, 안전 문제 등을 해소함과 동시에, 모든 시민들이 가장 효율적으로 배치된 각종 공공, 문화, 복지 시설을 마음껏 이용하면서 최상의 복지와 안락을 누릴 수 있도록 해야 한다.

남북한을 합한 우리나라 국토 면적은 22만 3,348㎢로 중국 충칭시 면적(8만 2,000㎢)의 2.7배에 불과하다. 따라서 제3부에서 말한 것처럼 전국을 10개 정도의 대도시와 100개 정도의 중소도시로 재편하면서 각각을 세계 최고 수준의 스마트 시티로 차츰 업그레이드시켜 나가야 할 것이다. 이 땅에 아담하면서 초지능적이고 똑똑한 스마트 시티 천국을, 세계인이 부러워하는 지상 낙원을 건설하는 것이다.

내가 살아온 길

어린 시절

내가 태어난 곳은 전라북도 김제시 소재지에서 약 12km 떨어진 아주 한적한 시골 마을이었다. 나의 아버지는 얼굴도 미남이시고 꽤 똑똑한 편이었다고 하는데 쓰러져 가는 마을 친구분 집수리하는 데 도와주러 가셨다가 갑자기 집이 무너지는 바람에 꽃다운 23세 나이에 돌아가셨다. 내가 태어나기 4개월 전이었다.

그런데 신기한 것은 내 외할머니께서 아버지가 돌아가신 날 밤에 서울 외삼촌 댁에서 주무시면서 꿈을 꾸었는데, 우리집 후원 꽃밭에 아주 커다란 공작새 한 마리가 앉아있더라는 것이다. 외할머니는 그 새가 공작새 같기도 하고 학 같기도 하였다고 말씀하셨다. 외할머니는 너무 신기해서 부엌에 계시는 어머니를 불렀고 어머니가 나타나자마자 그 새는 훌쩍 날아갔는데, 새가 앉았던 자리에는 커다란 알이 놓여있었다고 하셨다. 어머니는 그 알에서 사람이 나올 거라고 태연하게 말하더라는 것이다. 아무튼 신기하게도 그날 아버지가 돌아가셨다.

일체유심조(一切唯心造)

나는 그렇게 유복자로 태어났는데 어렸을 때 마을 어른들이 신동이라고 부를 만큼 머리가 좋았다. 내가 초등학교에 들어가기 전에 할아버지께서 틈틈이 한자를 가르쳐 주신 것 같기는 한데, 서당에서처럼 정식으로 한자를 배우지는 않았다. 그런데도 아는 한자가 꽤 많아서 마을 어른들이 나만 보면 땅바닥에 나뭇가지로 한자를 쓰고는 읽어보라고 했는데 이때 어설프게 익힌 한자 실력으로 초등학교에 입학할 무렵에는 국한문 혼용체로 된 신문을 막힘없이 읽을 정도가 됐다.

당연히 초등학교 때 성적은 항상 선두를 달렸고 2학년에서 3학년을 건너뛰고 4학년으로 월반하기도 했다. 당시 내 보호자이셨던 삼촌이 내 출생신고 지연으로 입학이 1년 늦어진 것을 만회하기 위한 조치였다. 그런데 산수 과목의 경우 3학년 때 구구단을 배우게 되어 있으므로 4학년이 되기 전에 구구단을 다 외우는 것이 필요했다. 그래서 집안 형님 한 분이 어느 날 밤 우리 집에 오셔서 내게 구구단을 가르쳐 주었는데, 그때 내가 구구단 외우는 것을 보기 위해 우리 집에 모인 마을 어른들 앞에서 성공적으로 구구단을 다 외웠다.

이렇게 공부는 꽤 잘해서 마을이나 집안 어른들 모두 앞날이 촉망된다고 칭찬을 많이 해 주셨는데, 나에게는 아주 큰 약점이 하나 있었다. 신체가 또래 아이들에 비해 지극히 왜소하고 비실비실해서 같이 놀아주는 동무가 없을 정도였다. 그러다 보니 나는 어디를 가나 항상 외톨이였고 사회생활은 그야말로 빵점 수준이었다. 이것은 결과적으로 내 청소년 시절의 실패를 가져온 결정적인 요인이 되었다.

청소년 시절

나는 초등학교를 졸업하고 전라북도에서 최고 명문 중학교인 전주북중에 입학했다. 당시 우리 학교에서는 체육관 건립예산 확보를 위해 당초 예정 인원보다 60명을 더 뽑은 데다 기여 입학생으로 91명을 추가 입학시켜 입학생 수가 631명이었다. 나는 2학년 때까지만 해도 631명 중 6등을 할 정도로 공부를 꽤 잘했는데, 이 정도 실력이면 당시 국내 최고 명문고등학교인 경기고에도 입학할 수 있을 거라고 했다. 게다가 내가 처음 입학할 때는 추가 모집 덕에 합격을 했으니까 500등 정도였고 입학 직후 첫 시험에서는 250등 정도, 그 후 계속 치고 올라가 6등까지 했으니 잘하면 전교 1등도 가능했을 것이다. 그렇지만 그게 전부였다.

나는 중학교에 입학한 후 초등학교 때에 비해서 체격 조건은 상당히 양호해졌지만 여전히 동급생들에 비해 매우 약한 편이었고, 그보다 큰 문제는 어렸을 때부터 또래 아이들과 어울려 지내지 못한 탓에 공부 외에는 아무것도 할 수 있는 게 없었다. 예를 들어 체육 시간에 다른 애들이 다 하는 뜀틀 넘기를 하지 못해 웃음거리가 되고, 구기 종목도 전혀 할 줄을 몰라 다른 애들이 즐겁게 뛰놀 때 운동장 한구석에 쪼그리고 앉아있어야 했다. 때마침 사춘기에 접어들면서 나는 이런 내 모습이 점점 너무 창피하고 싫어졌다. 내 주변에 친구라고는 한 명도 없어 외롭기도 했다. 공부는 못해도 친구들과 잘 어울리면서 폼나게 노는 애들이 부러웠다.

지금 같았으면 설령 그런 마음이 들었어도 "이제 3학년이 되었으니 더 열심히 공부해서 명문고등학교에 입학한 후에 친구도 사귀면서 폼나게

일체유심조(一切唯心造)

놀아보자"라고 당연히 마음을 돌렸을 것이다. 그런데 그 때는 사춘기라서 그런지 그게 안 되었다. 지금 생각하면 땅을 치고 후회할 일이지만 나는 그때부터 그래도 내가 공부를 잘한다는 이유로 약간 호감을 갖고 있는 몇몇 친구들과 어울려 호연지기를 기른답시고 산에 올라 막걸리도 마시고 하면서 자연히 공부와는 담을 쌓게 되었다. 한 번은 친구들과 산에 올라 막걸리를 마시다가 그 옛날 나폴레옹이 손바닥에 칼로 성공선(손금)을 그었다는 말이 떠올라 아픈 것을 참고 그대로 흉내 낸 적도 있었다. 이렇게 중학교 2학년 말에서 3학년 초까지 3~4개월 사이에 일어난 심경 변화로 인해 내 성격도 많이 바뀌었다. 지나치게 온순하고 얌전하기만 한 성격에서 여전히 점잖기는 하지만 내심으로는 승부욕과 성취욕이 강한, 한마디로 말해서 '외유내유(外柔內柔)'에서 '외유내강(外柔內剛)'으로 바뀐 것이다. 사실 그때부터 나는 일생을 평범하게 살기보다는 국가와 사회를 위해 뭔가 의미 있는 일을 해보겠다는 생각으로 일관해 왔다. 능력도 없으면서 꿈만 야무진 철부지가 된 셈이다.

그 뒤로 나는 실업계 고등학교를 졸업하고 부산에 있는 공장 근로자로 6개월 근무하다가 고향 시골 마을로 돌아가 4H(청년농업인단체) 활동, 영농단체 소속 부화장(孵化場) 사환, 면사무소 사무 보조원 등으로 그럭저럭 세월을 보내다가 1970년대 초에는 신민당 김제시 지구당에서 간부로 일하기도 했다.

그 후 단위농협에서 잠시 근무한 것을 빼고는 또다시 5년 동안 할 일 없이 빈둥거리며 세월만 축냈다. 몸은 농촌에 있지만 재산이라고는 시골 초가집 한 채와 논 2,400평이 전부이고 더욱이 농사일은 체질에 맞지도 않으며, 취업을 하자니 오라는 데도 없고 게다가 실력도 없고, 그야말로 눈앞이 캄캄하고 절망적이었다. 요즘 젊은이들이 말하는 헬조선이라는 표현이 그때 나에게 딱 들어맞았던 것 같다. 의식주가 곤궁했던 것은 아니지만 미래 희망이 전혀 보이지 않는 암흑 같은 현실이 내 마음을 지옥 같은 곳으로 자꾸만 밀어 넣는 것 같았다.

▎일체유심조(一切唯心造)

이렇게 수년 동안을 번민과 고뇌 속에 방황의 세월을 보내고 있던 나에게 어느 날 갑자기 유명한 글귀 하나가 퍼뜩 머릿속에 떠올랐다. 얼마 전에 책에서 본 원효 대사의 '일체유심조'라는 글귀였다. 세상 모든 일이 마음먹기에 달렸다는 말이다. 그때 내 나이가 27세였다. "그렇지! 나는 중학교 2학년 때까지 공부를 아주 잘했어. 내가 아직까지 중학교 2학년생이라 생각하고 지금부터 다시 시작하는 거야. 그동안 허송세월한 시간이 아직은 12년밖에 되지 않아. 나에게 남은 인생이 아직도 50년 이상 남았으니 지금부터 시작해도 늦지 않을 거야."

그때 불현듯 사마천이 쓴 『사기(史記)』에 나오는 공손홍(公孫弘)의 이야기도 함께 머릿속에 떠올랐다. 그는 젊었을 때 낮은 벼슬아치인 옥리(獄吏)가 되었다가 죄를 얻어 면직된 후 돼지치기로 생계를 유지하였다. 그러다 40세가 넘은 나이에 비로소 입신양명의 뜻을 세우고 유학을 공부하기 시작해 60세에 이르러서야 박사로서 관직에 나가게 되었다. 그 후 당시 한무제에게 발탁되어 74세에 어사대부가 되고 76세에는 승상에 임명되었다. 공손홍을 생각하면 무슨 일을 시작해야 할 때 "나는 나이가 많아서 안 돼"라는 말을 할 수는 없을 것 같았다. '세상 모든 일은 마음먹기에 달렸다'는 생각으로 내 결심은 더 확고하게 굳어지는 것 같았다.

이렇게 한순간 마음을 고쳐먹으니 갑자기 세상이 달라져 보였다. 칠흑 같은 어둠이 사라지고 새 아침을 맞이한 것과 같은 기분이 들었다. 그때부터 나는 중학교 2학년 영어 교과서부터 공부를 시작했다. 내가 공부를 시작하자 집안 어른들은 말할 것도 없고 마을 어른들까지 "공부도 다 때가 있는 법인데 지금부터 공부를 해서 무엇 하겠느냐. 그러지 말고 농사일에나 힘쓰거라"라면서 말리셨다. 그래도 한 번 결심한 내 마음을 그 누구도 바꿀 수는 없었다.

당시 내 공부 환경은 열악하기 짝이 없었다. 중·고등학교 교과서와 영어사전은 학교를 갓 졸업한 애들한테 빌려서 볼 수 있었지만, 어머니한테 용돈을 일일이 타서 써야 하는 형편인지라 내가 공부하는 것을 마뜩잖아하시는 어머니한테 필기도구 살 돈을 달라고 할 엄두도 나지 않았다. 요즘 젊은이들은 지금 내가 하는 말을 믿기 어렵겠지만 그땐 정말 그랬다. 아무튼 나는 그때 몽땅 연필을 대막대기에 꽂아 쓰고 달력 뒷면을 연습장으로 사용하였으며, 농사일을 거들면서 영어 단어를 적어놓은 메모지를 주머니에서 꺼내 틈틈이 외우기도 했다. 그렇게 1년여 동안 열심히 공부하는 모습을 보신 어머니께서 비로소 내 비장한 결심을 이해하셨는지 공무원 시험 준비에 필요한 책 한 권을 살 돈을 마련해주시고 학원에도 보내주셨다. 학원에서 3개월 수강을 받은 후 9급 공무원 시험에 응시했는데 다행히 첫 시험에 합격을 했다.

그런데 그때만 해도 공무원 시험에 합격한 후 자신이 원하는 기관에 발령을 받으려면 누군가 힘 있는 분의 조력이 필요했다. 그 당시 내가 근무하고 싶었던 곳은 이권을 행사할 수 있는 기관이 아니라, 근무하면서 배울 점이 많고 뭔가 불합리하고 잘못된 점들을 내 작은 힘으로 찾아내 개선해 나갈 수 있는 그런 곳을 원했다. 그런데 당연히 내 뜻대로 되지 않았고 여기서 계속 근무해서는 내가 하고 싶은 일을 전혀 할 수 없겠다는 생각에 1년 6개월 만에 사직서를 내고 나와서 또다시 2년의 준비 과정을 거쳐 1980년 5월 감사원 7급 시험에 합격을 했다.

▌아쉬운 공직생활

나는 감사원에 근무한 28년 동안 실로 많은 것을 배우고 경험했으며 청년 시절에 못다 한 대학(방송통신대학)과 대학원(고려대학교 정책대학원)까지 졸업할 수 있었다. 보통 사람들 같으면 당연한 일이지만 1970년대 번민과 고뇌의 늪에 빠져 허우적대던 시절을 생각하면 성공한 삶이라고 말할 수 있을 것 같다. 보다 정확하게 말하면 반(半)성공이지만 말이다.

내가 감사원에 근무하면서 많은 것을 배우고 경험한 것은 맞지만 '뭔가 불합리하고 잘못된 점들을 찾아내 개선해 나가는' 일 만큼은 기대했던 것만큼 이루지 못했던 것 같다. 그동안 수많은 기관을 찾아 크고 작은 정책집행 과정을 상당 부분 살펴보았지만, 정부에서 정한 정책의 틀 안에서 루틴화된 규정 위반사항들을 찾아내 지적하는 것이 거의 전부였던 것 같다.

그래도 재직 기간 중에 불합리한 사업 추진방식을 개선해 예산을 절감하도록 한 것 중 기억에 남는 사례가 있어 조금 보람이 느껴지기는 한

일체유심조(一切唯心造)

다. 1990년에 농림수산부(현 농림축산식품부)가 농어촌 가로등 설치 사업을 추진하면서 기존 전봇대에 가로등을 부착하기만 하면 될 것을 새로 콘크리트 기둥을 세운 뒤 가로등을 부착하는 방식으로 사업을 추진함으로써 예산을 낭비하고 있었다. 농림수산부에서 전국 시·군에 지침을 시달하여 사업을 시행하는데, 전국 시·군 가운데 절반은 한전 지사와 협의하여 기존 전봇대에 가로등을 부착한 반면, 나머지 절반은 새로 콘크리트 기둥을 세운 뒤 가로등을 부착하는 방법으로 사업을 시행하고 있었던 것이다. 전국 시·군의 절반이 이렇게 수년 동안 불합리한 방법으로 사업을 시행하고 있었는데, 나머지 사업 기간 동안 계속 같은 방식으로 사업을 시행할 경우 그 당시 화폐 가치로 약 200억 원 상당의 예산이 낭비되었을 것이다.

어떤 경우에는 '특정 정책 사항에 대하여 수개월 내지 1년 정도 시간을 두고 심도 있는 감사를 실시함으로써 당해 기관이 미처 생각하지 못했거나 무사안일주의로 인해 회피해온 혁신적 정책 대안을 발굴해 제시할 수 있었으면' 하는 생각이 종종 들기도 했다.

혁신은 '창조적 파괴'에서 나온다. 앞으로 우리나라가 국내외적으로 어려운 상황을 잘 이겨내고 부강한 나라를 만들어나가기 위해서는 정부 운영 규칙이 좀 더 파격적으로 바뀌어야 할 것으로 보인다. 다시 말해서 기존의 루틴화 된 방식을 벗어나 보다 혁신적인 제도를 도입함으로써 정부의 효율성과 생산성을 배가할 수 있는 길을 찾아보자는 것이다.

감사원의 역할과 기능 변화

나는 지금과 같은 국가 위기 상황에서 감사원의 역할과 기능 또한 좀 더 폭넓게 변화해야 한다고 생각한다. 중앙부처, 국가기관, 지방자치단체, 공기업 등 각급 기관의 업무 전반에 대하여 일반감사 수준으로 실시하는 감사는 자체감사기구에 위임하고, 감사원에서는 한 차원 높은 수준의 감사를 실시했으면 하는 것이다. 감사원의 기능 가운데 공직자 비리 조사 업무는 자체감사기구에서 수행하기 어려운 지능형 비리 또는 구조적·고질적 비리 위주 감사에 치중하고, 나머지 대부분은 국가 개혁 차원에서 기존 정책의 틀을 벗어나 보다 창조적이고 혁신적인 정책 대안을 제시하는 방향으로 바뀌어야 한다는 말이다.

조선 시대 암행어사에게는 수의(繡衣)·마패와 함께 유척(鍮尺)이 주어졌다. 유척은 '놋쇠로 만든 자'를 말하는데 관아에서 쓰는 '되'나 '말' 같은 기구들이 규격에 맞는지 여부 등을 재는 용도로 쓰였다. 각종 역사서들을 보면 그 시대에는 지방 관리들의 부정부패가 극심해서 되나 말의 규격을 속여 양곡을 횡령하는 일이 많았기 때문에, 암행어사가 어느 지방 관아에 들이닥치기만 하면 양곡 횡령 및 수탈 등 각종 부정·비리 행위를 손쉽게 적발해 낼 수 있었던 것으로 보인다.

내가 감사원에 임용된 1980년대 초 서울시에 첫 감사를 나갔는데, 그 당시 서울시에는 오래된 무허가 건축물이 너무 많아서 건물 진입로에 소방차가 드나들 수 있을 정도면 건축법 적용을 최대한 완화해서 양성화해주는 특례법을 시행 중이었다. 그런데 관련 공무원들이 제도를 악용해서 신축빌딩을 기존 무허가 건물로 조작해 완화된 건축법 적용을 받게 하는 등의 비리 행위가 무더기로 적발되었다. 이와 같은 구조적·고질

일체유심조(一切唯心造)

적 비리는 자체감사기구에서 적발하는 것이 거의 불가능했다.

그렇지만 그동안에 공직사회는 조선 시대는 물론 1980년대와는 비교가 안 될 정도로 투명해져서 이제는 어느 기관을 가도 그렇게 노골적으로 법령을 위반하는 유형의 비리는 거의 존재하지 않는다. 그 대신 법의 테두리 안에서 겉으로 표시가 나지 않는 교묘한 방법으로 특정인에게 특혜를 주고 현금을 수수하는 등 고도로 지능화된 범죄형 비리가 그 자리를 차지하고 있는 것이다. 각종 정책 결정 사항이나 기밀 누설, 인·허가, 인사, 공사 및 물자 구매 관련 비리, 관민(官民)유착 비리 등 법망을 교묘하게 피해가거나 일시적으로 비껴가면서 대형 비리를 저지를 수 있는 길이 지금도 얼마든지 있다. 또 컴퓨터 등 첨단기술을 이용한 디지털 범죄형 비리도 있을 수 있다.

다만, 이와 같은 지능형 범죄는 현행 일반감사 방식으로는 접근 자체가 불가능하다. 무엇보다 해당 비리에 대한 정보수집이 선행돼야 하고 관련 분야 전문가 및 수사기관의 도움을 받아 시간 구애를 받지 않고 집중 감사를 벌여야 한다.

감사원의 공직자 비리 조사 업무는 지능형 비리 감사, 날로 발전해 가는 지능형 비리에 대한 감사 기법 개발 및 전파 등 자체감사기구에서 할 수 없는 특수 분야 감사 및 감사 연구에 치중해야 한다. 그리고 감사원의 정책감사는 각 부처에서 시행하는 주요 정책에 대한 분석·평가 및 성과 측정을 통해 정책 실패 및 부진의 원인을 밝혀내고 새로운 정책 대안을 제시하는 방향으로 시행돼야 한다. 혁신은 창조적 파괴를 통해 나오지만 창조적 파괴는 제3자를 통해 이뤄질 확률이 더 높다.

책 만들기

나는 감사원 재직 중에 생각해 왔던 것들을 퇴직 후에 책으로 만들어야겠다고 생각을 해왔는데, 막상 퇴직하고 책을 쓰려고 하니 생각처럼 그렇게 쉽지 않았다. 그래서 퇴직 후 1년간 책을 만드는 데 소재가 될 만한 서적들을 20여 권 사서 탐독했다. 감사원 재직 중에는 깊이 있는 독서를 할 여유를 갖지 못했기 때문이다. 그러고 나서 중소기업 1년 그리고 현대건설㈜ 2년 이렇게 3년을 더 근무한 후, 2년 동안에 쓴 책을 2016년 2월에 내놓았다. 그런데 그해 7월경에 한반도선진화재단 이사장과 국회의원을 역임하신 박세일 교수님한테 출판사를 통해 연락이 와서 전화를 드렸더니, 내가 쓴 책을 보았다며 "지금 우리나라에 이런 책이 꼭 나와야 한다"라고 말했다. 그리고 지금은 사정이 있어서 만날 수 없으니 한두 달 뒤에 만나자고 하셨다. 그런데 그 뒤 연락이 없었는데 이듬해 1월 인터넷을 통해 교수님이 돌아가신 것을 알게 되었다. 그동안 암 투병 중이어서 연락을 못 한 것이다.

그런데 머리말에서 말한 것처럼 3년 동안 네 차례나 책을 내놓았는데도 박세일 교수님 외에는 전혀 반응이 없어 더 이상 도전할 엄두를 못 내고 포기를 했는데, 2020년 2월 내게 또 한 차례 큰 시련이 다가왔다. 그 무렵 결혼을 앞둔 아들에게 아파트를 증여하는데 필요한 세금(증여주택에 포함된 전세보증금 양도세)과 생활비 등을 마련하기 위해 은행에서 1억 원의 담보 대출을 받았는데, 마침 내 친한 아우 한 사람이 지금 선물옵션 투자를 하면 돈을 벌 수 있는 길이 있다면서 권하기에 노후 자금이 절실하게 필요하던 차에 두말없이 응했다. 두 달 뒤 세금 납부 기한까지 회수하는 조건이었다. 그런데 어찌 된 일인지 한 달 만에 투자금이 반 토막이 나 버렸다. 코로나 때문이라고 하는 데 아무튼 방법이 없었다. 나이가 많은 데다가 기존 은행 대출이 이미 한도를 초과해 더 이상 신용대출도 안 되고, 친구들한테 돈을 빌리려고 했지만 5,000만 원을 선뜻 빌려주겠다는 사람은 없었다. 담보 대출을 받으려면 가족에게 알려야 해서 그 또한 불가능했다. 생전 처음 당하는 일이라 당혹스럽고, 가족과 상의할 수도 없는 그야말로 벙어리 냉가슴 앓는 꼴이었다.

다시 일체유심조

그런데 이번에도 걷잡을 수 없는 고뇌의 순간에 불현듯 뇌리를 스치는 글귀가 있었는데 바로 '일체유심조'였다. "나에게 또 이런 시련이 닥쳐온 것은 뜻있는 일을 중단 없이 계속하라는 의미가 아닐까?" 그렇게 생각을 하고 나니 차츰 번뇌가 사라지고 새 희망이 솟아오르는 것을 느낄 수 있었다. "그래! 다시 시작해 보자. 이번에는 2~3년 동안 관련 서적들을 더 열심히 탐독한 후에 혼신의 노력을 기울여 내가 하고 싶은 말들을 조리 있게 정리해서 제대로 된 책을 만들어 보자!" 그리고 나서 2년 7개월 동안 관련 서적 31권을 읽고 요약해 정리하면서 학습하는 일을 반복했다. 그리고 그 와중에 친구 두 사람에게 5,000만 원을 빌려 세금 납부와 생활비 등에 충당하고 매달 비싼 이자 납부하느라고 다른 친구들한테 수시로 돈을 빌리는 일이 반복되었다.

드디어 2023년 1월까지 관련 서적 31권과 그동안 정리해둔 신문 스크랩을 몇 번씩 반복 학습한 후에 4년 전에 출간했던 네 번째 졸저를 다시 한번 읽었다. 그런데 몇 년 전에 읽었을 때보다 마음에 안 드는 부분이

눈에 띄게 많아져서 책을 새로 만들기로 결심하길 잘했다는 생각이 들었다. 3년 동안의 학습 효과가 분명하게 나타난 것이다. 이렇게 해서 다섯 번째 졸저를 만들어 다시 내놓게 되었다. 나는 이제 내가 평생을 두고 하고 싶었던 말을 다 하게 돼서 더 이상 여한이 없다.

일체유심조(一切唯心造)

일체유심조(一切唯心造)

초판 1쇄   2023년 10월 10일

지은이   이용우
발행인   김재홍
교정/교열   김재홍
디자인   박효은
마케팅   이연실

발행처   도서출판지식공감
등록번호   제2019-000164호
주소   서울특별시 영동포구 경인로82길 3-4 센터플러스 1117호 (문래동1가)
전화   02-3141-2700
팩스   02-322-3089
홈페이지   www.bookdaum.com
이메일   jisikwon@naver.com

가격   17,000원
ISBN   979-11-5622-825-7 03300